中国上市公司协会研究报告

上市公司并购重组年度报告

(2025)

中国上市公司协会　编著

中国财经出版传媒集团
中国财政经济出版社
·北京·

图书在版编目（CIP）数据

上市公司并购重组年度报告. 2025 / 中国上市公司协会编著. -- 北京 : 中国财政经济出版社, 2025. 8.
ISBN 978-7-5223-4135-4
Ⅰ. F279.246
中国国家版本馆CIP数据核字第2025QU5926号

责任编辑：叶　彤　　责任校对：胡永立
封面设计：北京兰卡绘世　　责任印制：党　辉

上市公司并购重组年度报告（2025）

SHANGSHI GONGSI BINGGOU CHONGZU NIANDU BAOGAO（2025）

中国财政经济出版社 出版

URL：http：//www. cfeph. cn

E - mail：cfeph@ cfeph. cn

社址：北京市海淀区阜成路甲 28 号　邮政编码：100142

营销中心电话：010 - 88191522

天猫网店：中国财政经济出版社旗舰店

网址：https：//zgczjjcbs. tmall. com

中煤（北京）印务有限公司印刷　各地新华书店经销

成品尺寸：170mm × 240mm　16 开　21. 5 印张　311 000 字

2025 年 8 月第 1 版　2025 年 8 月北京第 1 次印刷

定价：68. 00 元

ISBN 978 - 7 - 5223 - 4135 - 4

（图书出现印装问题，本社负责调换，电话：010 - 88190548）

本社质量投诉电话：010 - 88190744

打击盗版举报热线：010 - 88191661　QQ：2242791300

本书编委会

主　编：宋志平　魏　峰

副主编：孙念瑞　邓　舸　王珠林　谢小兵　刘运宏
　　　　汤劲松　杨　莹　陈永亮

编　委：江　禹　徐建军　王曙光　王　杰　刘乃生
　　　　袁光顺　张丰毅　王子清　张　楠　王　辉

本书支持单位

北京福石控股发展股份有限公司

前 言

自编写并出版《上市公司并购重组年度报告（2023）》以来，中国上市公司协会并购融资委员会坚持并发扬编写上市公司并购重组年度报告的传统，对该年度上市公司并购重组的市场状况、法律法规的修订完善、经典案例和重点主题、业务创新与发展趋势等内容进行全面、系统的总结与分析，以此来提高上市公司通过并购重组实现高质量发展的水平。

本报告在继承传统上市公司并购重组年度报告有关上市公司并购重组市场状况、法规修订快讯、方案设计与审核关注重点和跨境并购等核心内容的同时，结合“国九条”“科创八条”和“并购六条”等监管政策精神和上市公司并购重组发展趋势，就“通过并购重组发展新质生产力”“上市公司退市与破产重整”“杠杆收购与并购整合”等主题做了专门研究和总结，并在深入研究该主题的基础上对发展与完善该类型的上市公司并购重组业务提供了专业性建议，让该报告实现了坚守传统与有效创新的结合。

该报告是中国上市公司协会并购融资委员会集体智慧的结晶。报告编写采用每个会员单位负责一个章节写作的方式进行，按照章节顺序，第一到七章分别由华泰联合证券有限责任公司、德恒律师事务所、中信建投证券股份有限公司、大成律师事务所、北京博星证券投资顾问有限公司、北京福石重整管理咨询有限公司、中国国际金融股份有限公司完成写作。整个报告由中国人民大学国际并购与投资研究所副所长、中国上市公司协会并购融资委员会副主任委员刘运宏博士负责组织、策划并统稿。上述参与写作和统稿的单位与人员，专业基础扎实、理论水平很高、实践经验丰富，关键是能在百忙的本职工作之余专业高效地完成本报告的写作任务，将自己的专业知识和工作经验分享给大家，我们对他（她）们的专业、勤勉和付出致以深切的感谢和崇高的敬意！此外，本报告的出版还得到北京福石控股发展股份有限公司的资助，我们对北京福石控股发展股份有限公司慷慨解囊表示感谢。

出版并发行上市公司并购重组报告将是中国上市公司协会并购融资委员会的一项重要工作，我们寄希望于更多上市公司及其专业人士分享并购重组业务的智慧与经验，并以此为上市公司高质量发展尽一份绵薄之力。报告的编写存在很多不足与疏漏，也请各位专家批评指正。

编者

2025 年 6 月

目　录

第一章　上市公司并购的市场状况

第一节　上市公司并购重组市场的整体状况

一、并购重组市场整体情况

近年来，中国并购市场活跃度整体处于较高水平。按首次披露口径，2024 年中国市场共披露 8545 单并购交易，交易金额合计 20528 亿元，较 2023 年略有下降。2020 ~ 2024 年中国并购重组市场交易数量及金额如图1 －1 所示。

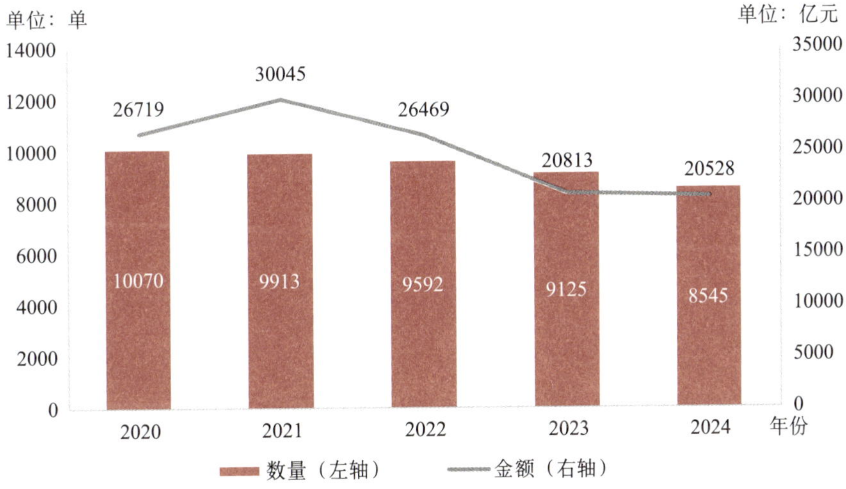

图 1 －1　中国并购重组市场交易数量及金额

数据来源：Wind 资讯，截至 2025 年 1 月 20 日的统计情况。

在上市公司层面，2024 年 A 股市场推出多项与上市公司并购重组相关的制度和政策。2024 年 3 月 15 日，证监会发布《关于加强上市公司监管的意见（试行）》，强调多措并举活跃并购重组市场，支持上市公司夯实基本面，通过并购重组、股权激励等工具来提升上市公司业绩，做优做强。2024 年 4 月 12 日，国务院印发了《关于加强监管防范风险推动资本市场高质量发展的若干意见》（简称新“国九条”），提出综合运用并购重组、股权激励等方式提高上市公司发展质量。同月，证监会、交易所对《上市公司重大资产重组管理办法》《重大资产重组审核规则》等一系列规则指引进行了修订，通过进一步加强并购重组信息披露监管，注重发挥公开、及时、精准问询对于揭示交易风险的约束作用，完善并购重组全链条监管机制，维护并购重组市场秩序。2024 年 6 月 19 日，证监会发布《关于深化科创板改革服务科技创新和新质生产力发展的八条措施》（简称“科八条”），更大力度支持并购重组，支持科创板上市公司开展产业链上下游的并购整合。2024 年 9 月 24 日，证监会发布《关于深化上市公司并购重组市场改革的意见》（简称“并购六条”或“924 新政”），提出支持上市公司向新质生产力方向转型升级、鼓励上市公司加强产业整合、提高监管包容度、提升重组市场交易效率、提升中介机构服务水平、依法加强监管六大方面内容。2024 年 11 月 1 日，商务部等六部门联合修订发布《外国投资者对上市公司战略投资管理办法》（简称“战投办法”），允许上市公司以跨境换股作为并购对价支付手段，并将外国战略投资者协议转让和要约收购方式收购上市公司股份的持股比例要求从 10% 降至 5%，持股锁定期由不低于 3 年调整为不低于 12 个月。

从市场反响来看，2024 年上半年尽管鼓励并购重组的政策频繁出台，但受 A 股整体估值水平下行、并购重组项目监管审核较严等因素影响，市场各参与主体普遍处于审慎观望状态，上市公司并购重组市场尚不活跃。2024 年 9 月下旬“并购六条”等政策出台后，受政策支持力度鼓舞和 A 股强劲反弹等因素影响，上市公司并购重组交易市场显著回暖，新披露案例不断涌现。但由于项目执行需要一定周期，从审核结果来看，2024 年审核通过口径下的上市公司行政许可类重组数量和金额较 2023 年仍有所下滑。

长期来看，在国家政策的大力支持下，上市公司并购重组市场预计将保持较高的活跃度，为实体经济转型升级和高质量发展持续作出重要贡献。

最近5年，上市公司审核通过口径并购重组交易数量及金额的变化趋势如图1－2所示。

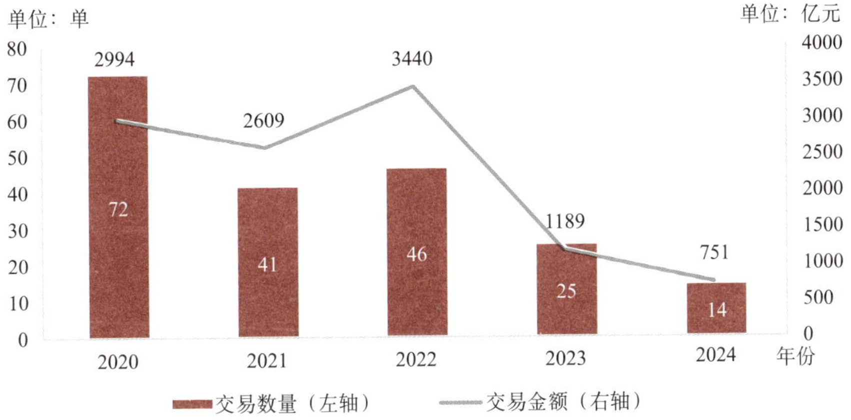

图1－2　上市公司审核通过口径并购重组交易数量及金额

数据来源：Wind资讯。

二、并购重组细分领域市场概况

2024年，并购重组各细分领域整体情况如下：

上市公司收购领域：2024年，上市公司完成控制权变更的案例数量为126单，相比2023年的131单略有下降，主要受上半年A股市场整体估值水平下行、从严监管借壳上市等监管导向影响，有实力的买方对上市公司控制权收购较为谨慎。2024下半年来，受并购市场回暖影响，上市公司控制权变更数量明显提升。整体来看，协议转让（含协议转让＋其他方式）仍是控制权转让的主流方式。

上市公司重组领域：2024年，在宏观经济承压、上半年A股整体估值下行和审核趋严的背景下，上市公司交易意愿和支付能力有所下降，首次披露和通过审核的重大资产交易数量持续下滑。“924新政”出台后，市场受政策鼓励及A股估值修复影响，新披露的并购重组交易数量明显上升。2024年，行政许可类重组共审核通过14单交易，较2023年减少11单；共首次披露79单交易，较2023年增加25单。非行政许可类重大资产重组2024年共首次披露40单交易（包括25单重大现金收购和15单重大现金出售），较2023年减少15单。

上市公司回购和管理层收购领域：受鼓励政策影响，2024年上市公司回购潮持续升温，全年沪深两市共1248家（次）上市公司披露完成回购计划，相比2023年增加186.24%，回购目的主要为用于员工持股计划或者股权激励。2024年首次披露的管理层收购共4单，披露数量与2023年持平，上市公司所属行业和收购方式均呈现多元化特征。

上市公司合并与分拆领域：受政策鼓励及产业整合需求驱动，上市公司之间的合并案例显著增加。2024年，市场新增披露3单以吸收合并的方式实现上市公司合并的案例，而2023年无此类案例；同时新增披露5单“A收A”控制权交易，较2023年的2单显著增加。在分拆领域，受从严监管分拆上市的政策导向影响，2024年A股市场仅5家上市公司披露分拆上市预案，较2023年同期减少15家。

国际并购领域：2024年全球宏观环境复杂多变，上半年对美联储降息预期一再落空，利率高企抑制资本市场活跃度；下半年美国大选所带来的政策不确定性进一步加剧了投资者的谨慎情绪。此外，全球范围内日益严格的反垄断审查显著增加了交易的复杂性。在各种因素的共同作用下，2024年全球并购交易数量共5.02万单，同比下降14%，并创下八年来新低；尽管交易金额同比增长10%，达到3.17万亿美元，但整体市场活力仍然有限，全球并购活动仍未恢复至历史峰值水平。

第二节　上市公司收购与控制权交易市场

一、整体情况

自2018年起，上市公司控制权变动数量逐渐上升，于2020年达到峰值并持续处于较高水平。这一阶段 A 股市场估值趋于理性，部分上市公司实际控制人由于个人资金需要、缺乏家族接班人等多种原因谋求出售控制权，又恰逢国资从“管企业”到“管资本”的转型期，许多具有雄厚资金实力的国资机构将上市公司作为投资标的，国资收购上市公司控制权的交易数量大幅上升，进而推动了整体上市公司控制权变动数量的上升。

2024 年，上市公司完成控制权变更的案例数量为 126 单，相比 2023 年略有下降，可能主要受 2024 年上半年 A 股市场整体估值水平较低、从严监管借壳上市等监管导向影响，有实力的买方对上市公司控制权收购趋于谨慎。随着“并购六条”等政策的发布，2024 年下半年 A 股并购重组市场活跃度明显提升，上市公司控制权变更数量亦显著回升。未来一定时间内 IPO 放缓和鼓励上市公司并购重组的政策趋势预计将持续存在，上市公司控制权交易需求将不断提升，预计 2025 年控制权交易市场会继续呈回暖趋势。

2017 ~ 2024 年控制权变更数量如图 1 – 3 所示。

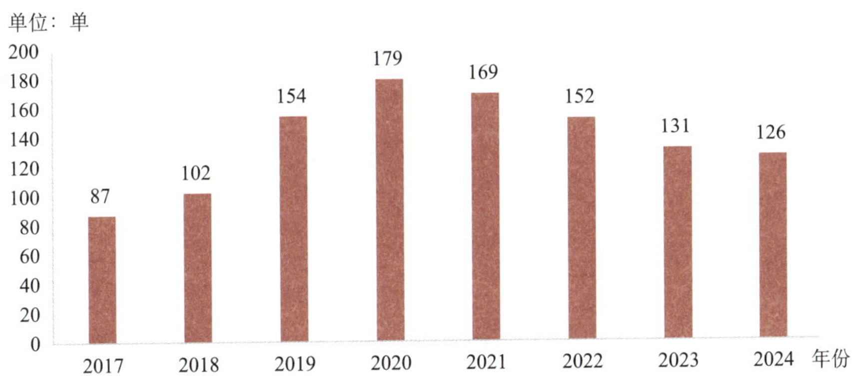

图 1 – 3　2017 ~ 2024 年控制权变更数量

数据来源：Wind 资讯。

二、交易主体类型分析

在控制权变动交易中，从上市公司新实控人类型来看，民营资本一直相对活跃，超过半数；2019 年起，国资收购上市公司的数量和占比有所增加，一度超过 40%。2024 年，上市公司控制权变更交易中新实控人类型属于国资、民营和无实控的比例分别为 31%、56% 和 13%。

2017～2024 年控制权变动案例新实控人类型分布如图 1－4 所示。

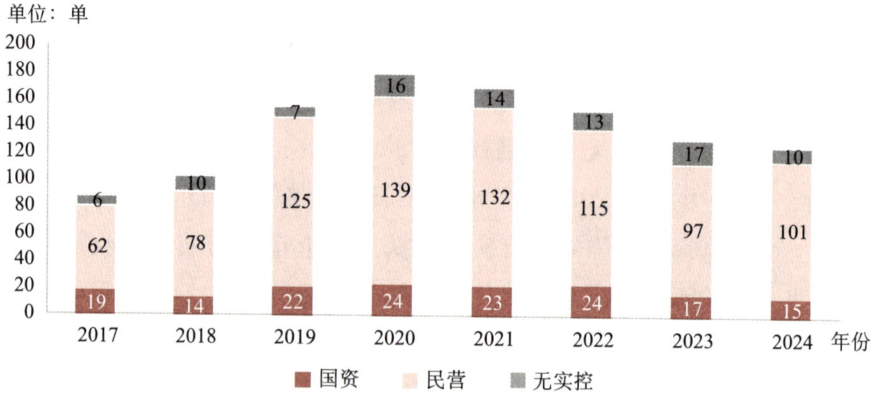

图 1－4　2017～2024 年控制权变动案例新实控人类型分布

数据来源：Wind 资讯。

从发生控制权变动的上市公司原实控人类型来看，民营资本出售上市公司占绝对多数，占比接近 80%；而在国有资产保值增值的大背景下，国资出售上市公司股份的动机较弱。2024 年，上市公司控制权变更交易中原实控人类型属于国资、民营和无实控的比例分别为 12%、80% 和 8%。

2017～2024 年控制权变动案例中原实控人类型分布如图 1－5 所示。

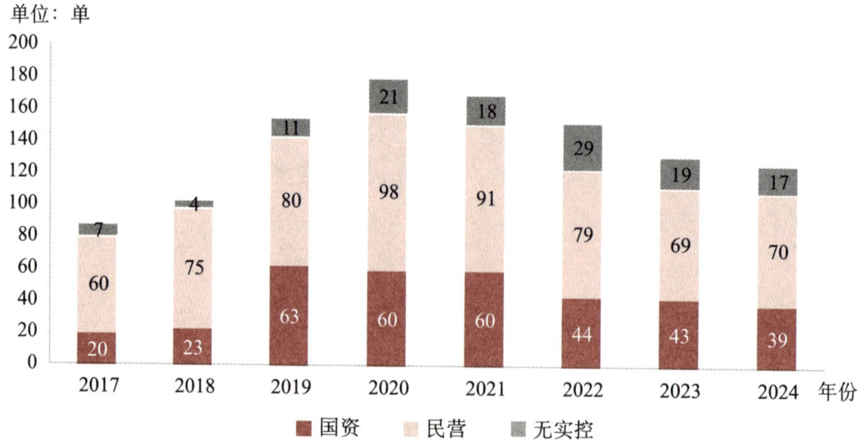

图 1－5　2017～2024 年控制权变动案例中原实控人类型分布

数据来源：Wind 资讯。

从控制权变更前后实控人类型来看，原民营控股的上市公司出售给其他民营买方、国资买方或变更为无实控人的案例均较为常见；但原国资控股的上市公司新实控人性质普遍仍为国资，较少出现民营买方收购国资上市公司的案例。

2023 年和 2024 年上市公司实控人变更类型分布如表 1 –1 所示。

表 1 –1　　2023 年和 2024 年上市公司实控人变更类型分布

实控人变更类型	2023 年		2024 年	
	交易单数	占比	交易单数	占比
民营变更为民营	59	45. 04%	64	50. 79%
民营变更为国资	23	17. 56%	23	18. 25%
民营变更为其他	15	11. 45%	14	11. 11%
国资变更为民营	2	1. 53%	1	0. 79%
国资变更为国资	13	9. 92%	11	8. 73%
国资变更为其他	2	1. 53%	3	2. 38%
其他变更为民营	8	6. 11%	5	3. 97%
其他变更为国资	7	5. 34%	5	3. 97%
其他变更为其他	2	1. 53%	0	0. 00%
合计	131	100. 00%	126	100. 00%

注：“其他”包含上市公司实际控制人集体企业或无实际控制人等情况。

数据来源：Wind 资讯。

三、收购方式分析

从方式上来看，控制权变更方式较为灵活多元。上市公司控制权变更以协议转让（包括协议转让加其他方式）为主，2023 年和 2024 年分别为 41 单和 37 单，占比分别为 31. 30% 和 29. 37% 。同时，签署或解除一致行动协议、司法拍卖、间接收购（不含股东重整）也是较为常见的控制权变更方式，2024 年分别完成 23 单、12 单和 11 单交易，占比分别为 18. 25% 、9. 52% 和 8. 73% 。整体来看，控制权收购的主流方式为确定性较高的协议转让及结合表决权安排、一致行动安排多种方式并用，2024 年叠加定增方式的案例显著减少。此外，随着司法拍卖和破产重整制度的持续完善，收购方通过参与上市公司司法拍卖或破产重整程序取得控制权也已成为常见的控制权收购方式。

2023 年和 2024 年上市公司控制权变更方式分布如表 1－2 所示。

表 1－2　　2023 年和 2024 年上市公司控制权变更方式分布

控制权变更方式	2023 年		2024 年	
	交易数量	占比	交易数量	占比
协议转让	20	15.27%	17	13.49%
协议转让＋其他方式	21	16.03%	20	15.87%
一致行动协议或解除	19	14.50%	23	18.25%
司法拍卖	7	5.34%	12	9.52%
间接收购（不含股东重整）	13	9.92%	11	8.73%
表决权安排或到期	7	5.34%	7	5.56%
破产重整	6	4.58%	5	3.97%
其他	38	29.01%	31	24.60%
合计	131	100.00%	126	100.00%

注 1："表决权安排"类型中的表决权委托可能导致协议双方被认定为一致行动人，但不存在签署一致行动协议的情形，与一致行动协议或解除类型中的案例相区分。

注 2："其他"包括原实际控制人减持、控股股东重整、董事会改选、定增、继承/离婚/家庭成员间转让、无偿划转、要约收购等。

数据来源：Wind 资讯。

四、行业活跃度分析

根据 Wind 行业分类，发生控制权变更的上市公司主要集中于工业、材料、信息技术、可选消费等领域，这些领域在 2023 年和 2024 年占比均超过 10%。房地产、金融、能源等领域上市公司由于行业政策限制、规模较大等因素，控制权变动活跃度较低。此外，受宏观经济波动及市场环境影响，2024 年消费行业（含日常消费和可选消费）上市公司控制权变更数量显著下降。

2023年和2024年发生控制权变更的上市公司所属行业分布如表1-3所示。

表1-3　2023年和2024年发生控制权变更的上市公司所属行业分布

上市公司所属行业	2023年		2024年	
	交易数量	占比	交易数量	占比
工业	33	25.19%	34	26.98%
材料	21	16.03%	25	19.84%
信息技术	20	15.27%	23	18.25%
可选消费	24	18.32%	14	11.11%
医疗保健	9	6.87%	11	8.73%
日常消费	11	8.40%	6	4.76%
通信服务	1	0.76%	6	4.76%
房地产	2	1.53%	4	3.17%
公用事业	6	4.58%	2	1.59%
能源	2	1.53%	1	0.79%
金融	2	1.53%	—	—
合计	131	100.00%	126	100.00%

数据来源：Wind资讯。

五、交易规模分析

按控制权变动首次披露时的上市公司市值统计，控制权交易主要集中于40亿元以下的中小市值上市公司。2024年，由于A股整体估值水平处于较低区间，40亿元以下的中小市值上市公司控制权变动占比有所上升，但100亿元以上的上市公司控制权变动占比继续维持在较高水平，有价值的高市值公司仍受到买方青睐。2017～2024年上市公司收购市值分布情况如图1-6所示。

六、交易价格分析

在交易性上市公司控制权收购（剔除一致行动协议解除、无偿划转、

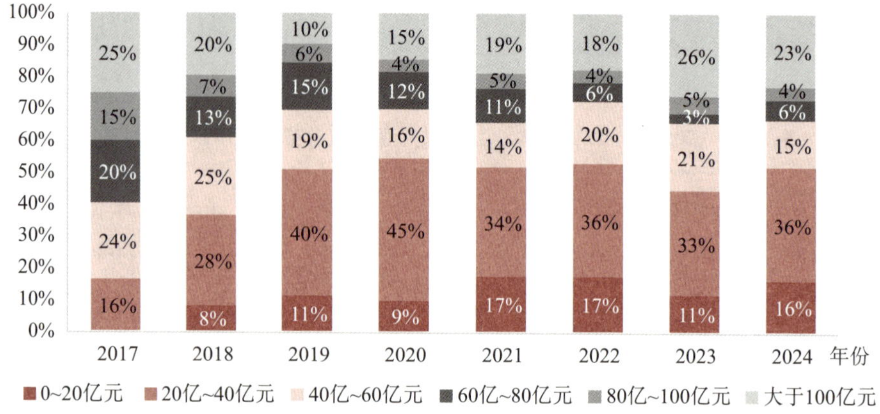

图 1－6　2017～2024 年上市公司收购市值分布情况

数据来源：Wind 资讯。

离婚、继承、司法拍卖、破产重整等非交易性因素导致的控制权变动）中，考虑到控制权溢价因素，交易价格可能较股票二级市场交易价格更高。2024 年，由于 A 股市场整体估值处于较低区间，控制权收购价格普遍较二级市场价格有所溢价，折价出售上市公司控制权的案例比例较 2023 年大幅降低。采用协议转让方式（含与其他多种方式结合）收购控制权的交易中，协议转让价格相比协议签署前一日收盘价的溢价率分布情况如图 1－7 所示。

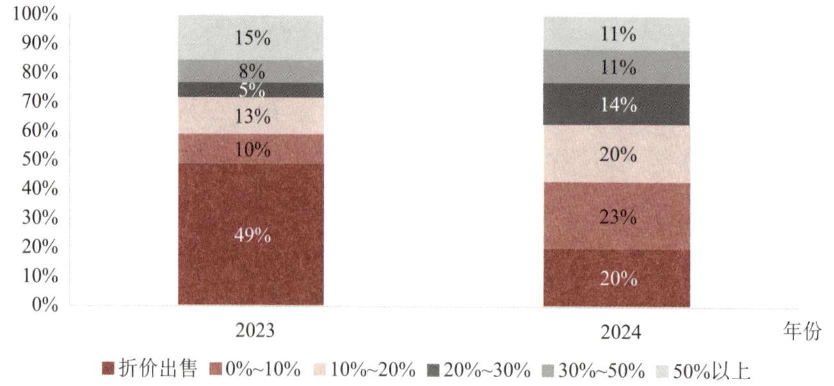

图 1－7　2023 年和 2024 年上市公司收购溢价率分布情况

数据来源：Wind 资讯。

第三节　上市公司重组市场

并购重组是支持经济转型升级、实现资本市场高质量发展的重要工具。2024 年以来，新“国九条”对活跃并购重组市场作出了重要部署。2024 年 4 月 12 日，国务院印发《关于加强监管防范风险推动资本市场高质量发展的若干意见》，是时隔 10 年国务院再次出台的资本市场指导性文件。作为新一轮股市改革的集结号，新“国九条”明确“加大并购重组改革力度，多措并举活跃并购重组市场”。此后相关优化政策不断落地，政策导向显著。证监会先后于 4 月 19 日和 6 月 19 日发布《关于资本市场服务科技企业高水平发展的十六项措施》《关于深化科创板改革服务科技创新和新质生产力发展的八条措施》，支持“推动科技型企业高效实施并购重组”“更大力度支持并购重组”“建立健全开展关键核心技术攻关的‘硬科技’企业股债融资、并购重组‘绿色通道’”。9 月 24 日，证监会发布《关于深化上市公司并购重组市场改革的意见》，落实新“国九条”对活跃并购重组市场作出的重要部署，坚持市场化方向，更好发挥资本市场在企业并购重组中的主渠道作用，以支持经济转型升级、实现高质量发展，支持上市公司向新质生产力方向转型升级，“并购六条”为上市公司并购重组提供了新动能，政策层面的支持对市场活力的释放起到了关键作用。

2024 年，在“并购六条”出台之前，并购重组市场活跃度仍旧不足，交易数量及金额呈现持续下降趋势；在“并购六条”出台之后，并购重组市场在首次披露端的活跃度大幅提升，并且呈现出了如下的一些趋势及特点。

1. 重组方式

围绕产业转型升级的跨行业并购交易频现。“并购六条”提出：“支持运作规范的上市公司围绕产业转型升级、寻求第二增长曲线等需求开展符合商业逻辑的跨行业并购，加快向新质生产力转型步伐”。规范运作传统行业的小规模上市公司，拟通过多元化并购实现高质量发展及业务转型的意愿愈发强烈。

2024 年度 A 股市场共首次披露 79 单行政许可类重组，其中 17 单为跨行业并购，占比 22%。“924 新政”以来，已先后公告松发股份、日播时尚、阳谷华泰、南京化纤等多起跨行业收购案例，多为上市公司大股东培育的相关资产注入或与大股东共同投资。

2. 行业类型

半导体行业并购热度较高，产业补链强链加速推进。本次半导体并购潮推动因素包括“科创板八条”“并购六条”等利好政策相继发布，以及技术驱动行业进入变革上升周期。从政策端来看，新“国九条”“科创板八条”“并购六条”等政策相继发布，半导体并购重组市场环境优化，并购效率和成功率提升，企业并购成本降低；从行业端来看，技术驱动半导体行业快速发展，且前期半导体标的经历估值回调，当下是半导体企业通过并购实现竞争力提升的好时机，半导体企业可以通过收并购进行产业链整合，发挥协同效应；例如通过外延式并购扩大公司规模和市场份额，增强竞争力；例如收购子公司剩余股权，提高控制力和管理效率等。

“并购六条”落地以来，A 股首次披露的行政许可类重组事件达 50 起，其中收购方为科创板上市公司的 9 起，占比达 18%；半导体行业并购热度迅速上升，标的资产为半导体产业链的 14 起，占比达 28%。

3. 重组标的

拟 IPO 企业转并购标的成为热点，收购未盈利资产交易数量有所增加。

2024 年沪深交易所共有约 360 单 IPO 终止；拟 IPO 企业转道被并购重组，反映了市场主体的多元化需求和资本方案的灵活性，同时也是企业和资本市场不断探索和创新的结果。“924 新政”以来，首次披露的 50 单行政许可类重组中，标的资产为拟 IPO 企业的 12 单，占比 24%。

同时，“并购六条”提出：“支持上市公司结合自身产业发展需要，在不影响持续经营能力并设置中小投资者利益保护相关安排的基础上，收购有助于补链强链、提升关键技术水平的优质未盈利资产”。“924 新政”以来，首次披露的行政许可类重组，标的资产为未盈利资产的高达 10 单，占比 20%。

4. 重组主体

鼓励上市公司整合，促进上市公司之间的收购。“并购六条”鼓励引导头部上市公司立足主业，加大对产业链上市公司的整合；支持非同一控制下上市公司之间的同行业、上下游吸收合并，以及同一控制下上市公司之间吸收合并，支持传统行业上市公司加大资源整合，合理提升产业集中度。

在上述政策鼓励下，2024 年，A 股通过换股吸并进行上市公司之间收购的案例开始增加，涌现了中国船舶吸收合并中国重工（史上最大规模吸并）、国泰君安吸收合并海通证券（券商类最大吸并）、海联讯吸收合并杭汽轮 B（史上第五单 B 转 A）。同时，跨股票交易市场的上市公司间收购案例开始增加，例如中国生物制药以“协议转让 + 部分要约”收购浩欧博（港股上市公司收购科创板上市公司）、中国智能交通控制恒拓开源（首单港股上市公司收购北交所上市公司）等。

5. 公司性质

非国资上市公司并购重组活跃度提升至近年新高。2019 年至 2022 年，首次披露的行政许可类项目，非国资上市公司占比逐年下降，2022 年达到最低，为 31.67%；2023 年非国资上市公司占比回暖，提升至 68.52%。2024 年，并购六条发布前，非国资上市公司占比较 2023 年转冷，下调至 51.72%；并购六条发布后至年底，非国资上市公司活跃度升至 72.00%，达近年新高。

展望 2025 年，符合国家战略、鼓励科技创新的产业并购仍将是未来主旋律；龙头上市公司并购能力较强，交易机会增加；小市值上市公司可以通过并购转型升级，机遇与挑战并存；国有企业改革推动重组市场再添新活力；“A 收 A”交易继续涌现，助力双方共赢；吸收合并有望迎来突破，成为提升上市公司质量的重要渠道。

一、行政许可类重组市场

（一）整体情况

2015 年至2024 年，以首次披露口径统计的各板块行政许可类并购重组交易数量呈逐年下降趋势，分别为 408 单、352 单、224 单、188 单、167 单、117 单、90 单、81 单、54 单、79 单，如图 1－8 所示。2024 年首次披露交易数量同比增加 25 单，同比增加 46.30%。

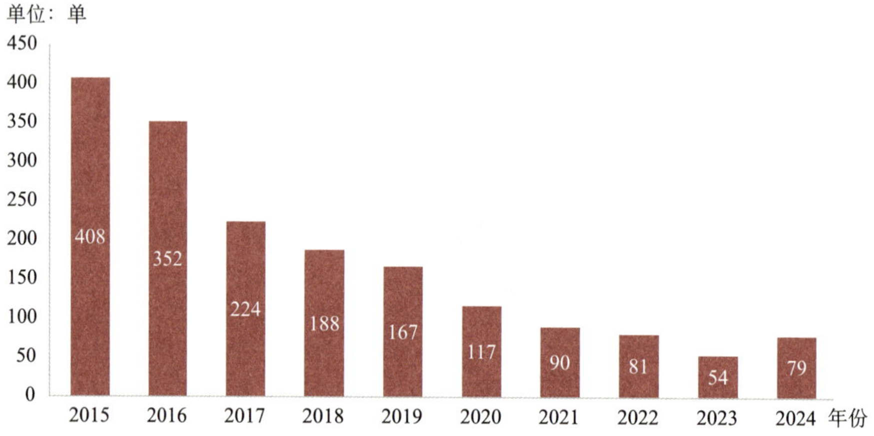

图 1－8　2015～2024 年首次披露口径统计的行政许可类并购重组交易数量

数据来源：Wind 资讯。

以并购重组委通过口径统计的行政许可类并购重组交易数量自 2015 年达到顶峰的 316 单后逐年下降，2016 年至 2024 年行政许可类单数分别为 251 单、161 单、123 单、103 单、72 单、41 单、46 单、25 单、14 单，如图 1－9 所示。2024 年审核通过交易数量同比减少 11 单，同比降低 44.00%。2015 年至2024 年行政许可类交易金额分别为9076 亿元、9550 亿元、5117 亿元、4813 亿元、5325 亿元、2994 亿元、2609 亿元、3440 亿元、1189 亿元、751 亿元。2024 年审核通过交易金额同比减少 438 亿元，同比降低 36.84%。

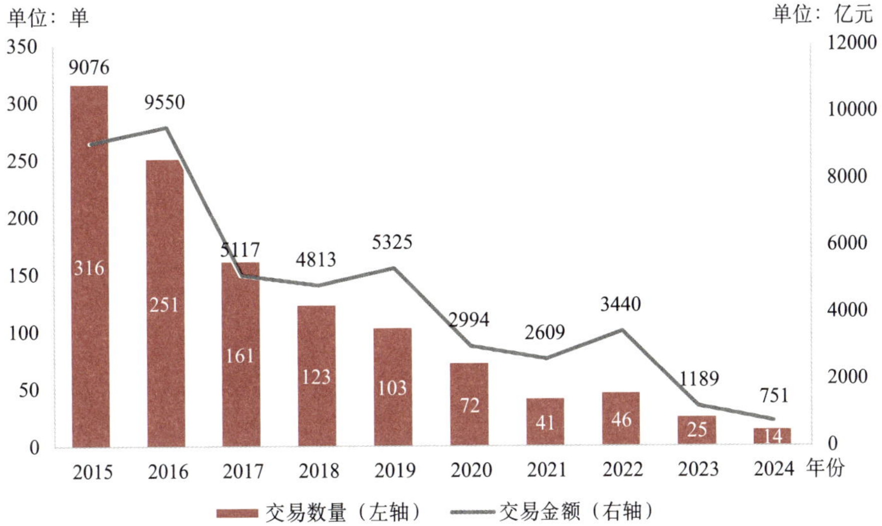

图 1－9　2015～2024 年审核通过口径统计的行政许可类并购重组交易数量及金额

数据来源：Wind 资讯。

（二）上市板块类型分布

2024 年，行政许可类并购重组审核通过 14 单，单数较 2023 年的 25 单减少 44.00%，金额较 2023 年降低 36.84%，其中主板并购重组市场降温最为显著。

1. 主板

2023 年，并购重组委共审核了 17 家主板上市公司。其中，无条件通过 16 家，有条件通过 1 家，未通过 0 家，审核通过率为 100.00%。2023 年审核通过案例交易金额合计 1019.80 亿元，平均交易金额为 59.99 亿元。

2024 年，并购重组委共审核了 7 家主板上市公司。其中，无条件通过 6 家，有条件通过 0 家，未通过 1 家，审核通过率为 85.71%，被否案例为宁夏建材（600449.SH）换股吸收合并中建信息。2024 年审核通过案例交易金额合计 522.35 亿元，平均交易金额为 87.06 亿元，平均交易金额较上年有所增长。

2023 年及 2024 年主板行政许可类并购重组审核情况如图 1－10 所示。

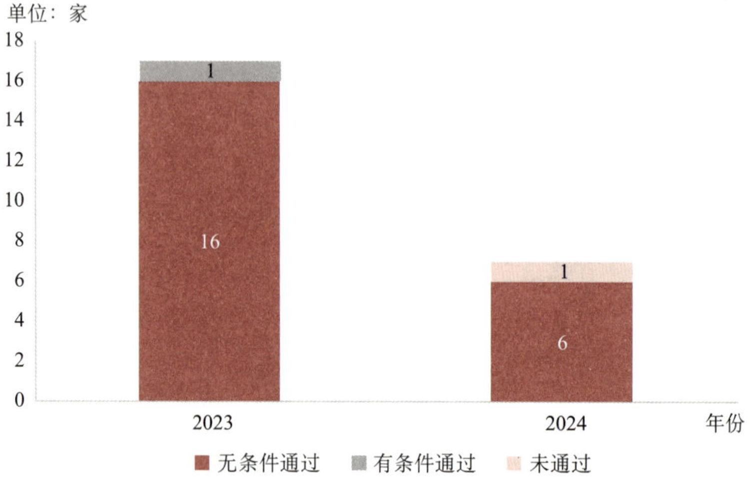

图1－10　2023年及2024年主板行政许可类并购重组审核情况

数据来源：Wind资讯。

2. 创业板

2023年，并购重组委共审核了7家创业板上市公司。其中，无条件通过5家，有条件通过1家，未通过1家，审核通过率为85.71%。注册制下创业板行政许可类重组迎来首单被否交易——大地海洋（301068.SZ）。2023年审核通过案例交易金额合计160.89亿元，平均交易金额为26.81亿元。

2024年，并购重组委共审核了5家创业板上市公司。其中，无条件通过5家，有条件通过0家，未通过0家，审核通过率为100.00%。2024年审核通过案例交易金额合计211.56亿元，平均交易金额为42.31亿元，较上年有所增长。

2023年及2024年创业板行政许可类并购重组审核情况如图1－11所示。

3. 科创板

2023年，并购重组委共审核了2家科创板上市公司。其中，无条件通过2家，有条件通过0家，未通过0家，审核通过率为100.00%。2023年审核通过案例交易金额合计7.95亿元，平均交易金额为3.98亿元。

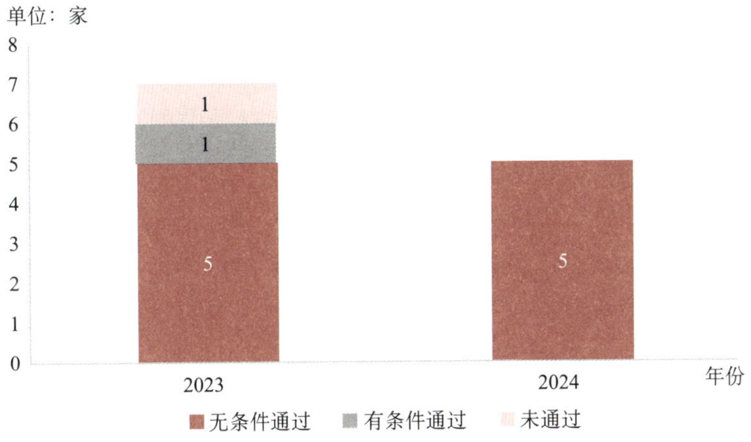

图 1-11　2023 年及 2024 年创业板行政许可类并购重组审核情况

数据来源：Wind 资讯。

2024 年，并购重组委共审核了 3 家科创板上市公司。其中，无条件通过 3 家，有条件通过 0 家，未通过 0 家，审核通过率为 100.00%。2024 年审核通过案例交易金额合计 17.28 亿元，平均交易金额为 5.76 亿元，平均交易金额较上年有所增长。

2023 年及 2024 年科创板行政许可类并购重组审核情况如图 1-12 所示。

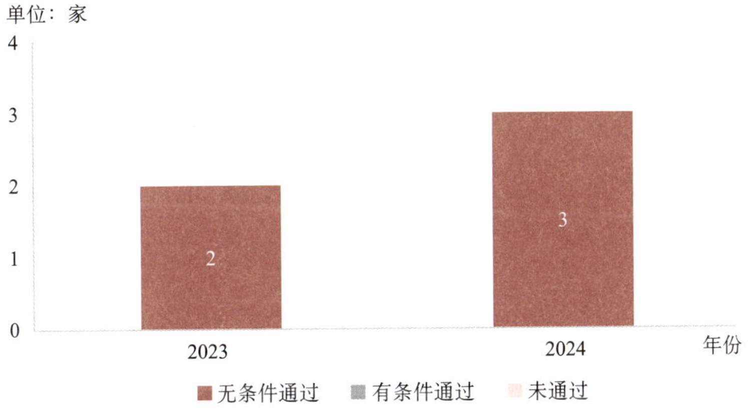

图 1-12　2023 年及 2024 年科创板行政许可类并购重组审核情况

数据来源：Wind 资讯。

（三）主体类型分析

1. 首次披露口径

2024年度国有企业在筹划行政许可类重组交易中更为活跃。2024年全年首次披露的79单行政许可类并购重组案例中，国有上市公司共28单，占比35.44%，略高于2023年的31.48%；国有标的公司共24单，占比30.38%，略高于2023年的22.22%。随着多地陆续印发各省份的《国有企业改革深化提升行动方案（2023—2025年）》，国有企业并购重组步伐加快。

2023年及2024年行政许可类并购重组主体类型（首次披露口径）如图1－13所示。

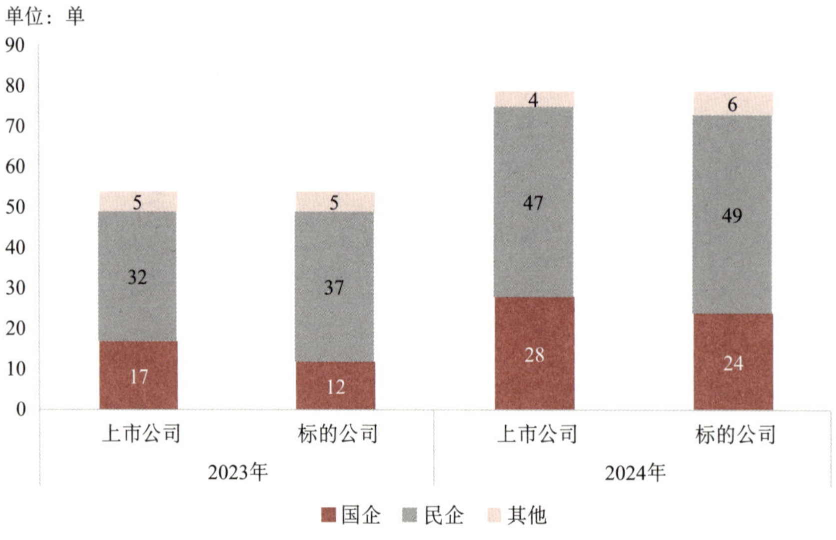

图1－13　2023年及2024年行政许可类并购重组主体类型（首次披露口径）

注1：若一单交易涉及多个标的公司，标的公司性质按注册资本或交易对价较大的标的公司性质进行分类，下同。

注2：主体性质中“其他”主要包括无实控人、集体企业等，下同。

数据来源：Wind资讯。

2. 重组委审核通过口径

国有企业将行政许可类重组交易从首次披露阶段推进至上会阶段的比例更高，但过会数量端的优势不再显著。2024年并购重组委审核通过的14

单行政许可类并购重组案例中，国有上市公司共7单，占比50.00%，略低于2023年国有上市公司交易占比64.00%；国有标的公司共5单，占比35.71%，略低于2023年度国有标的公司交易占比64.00%。

2023年及2024年行政许可类并购重组主体类型（审核通过口径）如图1－14所示。

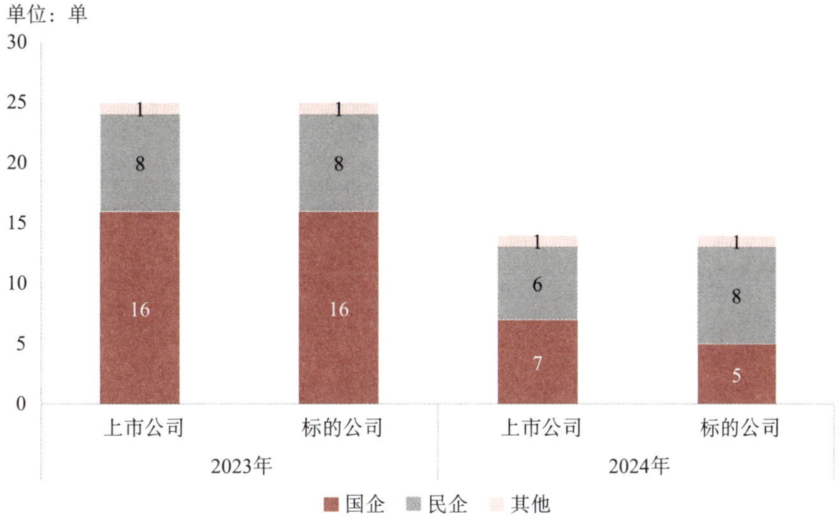

图1－14　2023年及2024年行政许可类并购重组主体类型（审核通过口径）

数据来源：Wind资讯。

（四）重组类型分析

1. 首次披露口径

2023年及2024年行政许可类并购重组类型（首次披露口径）如表1－4所示。2024年首次披露的行政许可类并购重组案例共79单，主要目的为产业并购、基于产业并购的整体上市及收购少数股权，上市公司并购重组进一步回归本位，围绕主业开展产业整合和转型升级特征明显。分析来看，产业整合逻辑仍为并购重组的主要动因，合计61单，占比77.22%，高于2023年的64.81%，其中，横向整合29单，纵向整合9单，基于产业并购的整体上市14单，收购少数股权9单。

表 1－4　　2023 年及 2024 年行政许可类并购重组类型（首次披露口径）

项目		2023 年		2024 年	
		单数	占比	单数	占比
产业并购	横向整合	12	22.22%	29	36.71%
	纵向整合	4	7.41%	9	11.39%
整体上市	产业并购	10	18.52%	14	17.72%
	多元化	9	16.67%	11	13.92%
收购少数股权		9	16.67%	9	11.39%
多元化		7	12.96%	6	7.59%
重组上市		3	5.56%	1	1.27%
合计		54	100.00%	79	100.00%

注：产业并购不包括实际控制人资产注入，系指标的资产与上市公司存在较为显著的协同效应，整体上市指注入实际控制人体内资产，下同。

数据来源：Wind 资讯。

2. 重组委审核通过口径

2023 年及 2024 年行政许可类并购重组类型（审核通过口径）如表 1－5 所示。2024 年并购重组委审核的行政许可类并购重组案例共 14 单。基于多元化目的的重组交易审核持续趋严，基于产业整合逻辑的重组比例较首次披露口径进一步提升，产业并购合计 13 单，占比 92.86%，高于 2023 年的 84.00%。其中，横向整合 2 单，纵向整合 3 单，基于产业并购的整体上市 6 单，收购少数股权 2 单。

表 1－5　　2023 年及 2024 年行政许可类并购重组类型（审核通过口径）

项目		2023 年		2024 年	
		单数	占比	单数	占比
产业并购	横向整合	6	24.00%	2	14.29%
	纵向整合	1	4.00%	3	21.43%
整体上市	产业并购	10	40.00%	6	42.86%
	多元化	3	12.00%	—	—
收购少数股权		4	16.00%	2	14.29%
多元化		—	—	1	7.14%
重组上市		1	4.00%	—	—
合计		25	100.00%	14	100.00%

数据来源：Wind 资讯。

（五）行业活跃度分析

1. 首次披露口径

2024 年首次披露的行政许可类并购重组案例主要为制造业，共计 50 单，占比 63.29%。制造业中，单数最多的三个行业是石油、化学、生物医药（14 单）、专用、通用及交通运输设备（11 单）、电气、电子及通信（9 单）。其次是信息传输、软件和信息技术服务业（6 单）、电力、热力、燃气及水生产和供应业（5 单）。2024 年行政许可类并购重组上市公司行业分类（首次披露口径）如图 1 – 15 所示。

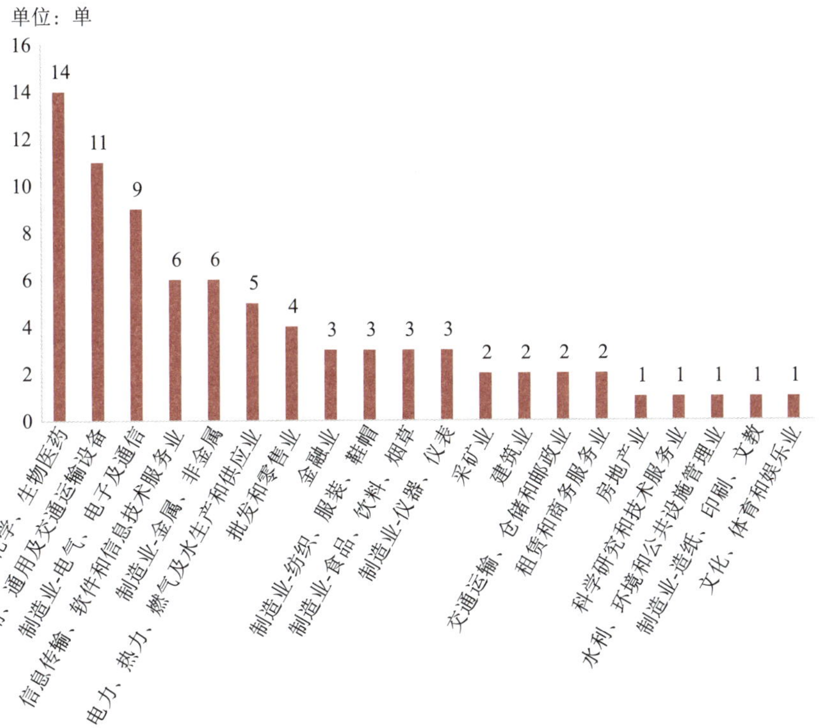

图 1 – 15　2024 年行政许可类并购重组上市公司行业分类（首次披露口径）

注：若为重组上市则按标的公司所属行业统计；制造业统计至二级行业，其他行业统计至一级行业，下同。

数据来源：Wind 资讯。

2. 重组委审核通过口径

2024 年并购重组委共审核通过 14 单交易，其中单数最多的行业为制造业，共 8 单，占比 57.14%；其次为信息传输、软件和信息技术服务业（2 单），其余行业均为 1 单。2024 年行政许可类并购重组上市公司行业分类（审核通过口径）如图 1－16 所示。

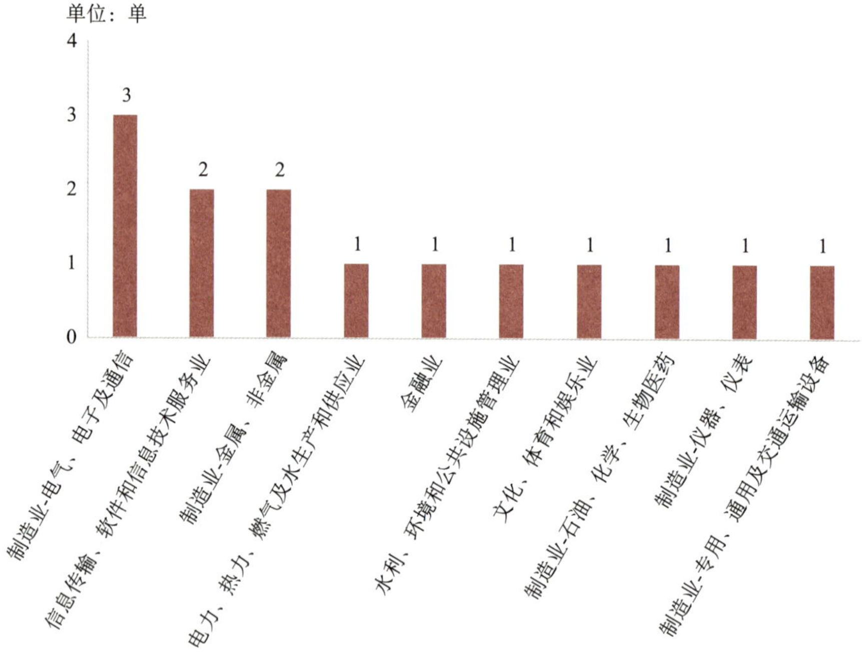

图 1－16　2024 年行政许可类并购重组上市公司行业分类（审核通过口径）

数据来源：Wind 资讯。

（六）交易规模分析（重组委审核通过口径）

2024 年并购重组委共审核通过 14 单交易，其中，5 单交易规模在 10 亿元以下（含 10 亿元），4 单交易规模在 10 亿～50 亿元（含 50 亿元），3 单交易规模在 50 亿～100 亿元（含 100 亿元），2 单交易规模在 100 亿元以上，交易规模分布情况与 2023 年度基本一致。2023 年及 2024 年行政许可类并购重组交易规模（审核通过口径）如表 1－6 所示。

表1－6　2023年及2024年行政许可类并购重组交易规模（审核通过口径）

项目	2023年		2024年	
	单数	占比	单数	占比
10亿元（含）以下	8	32.00%	5	35.71%
10亿~50（含）亿元	8	32.00%	4	28.57%
50亿~100（含）亿元	5	20.00%	3	21.43%
100亿元以上	4	16.00%	2	14.29%
合计	25	100.00%	14	100.00%

注：若一单交易涉及多个标的公司，则将多个标的公司交易对价的合计数作为该交易的交易规模进行统计。

数据来源：Wind资讯。

（七）终止或撤回情况

2023年及2024年行政许可类并购重组终止或撤回数量如图1－17所示。2024年行政许可类并购重组终止或撤回案例共39单（其中，主板33单，创业板6单），相比2023年33单交易有所上升。上市公司终止或撤回时间点主要集中在重组预案之后，草案披露之前。

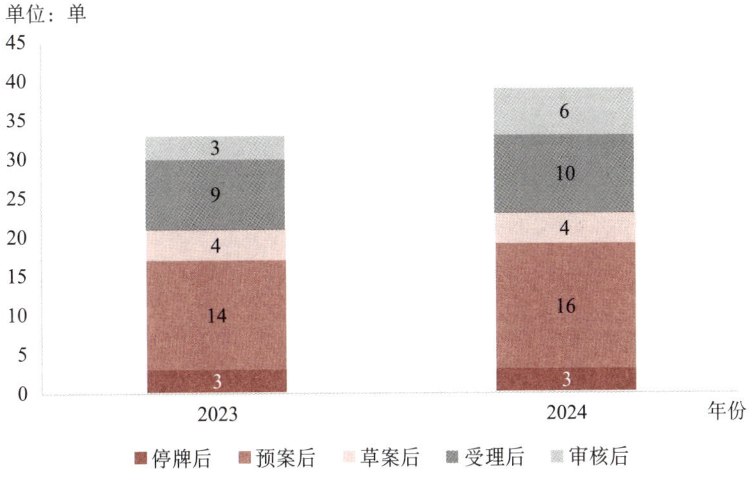

图1－17　2023年及2024年行政许可类并购重组终止或撤回数量

数据来源：Wind资讯。

（八）并购重组审核的关注点分析

1. 交易方案方面

上市公司并购重组交易方案的设计是平衡交易各方利益诉求的核心，通常需要符合上市公司长期发展战略，亦是审核机构和信息披露监管部门的关注重点。

目的与动机层面，监管重点关注上市公司开展重组交易的目的与动机、标的公司与上市公司是否具备协同效应、未收购部分股权的合理性等问题。如普源精电（688337. SH）发行股份收购耐数电子 67. 74% 股权交易中，上市公司主要专注于通用电子测量领域，产品主要包括示波器、射频类仪器、波形发生器、电源及电子负载、万用表及数据采集器等通用电子测量仪器；标的公司耐数电子主要产品属于专用电子测量仪器，在遥感探测、量子信息、射电天文、微波通信等前沿领域具有较强的系统集成方案解决能力；上市公司与标的公司属于同行业；监管机构要求上市公司结合上市公司及耐数电子的主营产品及应用场景差异、业务特点及客户情况等，分析公司购买耐数电子的原因；结合公司的发展战略，具体分析本次交易拟在技术、产品、业务、客户及市场开拓等方面实现的具体协同效应；交易完成后，公司拟在采购、客户开拓、销售、技术及产品研发、核心人员、公司治理及财务管控等方面采取的具体整合措施。如三友医疗（688085. SH）发行股份及支付现金收购水木天蓬 37. 11% 股权及上海还瞻 100% 出资份额交易中，交易前，上市公司已于 2021 年通过现金收购成为水木天蓬控股股东，持有水木天蓬 51. 8154% 股权；交易的实质为上市公司直接及通过拓腾苏州及上海还瞻间接收购水木天蓬剩余 48. 1846% 股权；监管机构要求上市公司说明上市公司在已控制水木天蓬的情况下，收购剩余股权的目的及必要性；相较于前次收购，本次交易如何进一步提高上市公司资产质量、改善财务状况和增强持续经营能力；本次交易中除直接持股外，上市公司拟通过拓腾苏州及上海还瞻间接收购标的公司 11. 0769% 股权的原因，保留上海还瞻作为持股平台的考虑因素及未来安排。

交易方案的合理性层面，监管重点关注业绩承诺能否履行、是否会新增大额同业竞争、业绩奖励是否符合法规规定、是否有利于保护上市公司中小股东利益等问题。如昊华科技（600378. SH）发行股份收购中化蓝天100%股权交易中，监管机构要求上市公司补充披露本次交易后，上市公司与中国中化及其控制的其他下属企业之间的同业竞争情况，以及解决同业竞争的具体承诺及执行进展情况。此外，监管机构也关注业绩承诺及实现情况，要求上市公司结合标的资产预测数据与报告期的差异情况、预测依据、所属行业情况及发展趋势等，分析预测业绩的可实现性；要求结合截至目前的经营情况，分析2023年业绩承诺的可实现性。如军信股份（301109. SZ）发行股份收购仁和环境63%股权交易中，上市公司向管理团队设置业绩奖励，如标的资产承诺期累计实际净利润超出各期累计承诺净利润时，超过累计承诺利润部分的25%用于奖励标的资产经营管理团队，相关奖励的总金额不得超过本次收购对价总额的20%；监管机构要求上市公司说明设置业绩奖励的原因、依据及合理性，相关会计处理及对上市公司可能造成的影响，奖励对象是否同上市公司控股股东、实控人存在关联关系，前述业绩奖励安排是否符合《监管规则适用指引——上市类第1号》的相关规定。

交易后的整合与控制层面，监管重点关注交易完成后上市公司是否对标的公司实现有效控制、有无巩固标的公司控制权的具体措施等问题。如中航电测（300114. SZ）发行股份收购航空工业成飞100%股权交易中，交易完成后，上市公司的主营业务将从飞机测控产品和配电系统、电阻应变计、应变式传感器等电测产品的研发、生产和销售转变为航空装备整机及部附件研制生产；监管机构要求上市公司结合标的资产与上市公司规模差异、本次交易完成后多主业运营情况、上市公司未来经营发展战略和业务管理模式等，补充披露本次交易完成后上市公司及标的资产在业务、资产、财务、人员、机构等方面的整合计划，包括但不限于公司治理体系、对具体业务运营及管理等重大事项的经营决策机制等，并披露是否存在整合风险以及相应的管理控制措施。如华亚智能（003043. SZ）发行股份及支付现金收购冠鸿智能51%股权交易中，本次交易前，上市公司从事定制化精密金属制造服务，标的公司主要从事生产物流智能化方案的设计与优化，以及相关智能装备系统的研发、制造、集成和销售，标的公司与上市公司的主营业务存在较大差异；监管机构要求上市公司结合上市公司与标的公司主营业务差异情况，上市公司实际控制人、管理团队的经历和背景，交易完成后标的公司董事会、管理层的相关人员安排等，说明本次重组后上市公司对标的公司进行整合及管控的相关措施及其可实现性，包括但不限于在业务、资产、财务、人员、机构等方面的具体整合计划、整合风险和应对措施。交易方面的重点关注事项如表 1 – 7 所示。

表 1 – 7　交易方面的重点关注事项

关注事项	具体内容
目的与动机	• 上市公司开展重组交易的目的与动机，是否发展实体经济，是否围绕主业实施重组，实现转型升级，是否存在概念炒作、脱实向虚； • 是否为多步骤交易的一部分，是否存在后续交易计划
交易方案的合理性	• 标的估值上，关注是否涉及高估值高溢价高业绩承诺，是否考虑协同性或向关联方输送利益； • 支付形式上，关注是否综合考虑了双方诉求和小股东利益，综合选择现金、股份、资产置换等支付方式； • 业绩承诺与股份锁定上，重点关注承诺能否履行，避免不切实际的高额业绩承诺，股份锁定是否能保障业绩承诺的履行
交易后的整合与控制	• 重点关注交易完成后上市公司是否对标的公司实现有效控制，上市公司后续整合的战略目标是否清晰，整合方案是否紧密围绕业务整合风险点，避免整合方案难以落地； • 关注有无巩固标的公司控制权的相关约定和计划。例如，是否引入股权激励、员工持股等激励机制，绑定标的公司的核心高管和研发团队等，避免管理层频繁变动

2. 财务方面

财务方面，审核主要关注标的公司会计核算的真实性和规范性，以及重要科目变化原因及合理性。

收入确认方面，监管主要关注企业收入结构与收入变化情况以及收入确认的准确性等问题。如普源精电（688337. SH）发行股份收购耐数电子 67. 74% 股权交易中，标的公司销售的产品主要系为遥感探测、量子信息、射电天文、微波通信等领域客户提供的数字阵列设备及系统解决方案，公司根据合同约定将相关商品交付给客户并进行验收后确认收入；监管机构要求上市公司说明各类业务合同中包含的产品及服务成果，关于单项履约义务的划分情况及具体依据；主要项目的执行和验收周期；公司将相关产品交付给客户并完成验收作为构成某一时点履行的履约义务的依据，后续是否仍需向客户提供其他服务，相关收入确认的准确性。

成本与费用方面，监管主要关注产品成本构成，影响的主要因素；整体毛利率的合理性；是否存在异常费用等问题。如军信股份（301109. SZ）发行股份收购仁和环境63%股权交易中，标的资产营业成本包括人工成本、折旧与摊销、水电及燃油、车辆支出、直接材料等，其中人工成本占比分别为45.60%、43.97%及44.77%，主要采购内容包括车辆、设备及工程、劳务、能源、原材料及耗材等；监管机构要求上市公司说明按照成本费用归集口径，以列表形式逐项说明报告期各期计入生产成本、管理费用、销售费用、研发费用的人员数量、职工薪酬费用、对外采购劳务情况，并对比同行业可比公司、标的资产所处地域的平均工资水平等，分析说明报告期内人员薪酬水平的合理性，人员数量是否与其业务规模匹配；报告期内标的资产采购项目与成本项目间的勾稽关系，成本结转是否准确、完整。

存货与在建工程方面，监管主要关注存货余额变化与报告期内存货计提跌价情况等问题。如华亚智能（003043. SZ）发行股份及支付现金收购冠鸿智能51%股权交易中，标的公司2023年6月末存货余额为5.43亿元，占总资产的69.11%，主要为合同履约成本，报告期各期末，标的公司的存货跌价计提比例分别为0.09%、0.02%和0.03%，同行业可比公司的存货跌价准备计提比例平均值为3.85%、3.44%和3.14%；监管机构要求上市公司结合同行业可比公司在生产驱动模式、固定资产水平、毛利率水平、生产备货比例等方面与标的公司的差异情况，说明标的公司存货跌价准备计提比例显著低于同行业可比公司的原因及合理性；结合存货库龄情况，延期交付情况及交付进展、与客户的交付约定、客户拒收风险等，并对比同行业可比公司情况，披露标的公司存货跌价准备计提的充分性。

关联交易方面，监管主要关注关联交易的必要性以及交易价格的公允性。如中航电测（300114. SZ）发行股份收购航空工业成飞 100% 股权交易中，交易前后，上市公司关联采购占营业成本的比重将有所上升；监管机构要求上市公司结合标的资产报告期内关联采购的具体金额及占比、商业合理性与必要性、定价方式及其公允性，交易完成后关联交易规模是否持续，拟采取减少关联交易的措施及其可行性等，补充披露较高的关联采购规模是否影响标的资产独立性，本次交易是否有利于上市公司减少关联交易、增强独立性，是否符合《重组办法》第四十三条的规定。如华亚智能（003043. SZ）发行股份及支付现金收购冠鸿智能 51% 股权交易中，标的公司向关联方威蓝德（苏州）物流设备有限公司（以下简称威蓝德）采购设备金额分别为 113. 20 万元、379. 50 万元和 960. 03 万元，占标的公司各期营业成本的 1. 89%、5. 58% 和 15. 97%；监管机构要求上市公司结合报告期内标的公司与威蓝德的关联交易情况，说明相关关联交易作价的公允性，报告期内标的公司向威蓝德采购金额及占营业成本比重持续提高的合理性；结合报告期内标的公司与关联方的关联交易以及资金往来的具体情况，说明是否存在标的公司通过关联方虚增收入、互相代垫成本或费用的情形。

财务方面的重点关注事项如表 1 – 8 所示。

表 1 – 8　　财务方面的重点关注事项

关注事项	具体内容
收入确认	• 收入变化是否与行业发展趋势一致； • 收入结构发生变化的原因； • 若应收账款金额较大，关注是否存在提前确认收入的情形； • 客户同时为供应商的，关注合理性，是否形成资金闭环及存在利益输送； • 是否存在收入集中度较高、大客户依赖的问题
成本费用	• 产品成本构成，影响的主要因素； • 整体毛利率及各类产品毛利率波动的原因，与同行业是否存在差异； • 研发费用的会计处理方法，研发费用资本化情形及划分是否合理； • 销售费用、管理费用及明细与收入变化是否配比，是否存在异常费用

续表

关注事项	具体内容
应收款项及票据	• 应收账款较高的，账龄结构和客户构成，是否符合行业状况； • 实际收款情况与合同约定收款情况是否一致，客户付款能力是否发生变化，是否已足额计提坏账准备； • 应收票据贴现或背书转让是否满足终止确认条件
存货	• 关注存货余额变化与收入变化趋势是否一致，是否存在未及时结转成本或滞销的情况，是否应充分计提跌价准备； • 如报告期内毛利率大幅下降，关注是否应对存货计提跌价准备
在建工程	• 如在建工程金额较大，关注其费用资本化的金额是否准确； • 关注各项在建工程各期末的余额变动情况，关注是否存在延迟转固或停工情况，是否需要计提减值准备； • 关注大额在建工程的真实性，应查看其入账凭证
关联交易	• 若存在大额关联交易，关注关联交易的必要性以及交易价格的公允性； • 若存在多笔资金拆出与拆入，关注资金往来的必要性、资金用途、拆借利率、解决方案，利率是否公允； • 是否存在关联方非经营性资金占用的情形

3. 法律方面

法律方面，监管机构主要关注标的资产权属是否清晰、完整，以及是否符合上市公司规范运行的要求。

资产权属方面，监管要求标的资产权属不应存在权属瑕疵问题。如昊华科技（600378. SH）发行股份收购中化蓝天 100% 股权交易中，标的资产存在 21 处房屋建筑物未取得权属证书，存在租赁未取得或未提供房屋权属证书房屋的情形，建筑面积共计约 8. 72 万平方米，占标的资产使用房屋建筑物总面积比例约 16%。监管机构要求公司说明相关瑕疵不动产提供、办理权属证书进展或无法提供、办理权属证书的具体原因，对应的评估值及其占比；说明是否存在因权属或程序瑕疵导致无法使用该等房产或受到相关行政处罚的风险，是否可能对标的资产生产经营产生重大不利影响及相关应对措施和损失承担安排。

诉讼仲裁方面，监管主要关注标的公司诉讼仲裁的原因、金额、进展以及预计负债的计提情况。如国联证券（601456. SH）发行股份收购民生证券 99. 26% 股份交易中，标的公司及其下属机构存在金额 1000 万元以上的未决诉讼 10 起，其中 2 起诉讼民生证券及其子公司为被告；监管机构要求上市公司说明 10 起未决诉讼的最新进展，测算可能产生的赔偿金额、展业限制、对标的公司财务状况及生产经营的影响；标的公司作为被告案件的相关会计处理，是否已计提足额的负债或费用，如发生相关费用或损失对评估的影响及相应解决措施；作为原告案件是否已充分计提相关产品损失、依据及对评估值的影响。

法律方面的重点关注事项如表 1 –9 所示。

表 1 –9　　法律方面的重点关注事项

关注事项	具体内容
资产权属清晰	• 标的资产应不存在权属瑕疵问题； • 未办理权属证书的原因、进展及后续计划； • 是否会对标的公司生产经营产生重大不利影响
无出资不实等情形	• 标的股权不应存在出资不实、抽逃出资等情形； • 历次股权变动履行了必要的内部决策、外部审批程序及纳税义务
资金管理规范	• 不存在资金被控股股东、实际控制人及其控制的其他企业以借款、代偿债务、代垫款项或者其他方式占用情形； • 不存在违规使用票据的情形（如使用不具有商业实质的银行承兑汇票向银行贴现等）
行政处罚及诉讼仲裁	• 标的公司行政处罚的数量、金额、是否损害社会公众利益、是否取得主管部门不构成至大违法违规的证明； • 行政处罚是否整改完毕，整改所需金额是否纳入评估考虑； • 诉讼仲裁的原因、金额、进展以及预计负债的计提情况

4. 业务方面

业务方面，审核主要关注标的资产是否具备持续经营能力，客户供应商集中度情况和合理性，涉及特定行业的、特定业务模式的，关注其业务模式是否符合行业政策及行业惯例。

持续盈利能力层面，监管重点关注标的公司销售价格下滑的合理性，以及对持续盈利能力的影响等问题。如昊华科技（600378. SH）发行股份收购中化蓝天100%股权交易中，标的资产主要产品含氟锂电材料销售价格呈现大幅下滑趋势，销售单价分别为11. 33万元/吨、6. 94万元/吨和4. 85万元/吨，2022年及2023年1～3月较上年同期下滑超30%，2023年1～3月其他产品的销售单价也呈不同程度的下滑情况；监管机构要求上市公司说明报告期内含氟锂电材料销售单价持续下滑的具体原因，与同行业可比公司、公开市场价格等相比销售单价的下滑程度是否一致；并预测含氟锂电材料销售单价未来期间的变动情况；结合电解液的技术迭代情况，含氟电解液的迭代周期、未来发展方向及趋势，分析对标的资产未来生产经营产生的具体影响。

客户、供应商集中度层面，监管重点关注客户或供应商高度集中对持续盈利能力的影响、是否符合行业惯例及风险披露等问题。如普源精电（688337. SH）发行股份收购耐数电子67. 74%股权交易中，报告期内标的公司营业收入分别为1694. 34万元和4937. 53万元，收入增长主要来源于射电天文领域和量子信息业务，两类业务收入均主要来源于单一客户，并受到国家或科研单位相关规划影响；监管机构要求公司说明标的公司的获客方式，与主要客户是否存在关联关系；客户集中度较高的合理性，对中国科学院国家空间科学中心是否存在重大依赖并分析原因，对标的公司持续经营能力的影响；结合标的公司产品特点、终端客户合作及需求情况等，说明部分客户未连续采购的原因，未来业务的稳定性及收入增长的可持续性。标的公司产品中使用的高端芯片主要来自国外厂商，目前国内芯片厂商的相关替代品存在一定性能差异，标的公司部分芯片原材料对国外供应厂商存在一定的依赖性；监管机构要求上市公司说明高端芯片的采购情况及相关贸易政策，采购来源是否稳定，是否存在向单一供应商采购或从境外直接采购，如存在，分析是否存在原材料受限或其他境外采购风险，对标的公司持续经营及盈利能力产生的影响，为应对芯片依赖所采取或规划采取的措施。

特殊行业层面，监管重点关注特殊行业的经营资质要求、经营合规性、行业政策影响等问题。如昊华科技（600378. SH）发行股份收购中化蓝天

100%股权交易中，标的公司主要产品氟碳化学品根据《蒙特利尔议定书》基加利修正案，我国三代制冷剂生产量和消费量将在2020～2022年平均值的基础上于2024年冻结，2029年开始逐步削减，标的公司产品主要为第三代制冷剂，目前第四代制冷剂在部分发达国家得到广泛推广，国内受制于原材料成本高昂，且在专利保护下供给十分有限，尚未在我国广泛使用；监管机构要求上市公司分析中化蓝天的氟碳化学品受修正案的具体影响，预测2024年冻结政策对氟碳化学品的销量及销售单价的影响情况，标的公司第四代制冷剂的技术储备情况及对第三代制冷剂逐渐被替代的应对措施。如军信股份（301109.SZ）发行股份收购仁和环境63%股权交易中，标的公司主要从事生活垃圾中转处理，餐厨垃圾收运、无害化处理及资源化利用项目的投资、建设和运营等业务；监管机构要求上市公司说明标的资产关于垃圾处理量等主营业务数据的计量方式及内部控制制度，相关内部控制是否有效，业务数据是否准确、可靠，相关业务数据包括但不限于工业级混合油产量与餐厨垃圾收运量之间的匹配性；标的资产与相关主管部门是否就保底业务量进行约定，如有，补充披露未达保底业务量的处理方式及对标的资产业绩的影响。

业务方面的重点关注事项如表1－10所示。

表1－10　业务方面的重点关注事项

关注事项	具体内容
持续盈利能力	• 关注是否标的资产成立时间较短； • 关注是否标的资产未来盈利主要依靠新开发产品； • 关注标的资产所处行业是否属于充分竞争市场的情况
客户、供应商集中度	• 标的资产是否存在严重依赖个别客户或供应商的情况，相关客户、供应商稳定性对标的资产持续经营能力的影响，是否有应对措施； • 报告期内标的资产客户、供应商持续变化的原因，对标的资产持续经营能力的影响
经销商模式	• 经销商分布及变动情况，对经销商的管控模式，双方合作的稳定性； • 涉及境外销售的，关注标的资产对特定经销商是否存在重大依赖； • 结合经销商终端销售情况及现金流收付环节对标的资产的收入真实性进行核查，收入确认时点的准确性

续表

关注事项	具体内容
外协加工模式	• 采取外协加工模式的商业合理性； • 外协加工厂商的筛选标准，外协加工服务的定价方式； • 保障外协加工产品质量稳定性的主要措施
特殊行业	• 关注特殊行业的特殊问题，如房地产公司关注其土地房产及工程建设的合规性；如建材企业关注是否为“高耗能、高排放”项目

5. 评估方面

评估方面，审核主要关注标的估值参数的合理性，是否涉及高估值高溢价高业绩承诺。

收益法关注问题方面，监管重点关注营业收入测算依据、营业收入大幅增长的合理性及可实现性等问题。如普源精电（688337. SH）发行股份收购耐数电子 67. 74% 股权交易中，收益法评估下，标的公司主营业务收入 2024 ~2028 年预测增长率分别为 29. 02%、16. 83%、16. 99%、17. 16% 和 17. 34%，预测期内的主营业务毛利率为 65. 97% ~67. 02%；监管机构要求上市公司说明标的公司评估增值率、市净率、市盈率等主要指标与可比公司、可比交易的比较情况，并分析差异原因；标的公司预测期收入复合增速与所属行业增速、同行业上市公司增速、可比交易案例预测期内增速的总体可比性；结合产业政策规划、行业发展及竞争状况、标的公司及产品特点、研发进展、下游需求、客户拓展及每年增量订单等情况，进一步分析各类业务预测期收入增速的具体依据，未来业绩增长的可实现性；截至目前，标的公司 2024 年收入和在手订单情况，2024 年预测业绩的可实现性；结合行业发展趋势、竞争格局、产品性能、市场需求等情况，分析预测期内毛利率能够维持在较高水平的依据。

资产基础法关注问题方面，监管重点关注评估增值率较高的合理性、部分科目评估风险损失为 0 的合理性、部分科目资产评估方法准确性等问题。如国联证券（601456. SH）发行股份收购民生证券 99. 26% 股份交易中，标的公司以 2024 年 3 月 31 日为评估基准日，民生证券资产基础法估值 163. 59 亿元，增值率 1. 93%；其中，买入返售金融资产、融出资金、应收账款、其他债权投资、其他应收款评估值与账面价值基本一致，有充分理由相信能全部收回对关联方的应收账款和其他应收款等，评估风险损失的可能性为0%；交易性金融资产、其他权益工具投资、交易性金融负债的评估值与账面价值基本一致，对于交易性金融资产——股票，区分流动股、限售股以及新三板股票，采用不同的评估方法评估；监管机构要求上市公司结合买入返售金融资产、融出资金、应收账款、其他债权投资、其他应收款等的主要对手方、经营情况等，分析相关资金回收是否存在压力，减值准备等计提情况及充分性，账面价值的公允性及依据；说明应收账款和其他应收款坏账准备计提情况及充分性，与同行业可比公司对比情况及差异原因，对关联方往来款项评估风险损失的可能性为0%的合理性；说明交易性金融资产、其他权益工具投资、交易性金融负债账面价值的确定依据，公允价值变动损益等科目确认的准确性，交易性金融资产——股票采用不同评估方法的依据及适用性，核心参数选择的准确性。

市场法关注问题方面，监管重点关注可比公司、可比交易选取样本的可比性及充分性等问题。如国联证券（601456. SH）发行股份收购民生证券99. 26%股份交易中，交易以市场法作为最终评估依据，民生证券市场法评估值298. 89亿元，增值率86. 23%；2023年3月15日，国联集团通过司法拍卖以91. 05亿元取得泛海控股持有的民生证券30. 49%股份，以此测算民生证券100%股份价格与本次交易价格相近；监管机构要求上市公司说明以P/B作为比准价值比率的原因及合理性，是否与同行业其他案例可比；如以P/E作为比准价值比率，说明市场法评估的公允性；未以可比上市公司作为比较基础的原因及合理性，是否与同行业其他案例一致；如以可比上市公司作为比较基础，分别从评估基准日和董事会决议公告日的P/B、P/E等角度，说明民生证券市场法评估的公允性；可比交易案例相关标的的数据来源及准确性，结合同行业其他案例以及本次交易标的与可比案例标的的差异等，说明仅从企业规模等角度调整P/B的合理性和充分性；如进一步考虑民生证券与其他标的在其他方面的差异，分析对评估值的影响；结合竞拍情况、竞拍价格等，分析拍卖成交价的公允性；进一步结合市场环境及政策变动、民生证券业绩变化及原因、截至目前各类业务业绩情况等，说明相较拍卖价民生证券是否发生减值、本次交易作价公允性。

交易作价公允性方面，监管重点关注标的估值是否涉及高估值高溢价、差异化定价等问题。如普源精电（688337. SH）发行股份收购耐数电子67. 74%股权交易中，本次交易采用收益法评估结果作为定价依据，耐数电子收益法评估值37648万元；监管机构要求上市公司说明标的公司评估增值率、市净率、市盈率等主要指标与可比公司、可比交易的比较情况，并分析差异原因；结合标的公司主要产品演变过程、运营模式、净资产累积情况、行业及公司业绩增速、技术及竞争壁垒、客户拓展、同行业公司及可比交易案例比较情况等，分析标的公司收益法评估增值率较高的原因及合理性，本次交易作价的公允性。如思瑞浦（688536. SH）发行可转换公司债券及支付现金收购创芯微100. 00%股份交易中，交易中针对不同交易对方进行差异化定价，截至评估基准日，创芯微100. 00%股权评估值为106624. 04万元，标的公司全部股权的交易作价为106000. 00万元。其中，杨小华、白青刚、创芯信息、创芯技术、创芯科技（即标的公司管理团队股东）合计交易对价为57207. 57万元，对应创芯微整体估值87201. 28万元；艾育林交易对价为16953. 97万元，对应创芯微整体估值115000. 00万元；其余交易对方合计交易对价为31838. 46万元，对应创芯微整体估值162000. 00万元；差异化定价综合考虑不同交易对方初始投资成本等因素，由交易各方自主协商确定，财务投资人、艾育林的差异化作价和评估值之间的差额由标的公司管理团队股东让渡；监管机构要求上市公司列表梳理各交易对方初始投资时点及投资成本、本次交易对价及其对应创芯微整体估值，结合近三年创芯微股权变动作价，分析本次交易差异化定价的公允性和合理性，以及本次交易评估值的合理性。

评估方面的重点关注事项如表1－11所示。

表1－11　　评估方面的重点关注事项

关注事项	具体内容
盈利预测	• 预测期内主要收入是否来源于新产品，收入构成是否出现大幅波动； • 收入、成本、费用是否配比，是否与其经营模式、定价模式相符； • 各类业务毛利率是否出现大幅波动，并做敏感性分析； • 资本性支出的预计是否合理

续表

关注事项	具体内容
收益法关注问题	• 在手订单是否足以支撑盈利预测； • 折现率是否与标的资产的运营风险相匹配，是否过低； • 标的资产预测增长期是否过长； • 溢余资产及负债是否均与公司的日常经营业务无关； • 子公司单独评估内部交易抵消处理
资产基础法关注问题	• 对于账面未体现的专利、商标等无形资产是否进行了估值； • 资产基础法评估中如有大额减值的资产，关注审计时是否充分计提减值； • 关注是否存在收益法评估结果低于资产基础法评估结果的情况； • 无形资产评估中分成率、折现率等
市场法关注问题	• 可比公司、可比交易选取样本的可比性、充分性（是否有故意遗漏）； • 核心评估参数的取值依据及其合理性，如修正参数、控制权溢价等； • 指标打分过程中打分原则的合理性； • 采用可比交易案例的，是否进行了特性差异调整
交易作价公允性	• 与标的资产历史期股权转让/增资作价的差异及原因； • 交易定价公允性分析中，可比上市公司的选取是否恰当，样本选取是否充分，是否与市场法或收益法中选择的可比公司一致； • 差异化定价的理由及合理性
其他问题	• 重大期后事项对估值的影响； • 权属瑕疵的资产纳入评估范围的合理性，以及对于瑕疵资产的估值定价是否有特殊考虑； • 一次交易涉及多家标的资产的，预测过程中对同一性质参数取值是否存在差异，以及差异的合理性

二、非行政许可类重大资产重组整体情况（首次披露口径）

2024 年首次披露的非行政许可类重大资产重组数量与此前年度相比基本保持稳定，但交易主体类型、重组类型等结构性特征产生了一定变化。2024 年非行政许可类重大资产重组案例中，上市公司及标的公司为民营企业的比例均有较大幅度提升；产业并购类型的交易占比显著增加，取代整体上市成为了非行政许可类重大资产购买中占比最高的重组类型。

（一）整体情况

2023 年及 2024 年非行政许可类重大资产重组数量（首次披露口径）如图 1－18 所示。2024 年非行政许可类重大资产重组共披露 40 单交易，略低于 2023 年的 55 单。分板块看，主板披露 28 单交易（16 单为重大现金收购，12 单为重大现金出售），创业板披露 10 单交易（7 单为重大现金收购，3 单为重大现金出售），科创板披露 2 单交易（均为重大现金收购）。从首次披露数量来看，2024 年非行政许可类重大资产重组交易较 2023 年同期呈现小幅下降态势。其中，重大现金收购交易占比达 62. 50%，较重大现金出售交易占比略高。

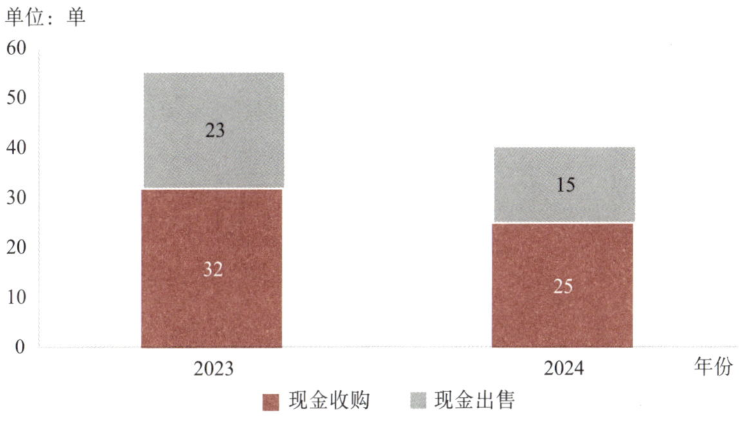

图 1－18　2023 年及 2024 年非行政许可类重大资产重组数量（首次披露口径）

数据来源：Wind 资讯。

注：重大资产置换交易及同时构成重大资产购买及出售的交易统一归类为重大现金收购交易。

值得关注的是，2024 年 9 月 24 日“并购六条”的出台对市场产生了显著影响：政策发布前，非行政许可类重大资产重组共披露 25 单交易；政策发布后，交易披露数量达 15 单，占全年披露总量的 37. 50%。“并购六条”的实施对非行政许可类重大资产重组市场产生了一定的提振作用，有效促进了市场活跃度的提升。

（二）主体类型分析

2023 年及 2024 年非行政许可类重大资产重组主体类型（首次披露口径）如图 1－19 所示。2024 年首次披露的 40 单非行政许可类重大资产重组案例中，国有上市公司共 15 单，占比 37.50%，低于 2023 年的 47.27%；国有标的公司共 13 单，占比 32.50%，低于 2023 年的 45.45%，上市公司及标的公司为民营企业的比例均有较大幅度提升。结合 2024 年首次披露的行政许可类并购重组案例中，国有上市公司及国有标的公司的占比较 2023 年均有小幅提升，可见 2024 年国有上市公司对于行政许可类重组相对积极，更倾向于通过发行股份的方式进行重组交易。

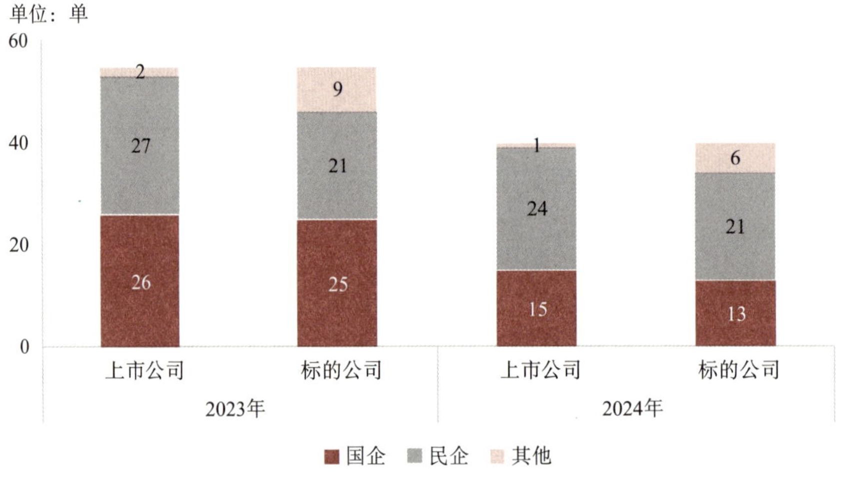

图 1－19　2023 年及 2024 年非行政许可类重大资产重组主体类型（首次披露口径）

注：上市公司及标的公司主体性质中“其他”系无实际控制人企业、集体企业等。

数据来源：Wind 资讯。

（三）重组类型分析

2023 年及 2024 年非行政许可类重大资产重组类型占比（首次披露口径）如表 1－12 所示。2024 年首次披露的非行政许可类重大资产重组案例中，产业并购合计 16 单，占比 40.00%，其中横向整合 15 单，纵向整合 1 单，产业并购占比较 2023 年的 25.45% 有显著提升；资产调整 15 单，占比 37.50%；整体上市 4 单，占比 10.00%，较 2023 年的 27.27% 有明显下降。

2024 年，产业并购取代整体上市重新成为了非行政许可类重大资产重组中占比最高的重组类型。其中，有 13 单产业并购交易的上市公司为民营企业，占比为 81.25%，可见市场化的现金收购案例仍以民营上市公司为主。

表 1－12　　2023 年及 2024 年非行政许可类重大资产重组类型占比（首次披露口径）

项目		2023 年		2024 年	
		单数	占比	单数	占比
产业并购	横向整合	13	23.64%	15	37.50%
	纵向整合	1	1.82%	1	2.50%
整体上市		15	27.27%	4	10.00%
多元化战略		1	1.82%	4	10.00%
资产调整		23	41.82%	15	37.50%
其他		2	3.64%	1	2.50%
合计		55	100.00%	40	100.00%

注："资产调整"多为上市公司重大资产出售。

数据来源：Wind 资讯。

（四）行业活跃度分析

2024 年非行政许可类重大资产重组上市公司行业分类（首次披露口径）如图 1－20 所示。2024 年首次披露的非行政许可类重大资产重组案例中，上市公司行业为制造业的占比最高，共计 25 单，占比 41.82%。制造业中，最多的三个行业是汽车制造业（5 单）、医药制造业（3 单）、金属制品业（3 单）。制造业之外，上市公司行业超过 2 单的还有房地产业（4 单）及建筑业（3 单）。除制造业外，2024 年首次披露的非行政许可类重大资产重组案例中上市公司行业较为分散。

（五）交易规模分析

2023 年及 2024 年非行政许可类重大资产重组交易规模占比（首次披露口径）如表 1－13 所示。2024 年首次披露的非行政许可类重大资产重组中，已披露交易作价的共 37 单，其中 20 单交易规模在 10 亿元以下（含 10 亿元），11 单交易规模在 10 亿～50 亿元（含 50 亿元），2 单交易规模在 50

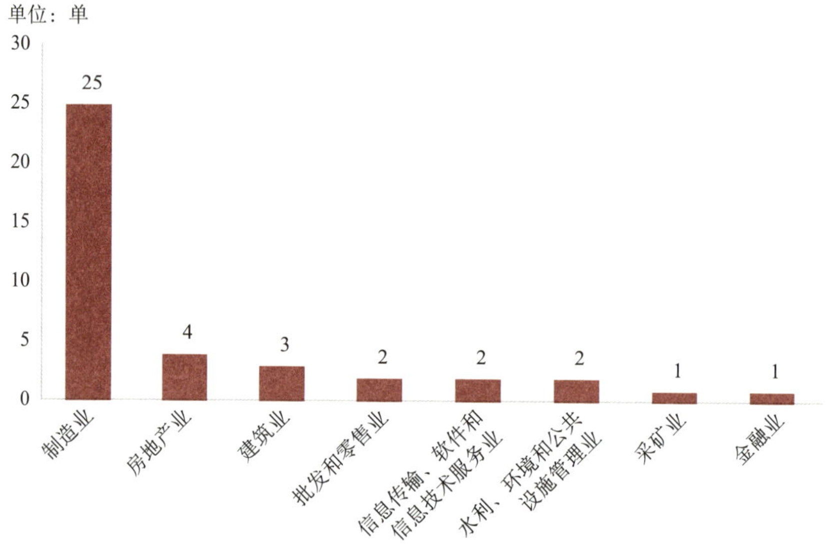

图 1－20　2024 年非行政许可类重大资产重组上市公司行业分类（首次披露口径）

数据来源：Wind 资讯。

亿～100 亿元（含 100 亿元），4 单交易规模在 100 亿元以上。与 2023 年相比，交易规模在 10 亿元以上的交易占比出现上升，占非行政许可类重大资产重组的比例达到 45.95%，可见上市公司进行大规模现金交易相比此前年度更为积极。

表 1－13　2023 年及 2024 年非行政许可类重大资产重组交易规模占比（首次披露口径）

项目	2023 年		2024 年	
	单数	占比	单数	占比
10 亿元（含）以下	34	69.39%	20	54.05%
10 亿～50（含）亿元	13	26.53%	11	29.73%
50 亿～100（含）亿元	1	2.04%	2	5.41%
100 亿元以上	1	2.04%	4	10.81%
合计	49	100.00%	37	100.00%

注：若一单交易涉及多个标的公司，则将多个标的公司交易对价的合计数作为该交易的交易规模进行统计。部分非行政许可类重大资产重组仅披露预案，交易作价尚未明确，此处未纳入统计。

数据来源：Wind 资讯。

第四节　上市公司股份回购与管理层收购

一、股份回购市场状况

（一）2024 年回购潮持续升温，回购制度进一步优化

股份回购作为资本市场的一项基础性制度安排，具有优化资本结构、维护公司投资价值、健全投资者回报机制等方面的功能作用。近年来，监管层面鼓励上市公司依法合规运用回购工具，积极回报投资者。为更好顺应市场实际和公司需求，增强回购制度包容度和便利性，推动上市公司重视回购、实施回购、规范回购，2024 年 3 月 15 日证监会发布《关于加强上市公司监管的意见（试行）》提出，“推动优质上市公司积极开展股份回购，引导更多公司回购注销，增强稳市效果。要求主要指数成份股公司明确股价短期大幅下跌等情形下的回购增持等应对安排。要求未增持或回购的破净公司在定期报告中说明改善公司投资价值的相关举措。”在 2024 年陆家嘴论坛开幕式上，中国证监会主席吴清表示，将进一步引导上市公司树立积极主动回报投资者的意识，加强与投资者沟通，提升信息透明度和治理规范性，更好运用现金分红、回购注销等方式回馈投资者。2024 年 4 月 12 日，国务院发布《国务院关于加强监管防范风险推动资本市场高质量发展的若干意见》（国发〔2024〕10 号）提出“引导上市公司回购股份后依法注销”。2024 年 10 月 18 日，中国人民银行联合金融监管总局、证监会发布《关于设立股票回购增持再贷款有关事宜的通知》，设立股票回购增持再贷款，以贯彻落实党的二十届三中全会关于“建立增强资本市场内在稳定性长效机制”的决策部署。2024 年 11 月 6 日，证监会发布《上市公司监管指引第 10 号——市值管理》，鼓励上市公司董事会结合上市公司的股权结构和业务经营需要，推动在公司章程或者其他内部文件中明确股

份回购的机制安排；鼓励有条件的上市公司根据回购计划安排，做好前期资金规划和储备；鼓励上市公司将回购股份依法注销。

在政策的引导下，2024年以来A股市场上市公司实施回购股份的公司数量和方案数量均创新高，回购活跃度持续提升。2024年，沪深两市共1248家（次）上市公司披露完成回购计划，相比2023年436家（次）同比增加186.24%。

（二）回购目的

上市公司股份回购的目的可分为减少公司注册资本、将股份用于员工持股计划或者股权激励、将股份用于转换上市公司发行的可转换为股票的公司债券、为维护公司价值及股东权益所必需四类。

2024年，沪深两市共1248家（次）上市公司披露完成回购计划中，用于员工持股计划或者股权激励的占比62.9%，用于为维护公司价值及股东权益所必需的占比20.0%，用于减少公司注册资本的占比11.7%，用于转换上市公司发行的可转换为股票的公司债券的占比1.3%，多种用途的占比4.1%。上市公司可通过回购建立长效激励机制，有助于充分调动公司员工积极性，助力长远发展，因此回购股份用途中，用于员工持股计划或者股权激励的占比最高。

（三）回购金额

2024年公告完成的回购计划显示，上市公司单次回购计划的金额分布在0.004亿~30.00亿元，平均值为1.10亿元，主要集中在2亿元以下，占比88.0%。其中回购总金额最大的为格力电器，回购金额为30.00亿元。2024年上市公司回购金额及占比情况如图1-21所示。

（四）回购股比

2024年公告完成的回购计划显示，上市公司回购股比分布在0.01%~9.72%，回购比例平均值为1.29%。绝大多数回购计划比例在2.0%以下，占比82.2%。

（五）回购时间

2024年公告完成的回购计划显示，上市公司首次披露回购公告到公告

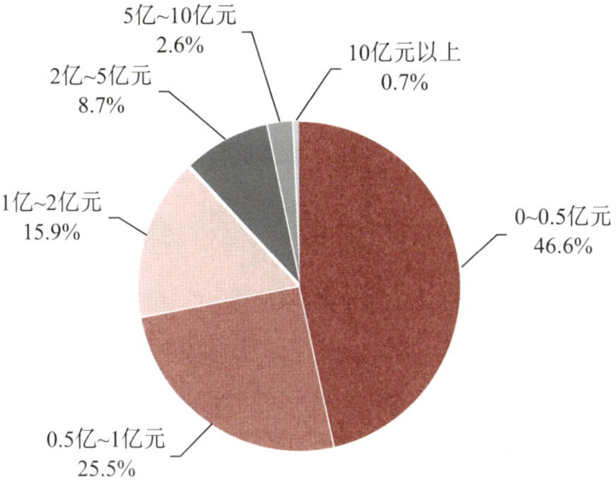

图 1－21　2024 年上市公司回购金额及占比情况

数据来源：Wind 资讯。

回购实施完成天数主要分布在 2～547 天[①]，平均用时 175 天。2024 年上市公司回购天数及占比情况如图 1－22 所示。

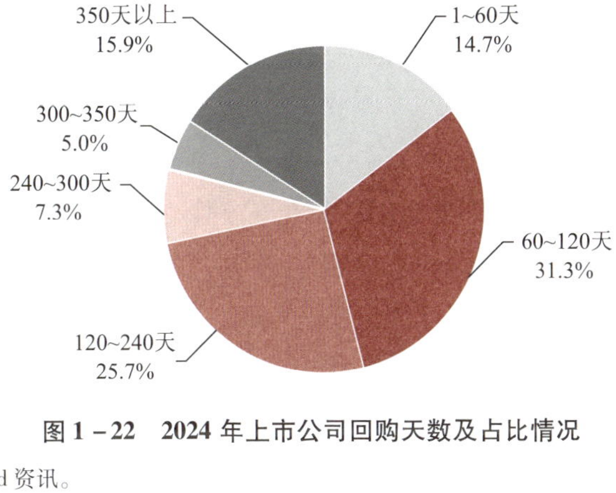

图 1－22　2024 年上市公司回购天数及占比情况

数据来源：Wind 资讯。

① 已剔除多次延期后回购天数超 700 天的异常值。

二、管理层收购市场状况

（一）管理层收购情况介绍

上市公司管理层收购是指上市公司管理层收购上市公司控制权的行为。为避免管理层在收购上市公司过程中利用信息优势侵害上市公司及中小股东利益、事先打压股价、收购后上市公司治理机构不健全等情形，《上市公司收购管理办法》对管理层收购应当满足的前提条件、程序履行等作出明确规定。

在管理层收购实施的前提条件方面，要求上市公司应当具备健全且运行良好的组织机构以及有效的内部控制制度，上市公司董事会成员中独立董事的比例应当达到或者超过1/2，且上市公司董事、监事、高级管理人员不得存在《中华人民共和国公司法》第一百四十八条规定情形，或者最近3年有证券市场不良诚信记录。

在管理层收购实施的程序履行方面，《上市公司收购管理办法》明确上市公司应当聘请符合《中华人民共和国证券法》规定的资产评估机构提供公司资产评估报告，同时管理层收购应当经董事会非关联董事作出决议，且取得2/3以上的独立董事同意后，提交公司股东大会审议，经出席股东大会的非关联股东所持表决权过半数通过。独立董事发表意见前，应当聘请独立财务顾问就管理层收购出具专业意见，独立董事及独立财务顾问的意见应当一并予以公告。管理层收购和一般的上市公司收购的决策程序不同，一般的上市公司收购案例中除向收购人发行股份外，其他的收购方式属于交易相对方之间的法律关系，不涉及上市公司层面董事会、股东大会的决策程序。而管理层收购则不同，无论收购方式为何均须经上市公司层面董事会、股东大会同意。

（二）管理层收购整体情况

近年来，管理层收购发生的频率较低，且每年披露的交易数量保持相对稳定。2024年首次披露的管理层收购共4单，披露数量与2023年持平。从上市公司所属行业看，2024年发生管理层收购的上市公司所属行业以及收购方式呈现多样化的特征。具体如表 1－14 所示。

表 1－14　　2024 年管理层收购上市公司基本信息

序号	股票代码	上市公司	首次披露时间	收购方	收购方式	所属行业
1	002575	群兴玩具	2024/10/15	张金成（董事长、总经理）	认购定增	批发和零售业－批发业
2	603619	中曼石油	2024/8/31	李春第（董事长）	间接收购	采矿业－石油和天然气开采业
3	002355	兴民智通	2024/8/28	高赫男（董事长、总经理）	表决权委托	制造业－专用、通用及交通运输设备
4	300532	今天国际	2024/8/2	邵健锋（董事长）	协议转让	信息传输、软件和信息技术服务业－软件和信息技术服务业

数据来源：Wind 资讯。

第五节　上市公司合并与分拆

一、上市公司合并分析

上市公司之间的并购重组交易主要指“A 收 A”交易，包括吸收合并和控制权交易。除协议转让外，换股吸收合并也是控制权收购的一种重要形式，随着全面注册制的推进 A 股上市公司数量有望持续增加，吸收合并是上市公司之间产业并购的方式之一，但因两家上市公司之间吸收合并交易规模较大、交易结构复杂，目前该收购路径的难度仍然较大，市场成功案例主要为大型国资企业下属产业板块整合。

2023 年，市场未披露以吸收合并的方式实现“A 收 A”的案例，2024 年，市场新增了 3 单以吸收合并的方式实现“A 收 A/B”的案例。2020 年至 2024 年，市场中披露的以吸收合并的方式实现“A 收 A/B”的案例如表 1－15 所示。

表 1－15　2020 年至 2024 年以吸收合并方式进行“A 收 A/B”的案例情况

首次披露年份	吸并方	被吸并方	目前进展
2020 年	大连港（601880. SH）	营口港（600317. SH）	已完成
	冠豪高新（600433. SH）	粤华包 B（200986. SZ）	已完成
2021 年	城发环境（000885. SZ）	启迪环境（000826. SZ）	已终止筹划
	王府井（600859. SH）	首商股份（600723. SH）	已完成
	凯撒旅业（000796. SZ）	众信旅游（002707. SZ）	已终止筹划
	卫宁健康（300253. SZ）	创业慧康（300451. SZ）	已终止筹划
2022 年	中航电子（600372. SH）	中航机电（002013. SZ）	已完成
2024 年	中国船舶（600150. SH）	中国重工（601989. SH）	已披露草案
	国泰君安（601211. SH）	海通证券（600837. SH）	已获证监会注册批复
	海联讯（300277. SZ）	杭汽轮 B（200771. SZ）	已披露预案

数据来源：Wind 资讯。

自 2020 年起上市公司之间“A 收 A”控制权交易逐步增加，2022 年虽然二级市场低迷，但为相对低价收购上市公司提供了契机，“A 收 A”交易活跃度不断提升，2023 年“A 收 A”交易热度有所下降。2024 年 9 月，中国证监会发布《关于深化上市公司并购重组市场改革的意见》，鼓励上市公司加强产业整合，继续助力传统行业通过重组合理提升产业集中度，提升资源配置效率，对于上市公司之间的整合需求，将通过完善限售期规定、大幅简化审核程序等方式予以支持。2024 年上市公司之间的吸收合并及上市公司之间收购热度上升。

2022 年至 2024 年，市场中披露的以控制权交易的方式实现“A 收 A”的主要案例如表 1－16 所示。

表 1 – 16　2022 年至 2024 年以控制权交易方式进行“A 收 A”的案例情况

首次披露时间	收购方	被收购方	收购方式	目前进展
2022 年	物产中大（600704. SH）	金轮股份（002722. SZ）	协议转让	已完成
	中联重科（000157. SZ）	路畅科技（002813. SZ）	协议转让及要约收购	已完成
	华润三九（000999. SZ）	昆药集团（600422. SH）	协议转让	已完成
	紫金矿业（601899. SH）	ST 龙净（600388. SH）	协议转让及表决权安排	已完成
	美的集团（000333. SZ）	科陆电子（002121. SZ）	协议转让、定增及表决权安排	已完成
	长飞光纤（601869. SH）	博创科技（300548. SZ）	协议转让及表决权安排	已完成
	海信视像（600060. SH）	乾照光电（300102. SZ）	定增及二级市场收购	已完成
	广汇能源（600256. SH）	合金投资（000633. SZ）	协议转让	已完成
	京东方 A（000725. SZ）	华灿光电（300323. SZ）	定增 + 表决权安排	已完成
	正泰电器（601877. SH）	通润装备（002150. SZ）	协议转让	已完成
	山东黄金（600547. SH）	银泰黄金（000975. SZ）	协议转让	已完成
	浙能电力（600023. SH）	中来股份（300393. SZ）	协议转让及表决权安排	已完成
2023 年	恒力石化（600346. SH）	大连热电（600719. SH）	重组上市及重大资产出售	已终止
	建发股份（600153. SH）	美凯龙（601828. SH）	协议转让	已完成

续表

首次披露时间	收购方	被收购方	收购方式	目前进展
2024年	迈瑞医疗（300760. SZ）	惠泰医疗（688617. SH）	协议转让及表决权安排	已完成
	中国电信（601728. SH）	国盾量子（688027. SH）	锁价定增及一致行动安排	已完成
	广东宏大（002683. SZ）	雪峰科技（603227. SH）	协议转让	进行中
	华润三九（000999. SZ）	天士力（600535. SH）	协议转让及表决权安排	进行中
	阳光电源（300274. SZ）	泰禾智能（603656. SH）	协议转让及表决权安排	已完成

数据来源：Wind资讯，统计口径为2022～2024年首次披露的案例。

对于卖方而言，许多中小市值上市公司主业发展空间不大，受到市场关注度较低，流动性不足，融资能力有限。在二级市场估值持续分化的背景下，选择合适的时机出让控制权既有利于自身股权变现，也有利于中小市值上市公司获得更大的发展平台。

对于买方而言，直接收购上市公司带来的资源整合、估值提升的优势更为突出，上市公司信息较为公开，对其尽职调查的信息不对称风险相对较低。尤其是规模较大的龙头上市公司作为买方，本身能享受更高的估值溢价。收购另一家上市公司可通过认购定增实现，发股价较市价可低至八折。由于上市公司股权相对分散，控制一家上市公司一般需要持有20%～30%的股权比例，而维持对一家非上市公司的控制地位往往需要持有超过50%的股权。因此，从成本角度，在二级市场股价合理的情况下，“A收A”对买方来说是理性策略。未来基于产业协同逻辑的“A收A”预计将继续保持活跃。

二、上市公司分拆情况分析

对于一些多元化经营的大型上市公司，不同业务板块业务差异较大，一些属于高科技行业、具备高成长性的子板块可能未被市场充分定价，分拆上市有助于公司进一步聚焦主业、提升专业化经营水平、拓宽子公司融资渠道、提升公司整体估值。2019 年 12 月 12 日，中国证监会发布了《上市公司分拆所属子公司境内上市试点若干规定》；2022 年 1 月 5 日，中国证监会发布《上市公司分拆规则（试行）》，《上市公司分拆所属子公司境内上市试点若干规定》随之废止。A 股上市公司分拆子公司上市的监管政策逐渐明朗，分拆上市案例不断涌现，A 股上市公司分拆至 A 股上市，成为很多规模大、双主业或多主业公司的选择。2023 年，A 股市场共有 20 家上市公司披露了分拆上市预案，披露数量较 2022 年增加 2 家。2024 年 4 月，国务院《关于加强监管防范风险推动资本市场高质量发展的若干意见》提出从严监管分拆上市，分拆上市数量大幅下降。2024 年，A 股市场共有 5 家上市公司披露了分拆上市预案，披露数量较 2023 年同期减少 15 家。

（一）上市公司市值规模分析

2022 ~ 2024 年拟分拆上市公司市值分布如图 1 – 23 所示。

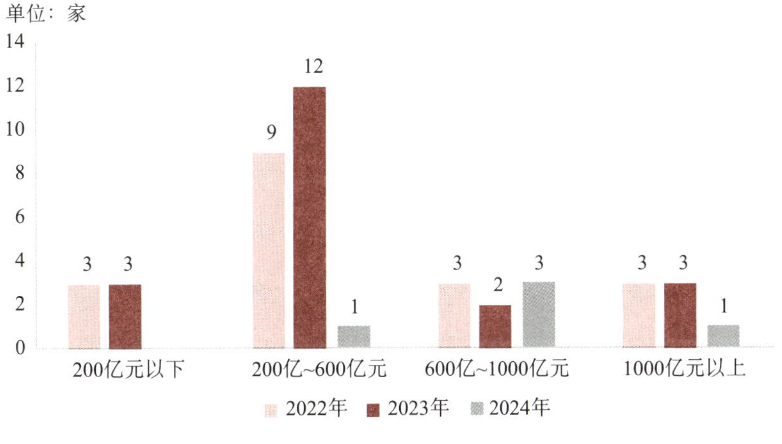

图 1 – 23　2022 ~ 2024 年拟分拆上市公司市值分布

数据来源：Wind 资讯。

2022 年披露分拆预案的 18 家上市公司中，上市公司市值（公告时点）主要集中在 200 亿元以上，占比为 83.33%；其中 200 亿 ~ 600 亿元的有 9

家，600 亿～1000 亿元的有 3 家，1000 亿元以上的有 3 家，另有 3 家上市公司市值在 200 亿元以下。

2023 年披露分拆预案的 20 家上市公司中，上市公司市值（公告时点）主要集中在 200 亿元以上，占比为 85.00%；其中 200 亿～600 亿元的有 12 家，600 亿～1000 亿元的有 2 家，1000 亿元以上的有 3 家，另有 3 家上市公司市值在 200 亿元以下。

2024 年披露分拆预案的 5 家上市公司中，上市公司市值（公告时点）均在 200 亿元以上，其中 200 亿～600 亿元有 1 家，占比 20%；600 亿～1000 亿元的有 3 家，占比 60%，1000 亿元以上的有 1 家，占比 20%。

（二）上市公司所属板块及分拆子公司拟上市板块分析

2024 年披露分拆预案的 5 单分拆上市交易中，上市公司所在板块为主板 4 单、创业板 1 单，其中 1 单拟分拆至创业板上市、1 单拟分拆至科创板上市、1 单拟分拆至主板上市、2 单拟分拆至境外上市，具体情况如表 1－17 所示。

表 1－17　2024 年披露分拆预案的分拆上市交易板块分布

板块类别	上交所主板	深交所主板	创业板	科创板	北交所	境外
上市公司所在板块	1	3	1	—	—	—
拟分拆上市板块	1	—	1	1	—	2

数据来源：Wind 资讯。

2023 年披露分拆预案的 20 单分拆上市交易中，上市公司所在板块为主板 17 单、创业板 3 单，其中 6 单拟分拆至创业板上市、4 单拟分拆至科创板上市、8 单拟分拆至主板上市、2 单拟分拆至境外上市，具体情况如表 1－18 所示。

表 1－18　2023 年披露分拆预案的分拆上市交易板块分布

板块类别	上交所主板	深交所主板	创业板	科创板	北交所	境外
上市公司所在板块	12	5	3	—	—	—
拟分拆上市板块	4	4	6	4	—	2

数据来源：Wind 资讯。

2022 年披露分拆预案的 18 单分拆上市交易中，上市公司所在板块均为主板，其中 9 单拟分拆至创业板上市、4 单拟分拆至科创板上市、4 单拟分拆至主板上市、1 单拟分拆至境外上市，具体情况如表 1－19 所示。

表 1－19　2022 年披露分拆预案的分拆上市交易板块分布

板块类别	上交所主板	深交所主板	创业板	科创板	北交所	境外
上市公司所在板块	8	10	—	—	—	—
拟分拆上市板块	3	1	9	4	—	1

数据来源：Wind 资讯。

（三）上市公司及分拆子公司所属行业分析

分行业来看，2024 年披露分拆上市预案的 5 家上市公司行业集中在制造业（3 单），其中电气机械和器材制造业 2 单，汽车制造业 1 单，软件和信息技术服务业 1 单，水上运输业 1 单；拟分拆公司所在行业亦集中于制造业（3 单），其中电气机械和器材制造业 2 单，通用设备制造业 1 单，软件和信息技术服务业 1 单，水上运输业 1 单。

2023 年披露分拆上市预案的 20 家上市公司行业集中在制造业（17 单），其中医药制造业 3 单，汽车制造业 3 单，专用设备制造业 3 单，化学原料和化学制品制造业 2 单，电气机械和器材制造业 2 单；拟分拆公司所在行业亦集中于制造业（17 单），其中医药制造业 3 单，化学原料和化学制品制造业 3 单，专用设备制造业 3 单，电气机械和器材制造 2 单，有色金属冶炼和压延加工业 2 单。

2022 年披露分拆上市预案的 18 家上市公司行业集中在制造业（14 单），其中电气机械和器材制造业 3 单，专用设备制造业 3 单，金属制品业 2 单，化学原料和化学制品制造业 2 单；拟分拆公司所在行业亦集中于制造业（13 单），其中专用设备制造业 3 单，计算机、通信和其他电子设备制造业 2 单，非金属矿物制品业 2 单。

第六节　退市与上市公司破产重整的整体情况

一、退市整体情况

退市制度是资本市场的重要基础性制度，是保持资本市场活力、保障资本市场长远发展的基石，也是A股注册制改革的重要组成部分。建立常态化退市机制有利于促进资本市场优胜劣汰、提高资本配置效率、加速资本市场正常出清、降低整体交易成本。2020年新《中华人民共和国证券法》实施后，A股退市制度得到进一步规范和细化，更加强调上市公司的持续经营能力，退市指标更加多元，不具备上市条件的公司应退尽退，促进资本市场不断完善。2024年4月12日，国务院发布《关于加强监管防范风险推动资本市场高质量发展的若干意见》，进一步指出要深化退市制度改革，加快形成应退尽退、及时出清的常态化退市格局。同日，证监会发布《关于严格执行退市制度的意见》，实现进退有序、及时出清的格局，更大力度保护中小投资者合法权益。

2024年共52家A股上市公司退市，较2023年同期增加7家，其中交易类退市（39家）为上市公司退市主因，占比75.00%。2023年共45家A股上市公司退市，较2022年同期增加2家，其中财务指标退市（19家）及交易类退市（20家）为上市公司退市主因，分别占比42.22%、44.44%。2022年共43家A股上市公司退市（不包含A股转板涉及的退市），其中财务指标退市（37家）为上市公司退市主因，占比86.05%，具体如表1－14所示。

表 1－20 2022～2024 年 A 股上市公司退市原因

项目	财务指标退市	交易类退市	重大违法强制退市	其他原因退市	合计
2022 年	37	1	1	4	43
2023 年	19	20	3	3	45
2024 年	10	39	2	1	52

注：其他原因退市包括吸收合并导致退市、规范类强制退市、主动退市等。

二、上市公司破产重整整体情况

破产制度是市场主体退出制度的重要组成部分，可以帮助企业摆脱财务困境、重获经营能力，是挽救危困企业的重要方式。为全面贯彻落实《中华人民共和国证券法》相关要求，进一步规范上市公司破产事项，沪深交易所于 2022 年相继出台破产重整自律监管指引，进一步明确了上市公司破产重整信息披露相关要求，有利于发挥破产重整在促进市场主体有序进退、实现风险出清方面的积极作用。2024 年 12 月 31 日，最高人民法院、中国证监会联合发布《关于切实审理好上市公司破产重整案件工作座谈会纪要》，对上市公司重整的审理原则、管辖、申请和受理、信息披露义务及内幕信息防控、重整计划草案的制定要求、重整计划执行监督、府院联动等问题进行了明确及规制。同日，中国证监会就《上市公司监管指引第 11 号——上市公司破产重整相关事项（征求意见稿）》（以下简称《指引》）公开征求意见，直击各方关注、聚焦的转增、定价等问题。

2024 年共 12 家上市公司破产重整获法院受理，较 2023 年同期减少 4 单，其中 11 家主板上市公司、1 家创业板上市公司。

2023 年共 16 家上市公司破产重整获法院受理，较 2022 年增加 6 单，其中 15 家主板上市公司、1 家创业板上市公司。2022 年共 10 家上市公司破产重整申请获法院受理，其中 8 家是主板上市公司、2 家是创业板上市公司。

上述公司所属地区及所属证监会行业分类等基本信息如表 1－21 所示。

表 1-21　2022 年、2023 年及 2024 年破产重整上市公司具体情况

序号	股票代码	股票简称	重整受理时间	所属板块	省份	所属行业
2022 年						
1	300256	*ST 星星	2022/5/25	创业板	江西省	制造业－计算机、通信和其他电子设备制造业
2	002366	*ST 海核	2022/8/18	主板	四川省	制造业－专用设备制造业
3	600601	*ST 方科	2022/9/27	主板	上海市	制造业－计算机、通信和其他电子设备制造业
4	300370	*ST 安控	2022/10/24	创业板	四川省	制造业－仪器仪表制造业
5	002427	*ST 尤夫	2022/10/28	主板	浙江省	制造业－化学纤维制造业
6	002122	ST 天马	2022/10/30	主板	浙江省	制造业－通用设备制造业
7	002076	*ST 雪莱	2022/10/31	主板	广东省	制造业－电气机械和器材制造业
8	600654	*ST 中安	2022/11/4	主板	湖北省	信息传输、软件和信息技术服务业
9	603603	*ST 博天	2022/11/7	主板	北京市	水利、环境和公共设施管理业－生态保护和环境治理业
10	600666	*ST 瑞德	2022/11/29	主板	黑龙江省	制造业－计算机、通信和其他电子设备制造业
2023 年						
1	600136	*ST 明诚	2023/6/5	主板	湖北省	文化、体育和娱乐业－广播、电视、电影和影视录音制作业
2	000711	*ST 京蓝	2023/6/5	主板	黑龙江省	建筑业－土木工程建筑业
3	600117	*ST 西钢	2023/6/20	主板	青海省	制造业－黑色金属冶炼和压延加工业
4	002157	*ST 正邦	2023/7/20	主板	江西省	农、林、牧、渔业－畜牧业
5	002721	*ST 金一	2023/7/20	主板	北京市	制造业－文教、工美、体育和娱乐用品制造业
6	002482	*ST 广田	2023/7/24	主板	广东省	建筑业－建筑装饰和其他建筑业
7	600759	*ST 洲际	2023/9/20	主板	海南省	采矿业－石油和天然气开采业
8	002251	*ST 步高	2023/10/26	主板	湖南省	批发和零售业－零售业
9	000796	*ST 凯撒	2023/10/28	主板	海南省	租赁和商务服务业－商务服务业
10	600306	*ST 商城	2023/11/10	主板	辽宁省	批发和零售业－零售业
11	603030	*ST 全筑	2023/11/13	主板	上海市	建筑业－建筑装饰和其他建筑业

续表

序号	股票代码	股票简称	重整受理时间	所属板块	省份	所属行业
12	000620	* ST 新联	2023/11/14	主板	北京市	房地产业 – 房地产业
13	300010	* ST 豆神	2023/11/15	创业板	北京市	信息传输、软件和信息技术服务业 – 软件和信息技术服务业
14	002086	* ST 东洋	2023/11/24	主板	山东省	农、林、牧、渔业 – 渔业
15	002021	* ST 中捷	2023/11/24	主板	浙江省	制造业 – 专用设备制造业
16	600589	* ST 榕泰	2023/11/24	主板	广东省	制造业 – 化学原料和化学制品制造业
2024 年						
1	000656	* ST 金科	2024/4/22	主板	重庆市	房地产业 – 房地产业
2	603007	* ST 花王	2024/9/9	主板	江苏省	建筑业 – 土木工程建筑业
3	000525	* ST 红阳	2024/9/13	主板	江苏省	制造业 – 石油、化学、生物医药 – 化学原料和化学制品制造业
4	300209	* ST 有树	2024/9/30	创业板	湖南省	批发和零售业 – 零售业
5	600715	* ST 文投	2024/10/21	主板	北京市	文化、体育和娱乐业 – 广播、电视、电影和录音制作业
6	603559	* ST 通脉	2024/10/23	主板	吉林省	信息传输、软件和信息技术服务业 – 电信、广播电视和卫星传输服务
7	603363	* ST 傲农	2024/11/5	主板	福建省	制造业 – 食品、饮料、烟草 – 农副食品加工业
8	002309	* ST 中利	2024/11/8	主板	江苏省	制造业 – 电气、电子及通信 – 电气机械和器材制造业
9	600375	* ST 汉马	2024/11/8	主板	安徽省	制造业 – 专用、通用及交通运输设备 – 汽车制造业
10	002325	* ST 合泰	2024/11/22	主板	广东省	建筑业 – 建筑装饰、装修和其他建筑业
11	002310	* ST 东园	2024/11/22	主板	北京市	水利、环境和公共设施管理业 – 生态保护和环境治理业
12	002647	* ST 仁东	2024/12/30	主板	广东省	金融业 – 其他金融业

第七节　国际并购市场的整体状况

一、国际并购市场情况

全球并购市场在经历2021年的历史高点后，交易规模持续调整。2023年，全球并购交易数量与金额降至2008年金融危机以来的最低水平，市场对2024年的复苏寄予厚望。然而，2024年的宏观环境复杂多变，为并购市场带来多重挑战。上半年，市场对美联储降息的预期一再落空，利率持续高企，抑制了资本市场的活跃度；下半年，美国大选所带来的政策不确定性进一步加剧了投资者的谨慎情绪。此外，全球范围内日益严格的反垄断审查显著增加了交易的复杂性，进一步提高了并购难度。在内外部因素的共同作用下，全球并购活动仍未恢复至历史峰值水平。从交易数量上看，2024年全球并购交易数量为5.02万宗，同比下降14%，并创下八年来的新低；尽管交易金额同比增长10%，达到约3.17万亿美元，但整体市场活力仍然有限。2024年全球并购市场交易规模和数量如图1－24所示。

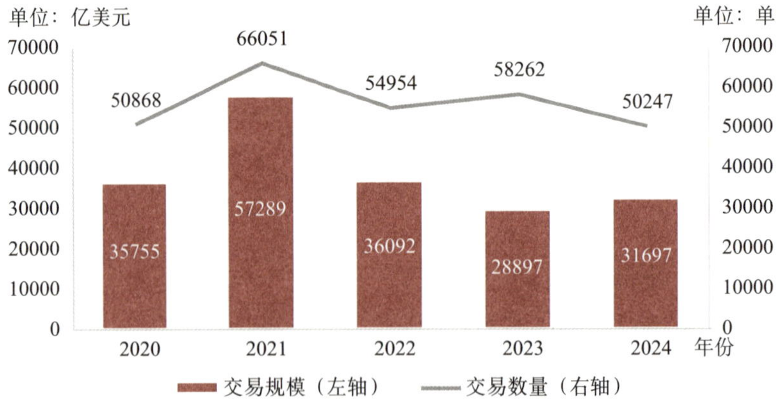

图1－24　2024年全球并购市场交易规模和数量

数据来源：LSEG。

并购数量下滑但金额增长，主要是靠大型交易带动。单笔金额超过 20 亿美元的交易数量同比增长 20%，而金额超过 100 亿美元的超大型交易也更加活跃，同比增长 6%。其中，美国市场的大型交易表现得尤为突出，受益于美股持续创下历史新高，更高的估值水平和股价上涨预期使得上市公司更容易通过换股完成超大型交易。全球前十大交易中，有 9 宗发生在美国，其中有 6 宗使用了股票作为全部或部分支付手段。

二、国际并购市场地域分布

2024 年全球并购总额按区域划分如图 1－25 所示。

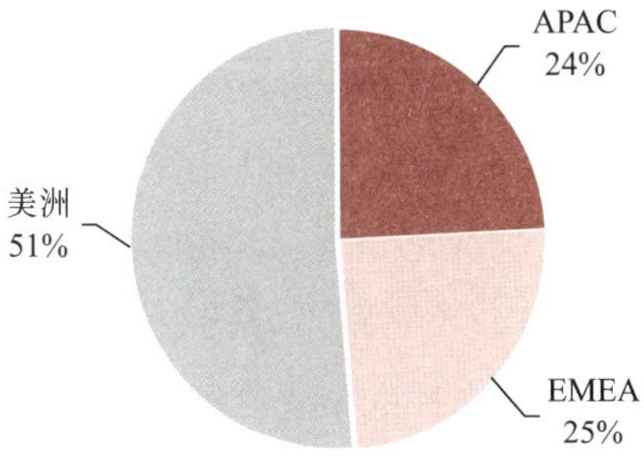

图 1－25　2024 年全球并购总额按区域划分

数据来源：LSEG。

全球主要地区的并购市场普遍呈现出交易规模上升、交易数量下降的趋势。美洲地区依然是全球并购交易规模最大的市场，但其市场份额略有下滑。

具体来看，2024 年美洲地区并购交易数量较上年下降 18%，但交易规模上升 5%，达到近三年之最。然而，随着亚太（APAC）和欧洲、中东、非洲（EMEA）地区交易规模的同步增长，美洲地区的市场份额由 2023 年的 53% 降至 2024 年的 51%。

亚太地区在 2024 年表现出与美洲类似的趋势，交易数量同比下降 10%，但交易规模同比上升了 8%。日本市场受益于低利率和低通胀的有利环境，推动了大型交易的成交，包括加拿大零售巨头 Alimentation Couche－

Tard（ACT）以589亿美元收购日本7－Eleven母公司；而印度则延续了2023年的放缓趋势，尽管交易数量下降14%，交易规模仍实现了4%的增长。

EMEA地区2024年并购交易数量较上年下降13%，但交易规模实现了显著增长，增幅达到21%。从交易规模来看，欧洲地区整体呈现强劲反弹。其中法国交易规模同比上升47%，德国上升63%，英国上升51%。

三、国际并购市场行业分布

2024年全球并购市场呈现分化趋势，其中消费行业的复苏尤为显著。尽管全球通胀压力削弱了消费者购买力，零售和必需消费品领域在高成本和需求疲软的双重制约下，面临盈利能力受限的挑战，但企业通过并购整合应对市场挑战的战略逐渐成为主流。2024年最受瞩目的一笔交易为加拿大ACT公司试图收购日本7－Eleven母公司Seven & i，不仅成为近年来消费行业规模最大的一宗交易，还刷新了外国企业收购日本企业的历史纪录，成为2024年并购市场最具标志性的事件之一。

科技行业的并购活动虽有所回暖，但整体交易规模仍低于历史峰值。2024年，芯片EDA设计软件巨头新思科技（Synopsys）以336亿美元收购工业仿真软件领军企业Ansys，成为典型的科技行业大型并购案例。此外，私募股权基金（PE）在科技行业并购交易中的表现也十分活跃，例如黑石和加拿大养老金计划投资委员会（CCPIB）以161亿美元收购亚太数据中心运营商AirTrunk、KKR以110亿美元从Veritas Capital收购医疗健康数据公司Cotiviti 50%股权、黑石与Vista合作以84亿美元私有化项目管理SaaS公司Smartsheet等。

相比之下，医疗行业的并购活动则显得较为疲软。尽管大型制药公司依然积极通过收购中小型企业以获取新药管线，力求应对专利悬崖带来的收入压力，然而政策环境的不确定性却抑制了整体市场的交易热情。市场普遍期待未来政策的调整，尤其是在放松反垄断审查、降低药品价格管制及加速审批流程等方面的变化，这将有望提振医疗行业信心，推动更多并购交易的达成。

2024 年按行业划分全球并购总额如图 1 - 26 所示。

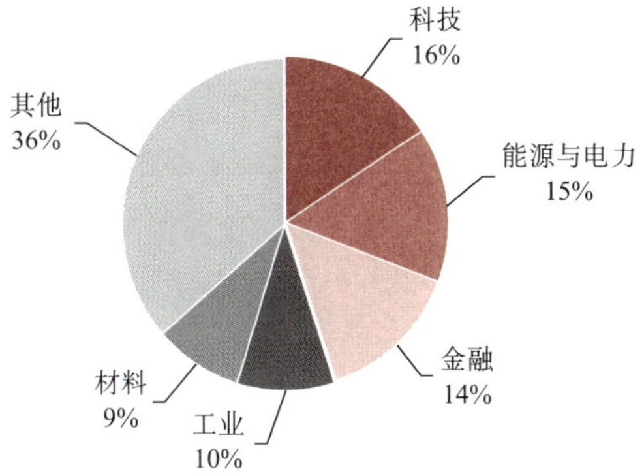

图 1 - 26　2024 年全球并购总额按行业划分

数据来源：LSEG。

四、国内企业跨境并购情况

2024 年，我国经济克服了复杂的内外环境带来的各种困难和挑战，国内生产总值同比增长 5.0%，顺利地实现了主要预期目标任务，推动了经济质的有效提升和量的合理增长。这一年，在 IPO 审核收紧、政策鼓励和支持并购重组的形势下，并购市场触底企稳，进入新的发展机遇期。党的二十届三中全会审议通过的《中共中央关于进一步全面深化改革、推进中国式现代化的决定》对中企出海作出明确指示，包括“必须坚持对外开放基本国策，完善促进和保障对外投资体制机制，健全对外投资管理服务体系，推动产业链供应链国际合作”等。中国企业的“走出去”已进入提质增效阶段。未来在海外市场中取得突破，提高核心竞争力、加强技术创新将是关键，进一步在内外产业的不断转型升级中开启驱动经济发展的第二增长曲线。

2020 ~ 2024 年中企宣布的海外并购交易规模和数量如图 1 - 27 所示。2024 年，由于地缘政治风险不断上升、国内市场疲软尚处于调整期，中资出境并购交易数量及规模均有所下滑，呈现收缩趋势。中国内地企业境外并购交易数量为 174 宗，同比下降 14%；交易总额为 160 亿美元，同比下降 26%；平均交易规模为 1.25 亿美元，同比下降 62%。但值得注意的是，2024 年国央企出境并购交易数量逆势增长，共 27 宗，较 2023 年增加 4 宗；在总交易数量中的占比为 16%，较 2023 年上升超过 4 个百分点；在 2024 年前十大出境并购交易中，国央企占比由 20% 上升至 40%。整体上，中国企业出海走向国际化、高质量发展的诉求不变，在内外部环境缓和后有望加速布局海外市场。

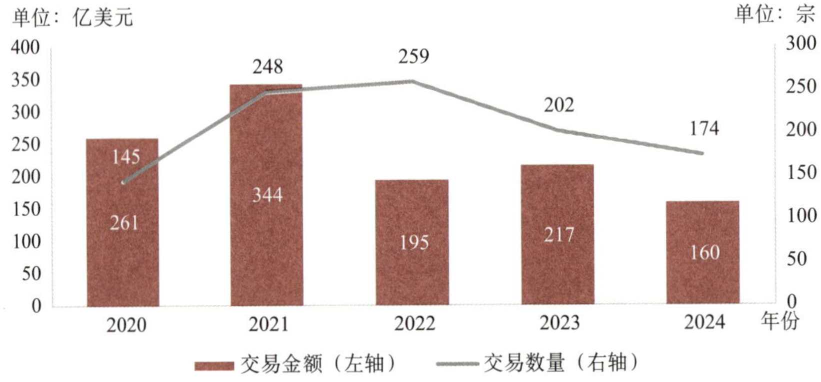

图 1－27　中企宣布的海外并购交易规模和数量

数据来源：Mergermarket。

2024 年中企宣布的海外并购交易金额按规模划分如图 1－28 所示。从中企海外并购的交易规模来看，2024 年 1 亿美元以下的小型交易宗数为 91 宗，占 71%；1 亿～5 亿美元的中小型交易宗数为 28 宗，占 22%；5 亿～10 亿美元的中型交易宗数为 7 宗，占 5%，主要有紫金矿业收购 Newmont Golden Ridge Ltd、美的集团收购瑞士 Arbonia AG 旗下气候业务、海尔智家收购芬兰制热和制冷系统制造商普尔莫集团等大型交易；10 亿～100 亿美元的大型交易数量下降至 2 家，分别为渤海租赁收购飞机租赁公司 Castlelake Aviation Limited（12.2 亿美元）和高瓴资本收购日本房地产开发商 Samty Holdings（11.3 亿美元）。

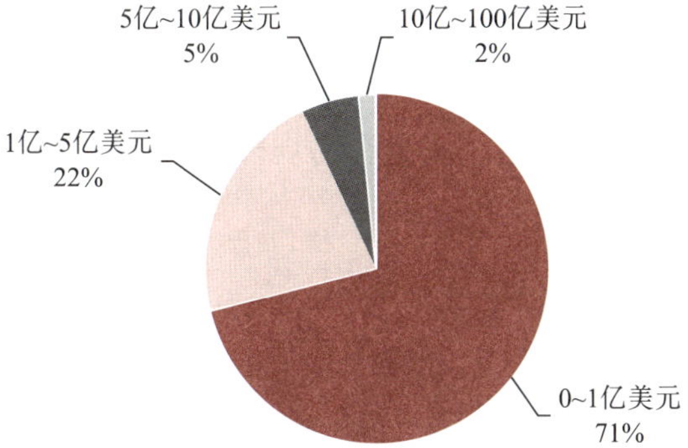

图 1－28　2024 年中企宣布的海外并购交易金额按规模划分

数据来源：Mergermarket。

2024 年中企宣布的海外并购交易金额按行业划分如图 1－29 所示。从中企海外并购的行业分布来看，矿产资源增储上产及加快发展新质生产力是我国重点战略发展方向，促使战略性能源矿产及工业行业成为出境投资的主要领域。2024 年，工业及能源环保基建行业是中企海外并购最热门的行业，交易数量分别为 54 宗和 41 宗，合计宗数占比超过半数，分别为 31% 和 24%；合计金额占比为 70%，分别为 40% 和 30%。金融行业交易数量占比较小，仅为 5%，但平均单笔交易金额较大，交易金额占比 15%。

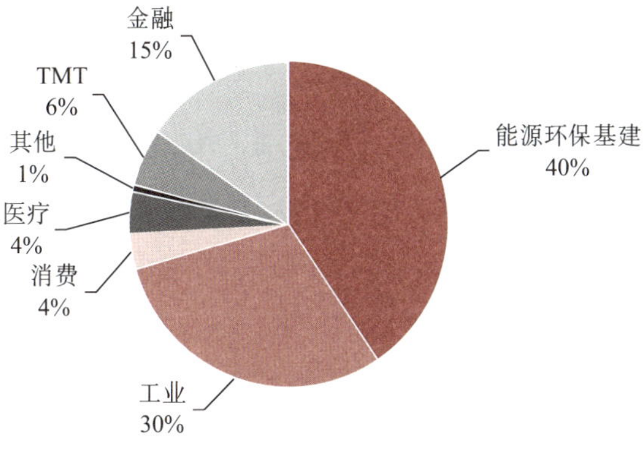

图 1－29　2024 年中企宣布的海外并购交易金额按行业划分

数据来源：Mergermarket。

2024 年中企宣布的海外并购交易金额按区域划分如图 1－30 所示。从中企海外并购的地域分布来看，欧洲成为 2024 年最受中企青睐的跨境投资地区，交易数量占比为36%，交易金额占比为39%；此外，亚太地区交易数量占比为34%，交易金额占比为30%；北美地区交易数量占比为16%，但交易金额占比为20%，平均单笔交易规模较大。

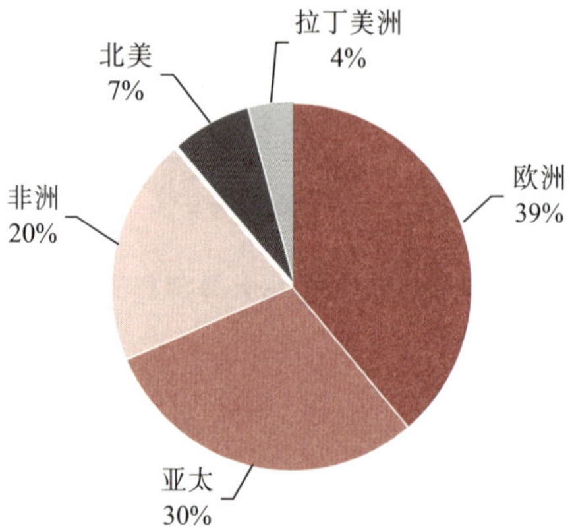

图1－30　2024年中企宣布的海外并购交易金额按区域划分

数据来源：Mergermarket。

在欧洲地区，由于市场购买力较强，且孕育了发达的工业和能源基建行业标的，欧洲仍对众多中国企业具有投资吸引力。2024年，中企在欧洲进行的并购交易共63宗，交易规模为62.06亿美元。按交易宗数计，热门行业为工业（31宗）、TMT（7宗）和能源环保基建（6宗），其中工业占中企在欧洲宣布的并购交易数量的49%。主要投资目的地为德国（20宗）、英国（6宗）和意大利（5宗），其中德国占中企在欧洲宣布的并购交易数量的32%。本期中企在欧洲的最大并购交易为渤海租赁收购Castlelake Aviation Limited 100%股权，交易对价为12.21亿美元。

在亚太地区，随着国际局势变化和亚洲区域多个自贸区的顺利签订及关税减免等优惠政策，越来越多中国企业将海外投资的目标重新转移到亚太地区。2024年，中企在亚太地区进行的并购交易共60宗，交易规模为47.77亿美元。按交易宗数计，热门行业为工业（18宗）、能源环保基建（17宗）和消费（7宗），合计占中企在亚太地区宣布的并购交易数量的70%。主要投资目的地为新加坡（13宗）、日本（10宗）、澳大利亚（8宗）和泰国（8宗），合计占中企在亚太地区宣布的并购交易数量的65%。

本期中企在亚太地区宣布的最大一笔并购交易为高瓴资本及其 Rava Partners 不动产部门宣布收购日本房地产开发商 Samty Holdings，交易对价达到 1690 亿日元（约合 11.3 亿美元）。预计未来随着区域经济一体化以及“一带一路”多边合作机制不断完善，中企在亚太地区的投资将继续增长，特别是在基础设施、科技创新和绿色能源等领域。

在北美地区，虽然美国对全球各地逐步增加关税，且美国大选带来的不确定性使企业略显信心不足，但北美地区在中企海外投资目的地中仍具有较大比重。2024 年，中企在北美地区进行的并购交易共 28 宗，交易规模为 11.58 亿美元。按交易宗数计，热门行业为医疗（11 宗）、能源环保基建（4 宗）和 TMT（4 宗），其中医疗占中企在北美地区宣布的并购交易数量的 39%。主要投资目的地为美国（19 宗），占中企在欧洲宣布的并购交易数量的 68%。本期中企在北美地区宣布的最大一笔并购交易为银泰黄金收购加拿大矿业公司 Osino Resources Corp 100% 股权，交易对价为 2.82 亿美元。

在非洲地区，随着中非经贸合作不断深入，合作形式呈现多元化趋势，中企对非投资也加快发展。2024 年，中企在非洲地区进行的并购交易共 14 宗，交易规模为 32.08 亿美元。按交易宗数计，能源环保基建行业（11 宗）的并购交易占据绝对主流，远超其他行业，占中企在非洲地区宣布的并购交易数量的 79%。值得注意的是，本期中企在非洲地区的单笔交易规模较大，共有 5 宗对价超过 2 亿美元的并购交易，占比为 36%，其中最大一笔并购交易为紫金矿业收购纽蒙特加纳金矿项目 Newmont Golden Ridge Ltd100% 股权，交易对价为 10 亿美元；第二大交易为华新水泥收购尼日利亚水泥企业 Caricement B. V. 的 100% 股权以及 Davis Peak Holdings Limited 的 100% 股权，总交易对价达 8.38 亿美元。未来，中国企业预计将在非洲基础设施和物流领域发挥更重要的作用，推动非洲与中国在产业链协同和经济增长领域的深度合作。

在拉丁美洲地区，受益于中国和拉丁美洲关系持续深化，前往拉丁美洲开展海外投资的中国企业愈发增多。2024 年，中企在拉丁美洲地区进行的并购交易共 9 宗，交易规模为 6.68 亿美元。按交易宗数计，热门行业为能源环保基建（3 宗）、工业（2 宗）和消费（2 宗），合计占中企在拉丁美洲地区宣布的并购交易数量的78%。主要投资目的地为巴西（5 宗），占中企在拉丁美洲宣布的并购交易数量的56%。本期中企在拉丁美洲地区宣布的最大一笔并购交易为紫金矿业通过子公司收购秘鲁 La Arena 金矿项目，交易对价达 2.95 亿美元。预计未来中国和拉丁美洲在基础设施和能源电力等领域的合作将不断扩展，促进更广泛的经济合作。

第八节　上市公司并购重组年度经典案例

一、思瑞浦（688536.SH）发行可转换公司债券及支付现金购买资产

（一）交易方案

思瑞浦拟通过发行可转换公司债券以及支付现金的方式购买杨小华等 19 名交易对方分别持有的创芯微 100.00% 股权。截至评估基准日，创芯微 100.00% 股权评估值为 106624.04 万元，经交易各方协商标的公司全部股权的交易作价确定为 106000.00 万元，其中杨小华、白青刚、创芯信息、创芯科技、创芯技术 5 名交易对方获得的对价中 18868.62 万元以现金方式支付，剩余 38338.95 万元以可转换公司债券的方式支付，其余交易对方均以现金对价支付。结合交易谈判情况、交易对方初始取得成本等因素，对交易对方所持标的公司股权采取差异化定价。同时，上市公司拟向不超过 35 名特定对象发行股票募集配套资金，募集资金额不超过 38338.00 万元，拟用于支付本次交易的现金对价及中介机构费用。

本次交易自 2023 年 6 月 9 日公告预案以来，历经了两次方案调整，收购股权比例、交易对方范围、支付对价方式均有所变化，具体情况如表 1－22 所示。

表 1-22　　思瑞浦案例方案调整情况

调整内容	调整前	第一次方案调整后	第二次方案调整后
标的资产范围	创芯微 95.6587% 股份	创芯微 85.2574% 股份	创芯微 100.00% 股份
调整交易对方	杨小华、白青刚、艾育林、顾成标、朱袁正、创芯信息、创芯科技、创芯技术、东莞勤合、深创投、红土一号、宁波芯可智、盛宇投资、南京俱成、苏州华业、创东方投资、龙岗金腾 17 名交易对方	杨小华、白青刚、顾成标、朱袁正、创芯信息、创芯科技、创芯技术、东莞勤合、深创投、红土一号、宁波芯可智、盛宇投资、南京俱成、苏州华业、创东方投资、龙岗金腾、芯动能投资、宁波益慧 18 名交易对方（较调整前减少艾育林、增加芯动能投资及宁波益慧）	杨小华、白青刚、艾育林、顾成标、朱袁正、创芯信息、创芯科技、创芯技术、东莞勤合、深创投、红土一号、宁波芯可智、盛宇投资、南京俱成、苏州华业、创东方投资、龙岗金腾、芯动能投资、宁波益慧 19 名交易对方（较第一次方案调整后增加艾育林）
定价基准日	第三届董事会第十七次会议决议公告日（2023 年 6 月 9 日）	第三届董事会第二十五次会议决议公告日（2024 年 1 月 22 日）	第三届董事会第二十七次会议决议公告日（2024 年 2 月 6 日）
调整交易对价支付方式	发行股份及支付现金	发行可转换公司债券及支付现金	发行可转换公司债券及支付现金

本次交易不构成关联交易，不构成重组上市，不构成重大资产重组。本次交易完成后，创芯微将成为上市公司的全资子公司。

（二）关注要点

本次交易为首单仅发行可转债作为支付方式的并购交易，且标的公司增值率相对较高，展现科创板并购重组更高包容度。

1.《定向可转债重组规则》发布以来首单发行定向可转债作为支付工具购买资产的案例

2018 年 11 月 1 日，证监会发布"试点定向可转债并购支持上市公司发展"，积极推进以定向可转债作为并购重组交易支付工具的试点。2018 年 11 月 2 日，赛腾股份推出市场首单适用定向可转债作为支付手段的并购方案。试点期间，上市公司发行定向可转债购买资产因无明确法规依据，基本参照《中华人民共和国证券法》《上市公司证券发行管理办法》等相关规定执行，而上述法规也仅对上市公司公开发行可转债有所规定，并不涉及定向可转债。

在总结前期试点经验的基础上，2023 年 11 月 14 日，证监会正式发布《上市公司向特定对象发行可转换公司债券购买资产规则》（简称“《定向可转债重组规则》”），进一步支持上市公司以定向可转债为支付工具实施重组，置入优质资产、提高上市公司质量。在上述法规出台的背景下，2024 年 1 月 23 日，思瑞浦召开董事会会议调整了原有并购交易方案，将并购交易中支付对价的方式由发行股份及支付现金改为了发行可转换公司债券及支付现金，系《定向可转债重组规则》实施之后 A 股首单披露发行定向可转债作为支付工具购买资产的案例。

可转债本身具有债券、股票双重特性，能较好应对股价波动，更好满足重组交易双方的博弈诉求。以定向可转债作为支付手段，将给并购交易带来更大的空间。《定向可转债重组规则》明确了为购买资产和配套募集资金所发行的定向可转债，在发行条件、限售期限和审议程序等方面的规则理解适用问题，整体上未创设新义务，未增加市场主体负担。其中，特别明确了上市公司可单独以定向可转债作为支付工具，自行决定重组交易对价全部由定向可转债支付或者搭配部分股份、现金支付，支付形式更加灵活。

相较股权、现金等其他支付工具，发行定向可转债购买资产对上市公司而言可以免于现金支付的压力，容易撬动大额并购，财务成本较低。对交易对方而言，既能享受债券的安全性，又能享受股票上涨的红利，并享有特定条件下回售证券的选择权，上市公司原股东权益被稀释的节奏也较为平滑。

2. “科创板八条”发布，科创板重组迎来政策支持的重大机遇期

2024 年 6 月 19 日，证监会发布《关于深化科创板改革服务科技创新和新质生产力发展的八条措施》（简称“科创板八条”），其中围绕支持并购重组提出多个进一步改革方向。包括：支持科创板上市公司开展产业链上下游的并购整合，提升产业协同效应；适当提高科创板上市公司并购重组估值包容性，支持科创板上市公司着眼于增强持续经营能力，收购优质

未盈利“硬科技”企业；丰富支付工具，鼓励综合运用股份、现金、定向可转债等方式实施并购重组，开展股份对价分期支付研究；支持科创板上市公司聚焦做优做强主业开展吸收合并；鼓励证券公司积极开展并购重组业务，提升专业服务能力。

上述举措中，最值得关注的是“适当提高科创板上市公司并购重组估值包容性，支持科创板上市公司着眼于增强持续经营能力，收购优质未盈利“硬科技”企业。上市公司思瑞浦本次收购重组的交易作价为10.60亿元，若以2023年9月30日为评估基准日，标的公司创芯微100%股权的评估值为10.66亿元，相较于模拟合并报表归属于母公司股东口径账面净资产2.56亿元，增值超8亿元，增值率达317.23%。同时，创芯微最近一个会计年度仍处于亏损状态，根据会计师出具的《模拟审计报告》，2022年、2023年和2024年1~3月，创芯微模拟剔除附有回购义务的长期应付款及相关利息费用后的扣非归母净利润分别为-910.73万元、-759.09万元和208.80万元。若不考虑模拟调整，则最近一期可能仍亏损。该交易的顺利受理表明科创板监管机构对“硬科技”标的公司的估值和业绩状况体现出较高的宽容度。

二、捷捷微电（300623.SZ）发行股份及支付现金购买资产

（一）交易方案

捷捷微电拟以发行股份及支付现金的方式向苏通基金、南通投资、科创基金、苏通控股、峰泽一号、南通挚琦购买其合计持有的捷捷南通科技30.24%股权，其中以发行股份、现金方式支付对价的比例分别为65.00%、35.00%，股份支付对价金额为66040.00万元，现金支付对价金额为35560.00万元。本次交易拟募集配套资金总额不超过66000.00万元，用于支付交易对价、补充上市公司流动资金、支付交易中介费用及其他相关费用。

本次交易不构成重大资产重组，不构成关联交易，不构成重组上市。本次交易前，上市公司持有捷捷南通科技61.31%股权；本次交易完成后，

上市公司将持有捷捷南通科技91.55%股权。

（二）关注要点

1. 标的资产申报时最近一个报告期仍亏损，体现特定交易中重组审核包容性

近期，证监会发布《关于深化上市公司并购重组市场改革的意见》（简称“并购六条”），提出“支持上市公司结合自身产业发展需要，在不影响持续经营能力并设置中小投资者利益保护相关安排的基础上，收购有助于补链强链、提升关键技术水平的优质未盈利资产”“支持交易双方以资产基础法、收益法、市场法等多元化的评估方法为基础协商确定交易作价。综合考虑标的资产运营模式、研发投入、业绩增长、同行业可比公司及可比交易定价情况等，多角度评价并购标的定价公允性”。上述意见对于重组标的资产未盈利的情况，以及估值定价的方法和公允性，提出了新的政策导向。

本次交易属于少数股权收购，标的公司主营业务为功率半导体芯片和器件的研发、设计、生产和销售，业务模式以IDM模式为主。值得关注的是，在申报材料时，标的公司最近一个报告期仍处于亏损状态，这种情况目前在发行股份购买资产重组交易中仍然较为少见。但根据重组报告书修订稿披露，截至本次交易上会审核之时（2024年8月30日），标的公司经审计的2024年1~6月报表已实现盈利6481.10万元，2024年1~6月实现的净利润已弥补标的公司自成立以来的前期累计亏损。根据备考报表，交易完成后，上市公司扣除非经常性损益前后归属于母公司所有者的净利润及每股收益均有所上升。因此，本次交易从审核时的实质来看，已经不属于亏损标的资产的收购。

上市公司还在重组报告书中援引了士兰微（600460.SH）2021年过会的重组案例来论证交易定价的合理性。2021年6月30日，士兰微（600460.SH）发行股份购买集华投资19.51%的股权以及士兰集昕20.38%的股权交易获证监会审核通过。士兰集昕主要从事8英寸集成电路芯片的生产与销售，与捷捷南通科技主营业务相似。士兰集昕在收购公告时点也处于亏损状态，因此采用了市场法进行估值定价。但审核期间士兰集昕的

盈利状况改善明显，已于收购当年实现盈利。两次交易背景也存在相似性，均系上市公司发行股份购买纳入合并范围内的子公司的少数股东权益。

2. 从过会案例看业绩承诺设置，以及市场法估值的适用性

本次交易采用市场法估值定价，未设置业绩承诺。由于本次交易对方属于标的公司的少数股东，且均为财务投资者，该等安排具有一定的商业合理性。

根据《上市公司重大资产重组管理办法》相关规定，采取收益现值法、假设开发法等基于未来收益预期的方法对拟购买资产进行评估或者估值并作为定价参考依据，但上市公司向控股股东、实际控制人或者其控制的关联人之外的特定对象购买资产且未导致控制权发生变更的，上市公司与交易对方可以根据市场化原则，自主协商是否采取业绩补偿和每股收益填补措施及相关具体安排。但从审核实践中看，即使法规不强制要求业绩承诺，过会案例中进行业绩承诺仍为市场主流选择，近期首次公告案例中未进行业绩承诺案例比重有所上升，主要背景集中于交易前上市公司已获得标的控制权、交易对手为香港或境外上市公司等，体现了当下监管机构更加尊重市场化安排的导向。

近年来，随着拟上市企业中新兴科创企业的增多，市场法的应用热度逐渐提升。新兴科创企业大多成立时间较短，易存在因前期研发投入大、收入体量较小而亏损的情况。若采用收益法进行评估，企业未来发展和收益情况不确定性较大，传统的盈利预测较为困难。而若采用资产基础法，则对于新兴科创企业的品牌优势、技术优势、客户资源、工艺路线、人才技术团队等核心资源无法单独进行评估。在这些背景下，市场法基于现实的宏观经济状况、产业政策客观反映了资本市场现时的价格，有较强的适用性。根据《证券资产评估市场分析报告》（2020 年至 2023 年），2020 ~ 2023 年实施完成的重大资产重组项目中，选取市场法评估的占比由最初的 2.48% 显著提升至 10% 。

尽管如此，当下并购交易审核中市场法的应用仍存在着两大难点，一是市场法的可比交易仍需进一步丰富，以便于为以后同行业的交易案例提供足够的参考依据；二是市场法中价值比率、修正因素涉及的主观判断较

多，监管机构对于评估结果的准确性中是否涉及人为调节仍非常关注。

三、国泰君安（601211. SH）换股吸收合并海通证券（600837. SH）

（一）交易方案

国泰君安拟向海通证券全体 A 股换股股东发行国泰君安 A 股股票、向海通证券全体 H 股换股股东发行国泰君安 H 股股票，并且拟发行的 A 股股票将申请在上交所上市流通，拟发行的 H 股股票将申请在香港联交所上市流通，海通证券的 A 股股票和 H 股股票相应予以注销，海通证券亦将终止上市。

本次交易完成后，国泰君安的实际控制人“上海国际集团有限公司”将成为存续公司的第一大股东，仍为公司实控人。海通证券的第一大股东“上海国盛（集团）有限公司”将成为存续公司的第二大股东。本次交易构成国泰君安和海通证券的重大资产重组，不构成关联交易，不构成重组上市。

（二）关注要点

本次交易为资本市场史上规模最大的 A + H 双边市场吸收合并，“新国九条”后首单头部券商整合。

近年来，国家部委和地方国资出台了一系列支持券商机构做优做强的政策。2024 年 3 月 15 日，证监会发布《关于加强证券公司和公募基金监管加快推进建设一流投资银行和投资机构的意见（试行）》，提出力争通过 5 年左右时间，推动形成 10 家左右优质头部机构引领行业高质量发展的态势，到 2035 年形成 2 至 3 家具备国际竞争力与市场引领力的投资银行和投资机构。2024 年 4 月 12 日，中国政府网发布《国务院关于加强监管防范风险推动资本市场高质量发展的若干意见》（简称新“国九条”）提出，支持头部机构通过并购重组、组织创新等方式提升核心竞争力，鼓励金融机构做大做强。2023 年 12 月，上海市委常委会审议通过（《上海市贯彻〈国有企业改革深化提升行动方案（2023 – 2025 年）〉的实施方案》，提出要“以做强做优做大国有资本和国有企业为目标，聚焦主责主业，优化结构布局”“支持头部证券公司加强业务创新、集团化经营、并购重组，打造一流投资银行”。

2024年以来掀起的新一轮券商并购潮，原本以中型券商收购小型券商为主，而此次国泰君安、海通证券两家头部券商之间的整合推动行业高质量转型进入了新的高潮。从地域和股权结构来看，国泰君安和海通证券均是总部和主要股东位于上海市的头部券商，国泰君安的主要股东是上海国有资产经营有限公司、上海国际集团等，海通证券的股东是上海国盛集团、上海海烟公司等，本次合并有助于优化上海金融国资布局，进一步做优做强国有资本。从合并规模来看，参与本次吸收合并的两家券商均为A+H两地上市券商，市值均在千亿元以上。以2024年中报为计算基准，两家券商合并后总资产达16194.74亿元，合并后净资产达3460.04亿元，总资产和净资产规模均居行业首位。两家券商合并后多项业务收入将跃居行业第一位，具体如表1-23所示。

表1-23　国泰君安与海通证券合并前后排名情况

业务指标	国泰君安	合并前排名	海通证券	合并前排名	合并后数值	合并后排名
营业收入	361.4	3	229.5	8	590.9	2
经纪业务收入	67.9	2	38.3	11	106.2	1
投资银行净收入	36.9	4	34.2	5	71.1	1
资产管理净收入	41.0	4	19.1	7	60.1	3
利息净收入	28.0	5	40.9	2	68.9	1
金融投资资产规模	4686.0	2	2905.9	10	7591.9	1
归母净利润	93.7	3	10.1	26	103.8	3

有市场观点认为，券商合并重组有利于减少不必要的竞争，提高整个行业的效率和服务质量，合并有助于形成更加稳健的金融机构，从而更好地保护投资者的利益。通过合并，券商可以优化资源配置，提高风险管理能力，降低单一公司可能面临的经营风险。

四、迈瑞医疗（300760.SZ）收购惠泰医疗（688617.SH）

（一）交易方案

迈瑞医疗拟通过全资子公司深圳迈瑞科技控股有限责任公司（简称

“深迈控”）以协议转让方式收购成正辉、成灵、戴振华、上海惠深创业投资中心（有限合伙）、上海惠疗企业管理中心（有限合伙）、苏州工业园区启华三期投资中心（有限合伙）、苏州工业园区启明融科股权投资合伙企业（有限合伙）、苏州启明融盈创业投资合伙企业（有限合伙）、QM33LIMITED、扬州浵旭股权投资合伙企业（有限合伙）（简称“扬州浵旭”）合计持有的深圳惠泰医疗器械股份有限公司（股票简称“惠泰医疗”，股票代码 688617. SH）14120310 股人民币普通股股份，占惠泰医疗总股本的 21. 12%，转让金额合计为人民币 66. 52 亿元；同时，惠泰医疗实际控制人成正辉承诺，在其根据《股份转让协议一》约定收到全部股份转让价款之日起及之后自愿、永久且不可撤销地放弃所持惠泰医疗 10% 的股份所享有的表决权。《股份转让协议一》还约定了优先受让权，本次股权转让完成后，成正辉如有意通过协议转让、大宗交易方式向其他主体转让或处置其持有的剩余惠泰医疗股份，受让方或其关联方在同等条件下享有优先购买权，但成正辉所持惠泰医疗股份比例低于 5% 时，不受前述限制。

在本次协议转让的同时，深迈控拟受让晨壹红启（北京）咨询有限公司持有的珠海彤昇投资合伙企业（有限合伙）（简称“珠海彤昇”）全部 0. 12% 的普通合伙权益，珠海彤昇目前持有标的公司 3. 49% 的股份。

本次交易完成后：深迈控将直接持有惠泰医疗 14120310 股股份，占惠泰医疗总股本的 21. 12%，深迈控的一致行动人珠海彤昇直接持有惠泰医疗 2335296 股股份，占惠泰医疗总股本的 3. 49%，深迈控及其一致行动人珠海彤昇合计持有惠泰医疗 16455606 股股份，占惠泰医疗总股本的 24. 61%。惠泰医疗控股股东将由成正辉变更为深迈控，实际控制人将由成正辉、成灵变更为李西廷和徐航。

本次交易价格以参考惠泰医疗股票交易价格确定的惠泰医疗整体估值为基础，并经交易各方充分协商后确定为 471. 12 元/股，较惠泰医疗 2024 年 1 月 29 日（收购公告日）收盘价溢价 25% 左右。2024 年 4 月 15 日，本次交易涉及的惠泰医疗股份已在中国证券登记结算有限责任公司完成过户。

（二）关注要点

本次交易为科创板首单现金“A 控 A”交易，迈瑞医疗借力并购实现外延增长，整合背后蕴藏深厚产业逻辑。

迈瑞医疗自2018年上市以来，市值长期稳居国内医疗器械行业第一名，曾一度是创业板市值最高的公司。上市以来，迈瑞医疗保持着营业收入20%以上的复合增速，归母净利润复合增速超过25%，2023年实现归母净利润达115.82亿元。迈瑞医疗的产品主要覆盖三大领域：生命信息与支持、体外诊断以及医学影像，2023年营业收入占比分别为46.91%、32.34%及20.03%，其中生命信息与支持业务是公司的核心业务板块。

迈瑞医疗坚定践行内生与并购的双轮驱动战略，仔细梳理迈瑞医疗的成长历程，关键时点的并购为公司的核心业务成长提供了动力，其中关键的并购包括：2008年公司收购美国Data Scope的生命信息与支持业务，以及瑞典呼吸气体监测品牌Artema；2013年公司收购美国高端超声影像厂商Zonare，以及ULCO大洋洲经销网络；2021年收购IVD原料厂商Hytest；2023年收购IVD供应链平台DiaSys。2024年迈瑞医疗又获得了惠泰医疗的控股权。

惠泰医疗在心血管领域，尤其是心脏电生理和血管介入领域，具备国内领先的技术创新能力和全产业链的产品研发生产能力。心血管领域是一个庞大的市场，全球市场规模约560亿美元，中国国内市场规模约50亿美元。惠泰医疗产品起步晚于进口品牌，在技术与渠道上与进口品牌相比仍有一定差距。迄今为止，强生等进口品牌在国内市场份额占比高达90%以上。尽管惠泰医疗在国内市场排名第四，其市场份额也仅有约3%，但未来仍有较大的增长空间。

迈瑞医疗与惠泰医疗在产业协同上有着深厚的合作潜力，本次收购完成后，借助迈瑞医疗的研发体系提高产品技术水平，惠泰医疗将推动高端产品如高密度标志导管和心律压力感应导管等的上市。同时，利用迈瑞医疗在海外市场的网络优势，加速推动惠泰医疗海外业务的发展。迈瑞医疗在全球50多个市场布局，在海外有超过3000名员工，能为惠泰医疗提供全面的产品推广、交付和服务。惠泰医疗目前海外业务收入占比约11%，远低于其海外市场潜力，与迈瑞医疗的合作有望加速海外业务拓展。

从收购方角度来看，借助本次收购，迈瑞医疗得以以产业方的角色切入心血管这一长坡厚雪的赛道，从战略上持续构建和丰富耗材型业务布局（全球前十大医疗器械公司中超过一半的业务是以高值耗材为主），在实现业绩稳定增长的同时，为塑造全球领先的医疗器械品牌奠定坚实的基础。

本次交易在方案设计层面主要有两方面值得关注：一是在本次交易之前，迈瑞医疗作为 LP 投资的珠海彤昇和扬州澎旭，合计持有惠泰医疗 4.89% 的股权。这两家主体设立时间均在 2023 年 5 月左右，可见这 2 家主体就是特意为收购惠泰医疗设立的，为本次交易实施打下了良好的基础；二是本次收购采用了“表决权放弃”和“优先购买权”的双重安排，除了迈瑞医疗和成正辉先生之外，惠泰医疗将没有其他持股 5% 以上的股东，双重安排既能确保未来迈瑞医疗对惠泰医疗的控制权稳定性，又能避免触发要约收购义务，从而降低整个交易方案的实施难度。

本次控制权收购交易系科创板首单“A 控 A”交易，交易金额高达 66.52 亿元，系 A 股医疗器械行业最大规模收购交易，市场影响力和示范效应均较强。“科创板八条”发布以来，上交所已通过专题培训和座谈会的形式表达支持科创板上市公司开展产业链上下游的并购整合，未来优质上市公司之间具备产业逻辑的“A 控 A”交易可能将继续升温。

第九节　对上市公司并购重组业务的展望

一、政策支持与从严监管并举，促进并购重组市场健康发展

2024 年并购重组相关政策延续了前一年支持鼓励的基调，2024 年 3 月证监会发布了《关于加强上市公司监管的意见（试行）》，明确指出支持上市公司通过并购重组提升投资价值；2024 年 6 月，“科八条”推出，支持科创板上市公司展开补链强链、做强主业的并购整合，并提升对估值、支付工具、未盈利标的资产的监管包容度；2024 年 9 月 24 日发布的“并购

六条”成为本年度最重磅的利好政策，新政内容包括进一步提高监管包容度、提升重组市场交易效率等。“并购六条”一经推出，A 股并购重组市场便开启了“活跃期”，行政许可类并购重组首次披露单数在利好的政策环境下大幅增长，2024 年四季度披露行政许可类交易 48 单、环比增加 37 单，2024 年全年共披露 79 单、同比增长近 50%。

与首次披露单数大幅增长相对应，2024 年通过重组委审核的行政许可类并购重组案例仅 14 单、同比减少 11 单，监管机构对主业相关性、注入资产质量、估值合理性等事项均保持较高的关注度。

展望 2025 年，并购重组的鼓励政策预计将得以延续，当前市场中已在接触的潜在交易也将取得更多实质性进展，首次披露的行政许可类交易将陆续进入交易所审核阶段。严审核、防范“忽悠式”重组、提高交易质量进而促进上市公司高质量发展的态势预计仍会持续，政策支持与从严监管并举，共同促进并购重组市场在长期内健康发展。

二、产业并购依然是并购市场的主旋律

符合国家战略、鼓励科技创新的产业并购一直是政策最支持的方向，2024 年全年首次披露的审核注册类并购重组案例中，产业并购合计 38 单、占比 48.10%，相较于 2023 年产业并购占比 33.33% 有所上升。预计产业并购仍将是 2025 年 A 股并购重组市场的主旋律，行业龙头整合加速、跨界并购涌现、聚焦新质生产力。

在政策支持以及存量竞争加剧的市场环境下，2024 年 A 股发生了多起历史性的行业龙头整合事件，接下来的一年该趋势可能延续。“科八条”支持科创板上市公司开展产业链上下游的并购整合，提升产业协同效应；“并购六条”则明确将继续助力传统行业通过重组合理提升产业集中度、提升资源配置效率；此外，各部门也陆续有支持龙头企业进行并购重组的政策落地，如国务院发布的“国九条”明确提出支持头部金融机构通过并购重组、组织创新等方式提升核心竞争力，工信部副部长辛国斌表示未来将支持汽车优势企业兼并重组、做强做大、进一步提升产业的集中度等。

在诸多利好政策以及我国经济结构转向调整存量、做优增量并举的背景下，2024 年 A 股并购重组市场涌现了“史上最大规模吸并”中国船舶收购中国重工、“券商类最大规模吸并”国泰君安收购海通证券等典型案例。预计未来行业龙头上市公司以产业协同为目的的并购重组整合将持续加速。

2024 年 9 月 24 日推出的“并购六条”也明确了对跨行业并购的政策导向。新政发布后的第四季度，共有 4 单跨行业并购的交易披露，环比增加 2 单。在更明确的审核环境下，部分存量上市公司选择通过跨界并购完成业务的转型升级，如日播时尚收购茵地乐转型锂离子电池粘胶剂业务、南京化纤收购南京工艺转型滚动功能部件业务等。2025 年，预计规范运作、传统行业的小规模上市公司通过多元化并购实现高质量发展及业务转型的意愿将愈发强烈。

发展以高技术、高效能、高质量为特征的新质生产力，提升人工智能、新能源、信息技术、航空航天、高端设备、生物医药等战略性新兴产业的竞争力，是我国应对国际竞争加剧下经济转型和产业升级的必然要求。并购重组是上市公司提升技术创新能力的高性价比选择之一，也是“并购六条”等关键政策的鼓励方向。“人工智能”“新能源”等关键词在 2024 年首次披露交易的被收购标的主营业务中频频现身，典型案例有永安行拟收购基于人工智能技术的智慧农业企业上海联适 65% 股份，宝塔实业收购宁夏电投转型新能源发电及储能业务等。2025 年，上市公司向“新质生产力”方向转型或升级的并购重组将持续涌现。

三、拟 IPO 企业成为并购标的将愈发普遍

2024 年，IPO 节奏仍呈放缓状态，在投资人退出、资产证券化的压力下，拟 IPO 企业转道被并购重组，反映了市场主体的多元化需求和资本方案的灵活性，同时也是企业和资本市场不断探索和创新的结果。自 2023 年“827 新政”落地以来，A 股 IPO 受理及通过数量大幅减少同时 IPO 终止项目激增，2024 年仅受理 77 单、同比减少 88.90%，通过 100 单、同比减少 68.05%，而终止数量达 436 单（其中沪深交易所 359 单）、同比增

加 59. 71%。

对曾经的拟 IPO 企业自身而言，被并购重组是可替代 IPO 的资本方案，为解决投资方退出诉求、寻求多元融资渠道提供了出路；而对正在寻找潜在并购重组标的的上市公司来说，拟 IPO 企业合规性较高且具有清晰的业务模式和成长通道，可以大大降低交易的不确定性。“并购六条”发布后，首次披露的行政许可类重组中，标的资产曾为拟 IPO 企业的共 12 单，占比 24%，其中包括思林杰拟以发行股份及支付现金方式收购创业板 IPO 撤回的科凯电子，富煌钢构拟通过发行股份及支付现金的方式购买曾冲击科创板 IPO 撤回的中科视界等。

2025 年，IPO 市场复苏的形势仍不明朗、IPO 终止项目不断累积，预计拟 IPO 企业成为并购标的将愈发普遍。

第二章　上市公司并购重组规则的修改与完善

第一节　上市公司并购重组规则的发展与演变

一、1993～1999年，野蛮生长阶段

在1992年邓小平发表南方谈话后，政府开始进行市场经济改革，指出要明晰产权关系，允许产权的自由流动和重组，中国企业在激励和约束双重机制下又重新活跃起来，开始了新一轮的企业并购活动。在企业股份制改革不断推进以及证券市场不断形成的背景下，一些企业开始借助证券市场的力量对其他企业进行合并购买。

到1997年，我国证券市场因实施资产重组、并购、股权转让而公告的并购案件至少超过150起。自国务院办公厅于1998年9月28日印发了《中国证券监督管理委员会职能配置、内设机构和人员编制规定》，在其中确立中国证券监督管理委员会（以下简称“中国证监会”或“证监会”）为国务院直属事业单位，是全国证券期货市场的主管部门，规定了证监会负有制定证券期货市场规章、统一管理证券期货市场活动、查处证券期货违法违规行为等多项职权，规定其设有发行监管部、市场监管部、机构监管部、稽查局、法律部等13个职能部门并规定了相应的人员编制。

1998年12月29日，第九届全国人大常委会第六次会议通过《中华人民共和国证券法》（以下简称“《证券法》”），并自1999年7月1日起开始实施。这部被称为“资本市场基本法的法律”的通过，改变了之前我国证券市场“无法有天”的状况，在框定资本市场证券发行和上市交易等主要制度的同时，也从法律层面正式确立了我国集中统一的证券监管体制。包括并购重组在内的证券活动被纳入体系化的监管，自中国上市公司收购第一案“宝延风波”[①] 而起的野蛮生长时代宣告结束。

二、2000～2013年，艰难探索阶段

2000年以来，上市公司并购重组制度框架逐步形成。在世纪相交之际，随着中国特色社会主义市场经济体制的确立及完善，资本市场也迎来了快速发展期，并购重组领域也涌现了一大批经典案例，如阿尔卡特收购上海贝岭、南钢联合要约收购南钢股份等典型并购案例。但同时也存在信息披露不透明、暗箱操作较多等问题。在此背景下，2001年，证监会公布《关于上市公司重大购买、出售、置换资产若干问题的通知》，一方面不断加强信息披露机制，完善企业的会计核算制度；另一方面，伴随着国有大型企业主辅分离改革的浪潮，决策层也在探索和建立市场主体退出机制，并加速对低效益企业的资产重组的步伐。

2002年，是中国加入WTO后的第一年。这一年，证监会首次发布《上市公司收购管理办法》（以下简称“《收购办法》”），对上市公司并购进行了明确的规范，并在2006年对《收购办法》进行了第一次修订，调整了要约收购方式，降低收购成本。

2005年股权分置改革后，随着股票流动性加强，上市公司并购重组不断

① 1993年8月，中国深圳宝安企业（集团）股份有限公司（下称“深圳宝安”）利用其下属的宝安集团上海公司、宝安华东保健品公司、深圳龙岗宝灵电子灯饰公司在上海证券交易所悄悄购入上海延中实业股份有限责任公司（下称“延中公司”）股票。9月29日，深圳宝安已持有延中实业10.6%的股份，在9月30日一开盘继续大幅买进，持股比例升至15.98%。随后，延中公司停牌，深圳宝安发出公告，宣布其拥有延中公司股份5%以上。虽然收购过程中，深圳宝安存在没有及时披露信息的违规行为，被证监会罚款100万元，但购入延中公司股票被证监会认定为市场行为，持股有效。深圳宝安收购延中公司的事件成为中国上市公司并购首例，在业界被称为“宝延风波”。

活跃起来，但部分市场观点认为，此时的并购重组容易伴生内幕交易和操纵市场行为，规则亟须进一步完善。因此，2008 年证监会首次发布《上市公司重大资产重组管理办法》（以下简称“《重组办法》”），规范上市公司重大资产重组行为，保护投资者权益。同时公布了具体的信息披露内容与格式准则，规范上市公司重大资产重组行为，保护投资者权益。《重组办法》的出台，被市场认为标志着上市公司并购重组迈入了规范与发展并举的新阶段。

在这一阶段，国务院也多次发文鼓励并购重组。2004 年 1 月，国务院发布《关于推进资本市场改革开放和稳定发展的若干意见》，被称为“资本市场首个国九条”，鼓励上市公司进行以市场为主导的并购重组。2010 年 8 月，国务院发布《关于促进企业兼并重组的意见》，强调促进市场有效竞争，支持企业利用资本市场开展兼并重组。2011 年 8 月，《重组办法》修订完成，首次明确了企业重组上市的认定标准，并在后续将政策细则逐步落地。但此时，相关政策初步出台，市场仍处观望状态，并购重组项目数量保持平稳。

三、2014～2015 年，支持鼓励阶段

2012 年年底，证监会启动财务核查手段整治 IPO 财务造假，IPO 按下暂停键，并购交易开始逐渐活跃起来。2014 年 3 月，国务院印发《关于进一步优化企业兼并重组市场环境的意见》，要求加快推进审批制度改革、改善金融服务、落实和完善财税政策、加强产业政策引导等方面，进一步优化兼并重组市场环境。2014 年 5 月，国务院发布《国务院关于进一步促进资本市场健康发展的若干意见》，被称为“资本市场第二个国九条”，其中明确表态将鼓励市场化并购重组。充分发挥资本市场在企业并购重组过程中的主渠道作用，拓宽并购融资渠道，丰富并购支付方式；鼓励各类资本公平参与并购，破除市场壁垒和行业分割。政策实质性放松激发市场活力。

2014 年 10 月，证监会发布修订后的《重组办法》，本次修订以“放松管制、加强监管”为理念，大幅取消上市公司重大资产购买、出售、置换行为审批（构成借壳上市的除外），取消要约收购事前审批；进一步完善

市场化的发行定价机制，拓宽定价区间，增大选择面，并允许适当折扣，并引入发行价格调整机制等。

2015 年 8 月，证监会等四部委联合发布《关于鼓励上市公司兼并重组、现金分红及回购股份的通知》，再次提及要通过多种方式进一步深化改革、简政放权，大力推进上市公司并购重组。政策暖风频吹推动了包括跨界并购在内的 A 股并购重组热潮。

四、2016～2018 年，政策收紧阶段

这一阶段，政策制度开始收紧，打击短期投机和“炒壳”行为。在经历了连续两年多的并购重组热潮，以及出现的诸多问题之后，证监会开始收紧政策。2016 年，证监会正式修订《重组办法》，严格重组上市认定标准、取消重组上市公司配套融资、延长相关股东的股份锁定期。证监会发言人表示“本次修改，旨在扎紧制度与标准的‘篱笆’，给‘炒壳’降温，促进市场估值体系的理性修复，继续支持通过并购重组提升上市公司质量，引导更多资金投向实体经济”。

2017 年 3 月，在证监会例行发布会上，明确表示将进一步加强并购重组监管，及时分析研判并购市场的新情况、新问题，完善规则，重点遏制“忽悠式”“跟风式”和盲目跨界重组，严厉打击重组过程的信息披露违规、内幕交易等行为，更好地引导并购重组服务实体经济，抑制“脱实向虚”。2017 年 2 月，证监会修订《上市公司非公开发行股票实施细则》并发布了《发行监管问答——关于引导规范上市公司融资行为的监管要求》（以下统称“再融资新规”），上述再融资新规出台，进一步限制了股权类再融资的定价基准日、融资规模、融资频率、申请条件等，证监会明确并购重组涉及配套融资部分按再融资新规执行。2018 年 2 月，证监会发布相关解答，指出企业在 IPO 被否决后至少应运行 3 年才可筹划重组上市。

五、2018～2023 年，稳步改革阶段

注册制改革推动并购重组政策审慎放松。2018 年 10 月，考虑到企业

IPO 被否原因多种多样，就被否原因针对性进行整改后，不乏公司治理规范和盈利能力良好的企业，故证监会放松了重组上市时间要求，IPO 被否可筹划重组上市的时间间隔从 3 年缩短至 6 个月。2018 年年底 2019 年年初，注册制改革启动，证监会发布《科创板上市公司重大资产重组特别规定》，支持科创板上市公司开展产业链上下游的并购整合。2019 年 10 月，证监会发布了修订后的《重组办法》，取消重组上市认定标准中的“净利润”指标，支持符合国家战略的高新技术产业和战略性新兴产业相关资产在创业板重组上市。

2023 年，证监会再次修改《重组办法》，明确重组审核和注册流程、完善重组认定标准和定价机制等，但同时也强调强化重组的事中事后监管，对于实际控制人利用制度便利实施“高估值、高业绩承诺、高商誉”并购、盲目跨界并购，或者进行不正当利益输送和规避套利，严重扰乱市场秩序，侵害中小投资者合法权益等行为，依旧会进行严格监管。

六、2024 年至今，支持转型阶段

并购重组政策在延续 2023 年“职能下放”和“提高并购重组效率”的基础上，2024 年则进一步明确了并购重组的“向新性”——聚焦新质生产力，鼓励探索“估值包容性”与“收购优质‘未盈利’科技企业”边界，支持通过并购重组向新质生产力转型升级。

2024 年，国家层面持续推动并购重组市场化改革，发布多项支持政策，以 2024 年 2 月证监会召开并购重组座谈会为起点，后续国务院、证监会、证券交易所相继出台了一系列促进和深化并购重组市场改革的政策和制度，主要包括《关于严把发行上市准入关从源头上提高上市公司质量的意见（试行）》《关于加强上市公司监管的意见（试行）》《关于加强证券公司和公募基金监管加快推进建设一流投资银行和投资机构的意见（试行）》《关于落实政治过硬能力过硬作风过硬标准全面加强证监会系统自身建设的意见》《国务院关于加强监管防范风险推动资本市场高质量发展的若干意见》《关于严格执行退市制度的意见》《中国证监会关于资本市场服

务科技企业高水平发展的十六项措施》《促进创业投资高质量发展的若干政策措施》《中国证监会关于深化科创板改革 服务科技创新和新质生产力发展的八条措施》《中国证监会关于深化上市公司并购重组市场改革的意见》《关于修改〈上市公司重大资产重组管理办法〉的决定（征求意见稿）》《上海证券交易所上市公司重大资产重组审核规则（征求意见稿）》《深圳证券交易所上市公司重大资产重组审核规则（2024 年 9 月修订征求意见稿）》等。

随着国家层面一系列推动上市公司并购重组的政策频繁推出，各地政策紧密跟进，如湖南、安徽、上海、南京、天津、深圳、江西等地陆续出台了一系列响应并购新政的鼓励政策。以深圳、上海为例，2024 年 10 月，深圳市委金融办发布《深圳市促进创业投资高质量发展行动方案（2024—2026）（公开征求意见稿）》，积极引导企业通过并购重组提升竞争力；同年 11 月，又发布了《深圳市推动并购重组高质量发展的行动方案（2025—2027）（公开征求意见稿）》。2024 年 12 月，上海市人民政府办公厅正式发布了《上海市支持上市公司并购重组行动方案（2025—2027 年）》。由此可见，并购重组不仅是上市公司提质增效的工具，也逐渐成为地方政府提升资产证券化率的重要路径。

同时，证监会各地派出机构、各证券交易所、行业协会与各地金融监管部门等通过共同举办线下会议等方式，协助进行政策宣讲、资源对接。为帮助上市公司充分了解和深入把握监管要求，2024 年 9 月，深圳证券交易所发布《深市上市公司高质量发展导刊》之《并购重组专刊》（2024 年第 1 期，总第 7 期），整理了近年来落地的 12 个典型并购重组案例；2024 年 11 月，上海证券交易所发布《并购重组典型案例汇编》，整理了近年来沪市比较有代表性的 30 个并购重组案例，此外还专门选取了“内幕交易防控不当”“标的公司财务造假”“蹭热点式重组炒作股价”“盲目跨界标的失控”等 4 种负面类型对应的 12 个案例。与一系列并购新政相呼应，证券交易所的指导案例体现了跨界并购、收购未盈利资产、创新支付工具、差异化定价等特征，且包含一定数量的上市公司吸收合并案例。

2024 年以来的并购新政呈现出以下特点：一是放开跨界并购，支持新质生产力导向及产业整合类型的并购交易；二是提高监管包容度，包括但不限于允许收购未盈利资产、提高估值包容性、业绩补偿更加灵活、同业竞争和关联交易要求放宽等；三是创新交易方案，鼓励私募基金入市、允许使用可转债等创新支付工具；四是支持上市公司之间吸收合并，但对借壳上市从严监管、仍未放开；五是提高审核效率，新设重组简易审核程序；六是依法加强监管，敦促中介机构归位尽责。

并购重组政策和制度的发展与当时的政治经济背景、经济发展阶段以及资本市场的活跃度紧密相连。这些政策和制度的调整，不仅是对时代变迁的响应，和对经济发展需求的适应，也是资本市场动态变化的直接反馈。每一次政策的更新和制度的完善，都深刻影响着并购重组活动的走向，从而在不同历史时期发挥着推动经济结构优化、促进产业升级和提高市场效率的关键作用。通过政策引导，可以促进资本市场更好地服务于宏观经济大局，优化资源配置，提升上市公司质量，并激发经济活力。

第二节　2024 年度上市公司并购重组改革与规则的修改与完善

一、2024 年上市公司并购重组改革

2024 年以来，上市公司并购重组改革持续优化，并购重组鼓励政策陆续出台，旨在激发市场活力，支持上市公司通过并购重组提升投资价值。

2024 年 2 月 5 日，证监会召开支持上市公司并购重组座谈会，鼓励上市公司切实用好并购重组工具，抓住机遇注入优质资产、出清低效产能，实施兼并整合。

2024 年 3 月 15 日，证监会制定出台了《关于严把发行上市准入关从源头上提高上市公司质量的意见（试行）》《关于加强上市公司监管的意见

（试行）》《关于加强证券公司和公募基金监管加快推进建设一流投资银行和投资机构的意见（试行）》以及《关于落实政治过硬能力过硬作风过硬标准全面加强证监会系统自身建设的意见》等4项政策文件（以下简称“3.15新政”）。“3.15新政”的主要内容涉及发行上市准入、上市公司监管、机构监管、证监会系统自身建设四个方面，对公司IPO和上市公司进一步强调“强本强基”和“严监严管”。其中《关于加强上市公司监管的意见（试行）》提到“支持上市公司通过并购重组提升投资价值，支持上市公司之间吸收合并，多措并举活跃并购重组市场，鼓励上市公司综合运用股份、现金、定向可转债等工具实施并购重组、注入优质资产。引导交易各方在市场化协商基础上合理确定交易作价。支持上市公司之间吸收合并。优化重组‘小额快速’审核机制，研究对优质大市值公司进行快速审核。加强对重组上市监管力度，进一步削减‘壳’价值。”

2024年4月12日，为深入贯彻中央金融工作会议精神，进一步推动资本市场高质量发展，国务院发布《国务院关于加强监管防范风险推动资本市场高质量发展的若干意见》（以下简称新“国九条”），鼓励上市公司聚焦主业，综合运用并购重组、股权激励等方式提高发展质量；加强并购重组监管，强化主业相关性，严把注入资产质量关，加大对“借壳上市”的监管力度，精准打击各类违规“保壳”行为；支持头部机构通过并购重组、组织创新等方式提升核心竞争力，鼓励中小机构差异化发展、特色化经营；加大并购重组改革力度，多措并举活跃并购重组市场。作为新“国九条”的配套文件，《关于严格执行退市制度的意见》《资本市场服务科技企业高水平发展的十六项措施》等政策进一步完善了上市公司通过并购重组实现多元化退出、支持科技型企业高效实施并购重组的机制设计。

2024年6月15日，国务院办公厅发布《促进创业投资高质量发展的若干政策措施》，提出充分发挥沪深交易所主板、科创板、创业板和全国中小企业股份转让系统（北交所）、区域性股权市场及其“专精特新”专板功能，拓宽并购重组退出渠道。对突破关键核心技术的科技型企业，建立上市融资、债券发行、并购重组绿色通道，提高全国中小企业股份转让系统（北交所）发行审核质效。在营造支持科技创新的良好金融生态方面，研究完善并购贷款适用范围、期限、出资比例等政策规定，扩大科技创新领域并购贷款投放。支持符合条件的上市公司通过发行股票或可转债募集资金并购科技型企业。

2024 年 6 月 19 日，证监会发布《关于深化科创板改革 服务科技创新和新质生产力发展的八条措施》（以下简称“科八条”），提出要更大力度支持并购重组，支持科创板上市公司开展产业链上下游的并购整合，提升产业协同效应。

2024 年 9 月 24 日，为深入学习贯彻党的二十届三中全会精神和新“国九条”要求，完善资本市场“1 + N”政策体系，证监会发布《关于深化上市公司并购重组市场改革的意见》（以下简称“并购六条”），进一步强化并购重组资源配置功能，发挥资本市场在企业并购重组中的主渠道作用，提出了各种举措，具体内容如表 2 – 1 所示。

表 2 – 1　“并购六条”关于并购重组的主要内容

编号	改革意见	具体内容
1	助力新质生产力发展	支持上市公司围绕科技创新、产业升级布局，引导更多资源要素向新质生产力方向聚集。支持科创板、创业板上市公司并购产业链上下游资产，增强“硬科技”“三创四新”属性。支持运作规范的上市公司围绕产业转型升级、寻求第二增长曲线等需求开展符合商业逻辑的跨行业并购，加快向新质生产力转型步伐。支持上市公司结合自身产业发展需要，在不影响持续经营能力并设置中小投资者利益保护相关安排的基础上，收购有助于补链强链、提升关键技术水平的优质未盈利资产。对私募投资基金投资期限与重组取得股份的锁定期限实施“反向挂钩”，促进“募投管退”良性循环。
2	加大产业整合支持力度	鼓励引导头部上市公司立足主业，加大对产业链上市公司的整合。完善股份锁定期等政策规定，支持非同一控制下上市公司之间的同行业、上下游吸收合并，以及同一控制下上市公司之间吸收合并。支持传统行业上市公司并购同行业或上下游资产，加大资源整合，合理提升产业集中度。支持私募投资基金以促进产业整合为目的依法收购上市公司。支持沪深北交易所上市公司开展多层面合作，助力打造特色产业集群。

续表

编号	改革意见	具体内容
3	提升监管包容度	充分发挥市场在价格发现和竞争磋商中的作用，支持交易双方以资产基础法、收益法、市场法等多元化的评估方法为基础协商确定交易作价。综合考虑标的资产运营模式、研发投入、业绩增长、同行业可比公司及可比交易定价情况等，多角度评价并购标的定价公允性。上市公司向第三方购买资产的，交易双方可以自主协商是否设置承诺安排。顺应产业发展规律，适当提高对并购重组形成的同业竞争和关联交易的包容度。
4	提高支付灵活性和审核效率	鼓励上市公司综合运用股份、定向可转债、现金等支付工具实施并购重组，增加交易弹性。建立重组股份对价分期支付机制，试点配套募集资金储架发行制度。建立重组简易审核程序，对上市公司之间吸收合并，以及运作规范、市值超过100亿元且信息披露质量评价连续两年为A的优质公司发行股份购买资产（不构成重大资产重组），精简审核流程，缩短审核注册时间。用好“小额快速”等审核机制，对突破关键核心技术的科技型企业并购重组实施“绿色通道”，加快审核进度，提升并购便利度。
5	提升中介机构服务水平	引导证券公司加大对财务顾问业务的投入，充分发挥交易撮合作用，积极促成并购重组交易。定期发布优秀并购重组案例，发挥示范引领作用。强化证券公司分类评价“指挥棒”作用，提高财务顾问业务的评价比重，细化评价标准。督促财务顾问、会计师事务所、律师事务所、评估机构等中介机构归位尽责，提升执业质量。支持上市证券公司通过并购重组提升核心竞争力，加快建设一流投资银行。
6	依法加强监管	引导交易各方规范开展并购重组活动、严格履行信息披露等各项法定义务。严格监管“忽悠式”重组，从严惩治并购重组中的欺诈发行、财务造假、内幕交易等违法行为，打击各类违规“保壳”行为，维护并购重组市场秩序，有力有效保护中小投资者合法权益。

二、2024年上市公司并购重组规则修改与完善

（一）证监会并购重组规则修改与完善

1.《上市公司重大资产重组管理办法（征求意见稿）》

2024年9月，为了坚持市场化方向，更好发挥资本市场在企业并购重

组中的主渠道作用，为并购重组提供方向，证监会发布“并购六条”时，同步就修订《上市公司重大资产重组管理办法》（以下简称《管理办法》）征求意见，主要修订内容如下。

（1）推动重组股份对价分期支付落地。为满足上市公司结合标的后续经营状况灵活调整股份支付安排的需求，建立重组股份对价分期支付机制，将申请一次注册、分期发行股份购买资产交易的批文有效期延长至48个月。具体修订条款如表2-2所示。

表2-2　　《管理办法》第三十三条修订

《上市公司重大资产重组管理办法（2023修订）》	《上市公司重大资产重组管理办法》征求意见稿
第三十三条　自完成相关批准程序之日起六十日内，本次重大资产重组未实施完毕的，上市公司应当于期满后次一工作日将实施进展情况报告，并予以公告；此后每三十日应当公告一次，直至实施完毕。属于本办法第四十四条规定的交易情形的，自收到中国证监会注册文件之日起超过十二个月未实施完毕的，注册文件失效。	第三十三条修改为：自完成相关批准程序之日起六十日内，本次重大资产重组未实施完毕的，上市公司应当于期满后次一工作日将实施进展情况报告，并予以公告；此后每三十日应当公告一次，直至实施完毕。属于本办法第四十四条规定的交易情形的，自收到中国证监会注册文件之日起超过十二个月未实施完毕的，注册决定失效。**但申请一次注册、分期发行股份支付购买资产对价的，自收到中国证监会注册文件之日起超过四十八个月未实施完毕的，注册决定失效；募集配套资金申请一次注册、分期发行的，注册决定有效期按照相关规定执行。**

（2）提高对同业竞争和关联交易的包容度。为便利上市公司并购重组，对重组形成的同业竞争和关联交易适当提高包容度，将相关规定调整为“不会导致新增重大不利影响的同业竞争，以及严重影响独立性或者显失公平的关联交易”。具体修订条款如表2-3所示。

（3）新设重组简易审核程序。为进一步提高审核效率，建立重组简易审核程序，明确适用简易审核程序的重组交易无须证券交易所并购重组委审议，且在5个工作日内完成注册。具体修订条款如表2-4所示。

表 2－3　　　　**《管理办法》第四十三条修订**

《上市公司重大资产重组管理办法（2023 修订）》	《上市公司重大资产重组管理办法》征求意见稿
第四十三条　上市公司发行股份购买资产，应当符合下列规定： （一）充分说明并披露本次交易有利于提高上市公司资产质量、改善财务状况和增强持续经营能力，~~有利于上市公司减少关联交易、避免同业竞争、增强独立性~~；…… 上市公司~~为促进行业的整合、转型升级，在其控制权不发生变更的情况下，可以向控股股东、实际控制人或者其控制的关联人之外的特定对象发行股份购买资产。~~所购买资产与现有主营业务没有显著协同效应的，应当充分说明并披露本次交易后的经营发展战略和业务管理模式，以及业务转型升级可能面临的风险和应对措施。	第四十三条修改为：上市公司发行股份购买资产，应当符合下列规定： （一）充分说明并披露本次交易有利于提高上市公司资产质量、改善财务状况和增强持续经营能力，**不会导致新增重大不利影响的同业竞争，以及严重影响独立性或者显失公平的关联交易**；…… 上市公司所购买资产与现有主营业务没有显著协同效应的，**上市公司应当充分说明并披露最近十二个月的规范运作情况**、本次交易后的经营发展战略和业务管理模式，以及业务转型升级可能面临的风险和应对措施……

表 2－4　　　　**《管理办法》第二十七条修订**

《上市公司重大资产重组管理办法（2023 修订）》	《上市公司重大资产重组管理办法》征求意见稿
第二十七条　证券交易所设立并购重组委员会（以下简称并购重组委）依法审议上市公司发行股份购买资产申请，提出审议意见。 证券交易所应当在规定的时限内基于并购重组委的审议意见，形成本次交易是否符合重组条件和信息披露要求的审核意见。 证券交易所认为符合相关条件和要求的，将审核意见、上市公司注册申请文件及相关审核资料报中国证监会注册；认为不符合相关条件和要求的，作出终止审核决定。	第二十七条修改为：证券交易所设立并购重组委员会（以下简称并购重组委）依法审议上市公司发行股份购买资产申请，提出审议意见。 证券交易所应当在规定的时限内基于并购重组委的审议意见，形成本次交易是否符合重组条件和信息披露要求的审核意见。 证券交易所认为符合相关条件和要求的，将审核意见、上市公司注册申请文件及相关审核资料报中国证监会注册；认为不符合相关条件和要求的，作出终止审核决定。 **证券交易所采用简易审核程序的，不适用第一款、第二款规定。证券交易所应当制定简易审核程序的业务规则，并报中国证监会批准。**

续表

《上市公司重大资产重组管理办法（2023 修订）》	《上市公司重大资产重组管理办法》征求意见稿
第二十八条　中国证监会收到证券交易所报送的审核意见等相关文件后，依照法定条件和程序，在十五个工作日内对上市公司的注册申请作出予以注册或者不予注册的决定，按规定应当扣除的时间不计算在本款规定的时限内……	第二十八修改为：中国证监会收到证券交易所报送的审核意见等相关文件后，依照法定条件和程序，在十五个工作日内对上市公司的注册申请作出予以注册或者不予注册的决定。**证券交易所采用简易审核程序审核并报注册的，中国证监会在五个工作日内作出予以注册或者不予注册的决定**。按规定应当扣除的时间不计算在本款规定的时限内……

（4）完善锁定期规则支持上市公司之间吸收合并。为鼓励上市公司整合，明确上市公司之间吸收合并的锁定要求。对被吸并方控股股东参考短线交易限制，设置6个月锁定期，如构成收购的，执行《上市公司收购管理办法》的锁定期要求；对被吸并方中小股东不设锁定期。具体修订条款如表2－5所示。

表2－5　《管理办法》第四十九条修订

《上市公司重大资产重组管理办法（2023 修订）》	《上市公司重大资产重组管理办法》征求意见稿
第四十九条　换股吸收合并涉及上市公司的，上市公司的股份定价及发行按照本办法有关规定执行。 上市公司发行优先股用于购买资产或者与其他公司合并，中国证监会另有规定的，从其规定。 上市公司可以向特定对象发行可转换为股票的公司债券、定向权证、存托凭证等用于购买资产或者与其他公司合并。	第四十九条修改为：换股吸收合并涉及上市公司的，上市公司的股份定价及发行按照本办法有关规定执行。 **上市公司之间换股吸收合并的，被吸收合并公司的控股股东、实际控制人或者其控制的关联人换股取得的股份自股份发行结束之日起六个月内不得转让。构成上市公司收购的，还应当遵守《上市公司收购管理办法》第七十四条的规定**。 上市公司发行优先股用于购买资产或者与其他公司合并，中国证监会另有规定的，从其规定。 上市公司可以向特定对象发行可转换为股票的公司债券、定向权证、存托凭证等用于购买资产或者与其他公司合并。

（5）鼓励私募基金参与上市公司并购重组。为更好培育耐心资本，促进“募投管退”良性循环，对私募基金投资期限与重组取得股份的锁定期实施“反向挂钩”。私募基金投资期限满 5 年的，第三方交易中的锁定期限由 12 个月缩短为 6 个月，重组上市中作为中小股东的锁定期限由 24 个月缩短为 12 个月。具体修订条款如表 2－6 所示。

表 2－6　　　　《管理办法》第四十六条修订

《上市公司重大资产重组管理办法（2023 修订）》	《上市公司重大资产重组管理办法》征求意见稿
第四十六条　特定对象以资产认购而取得的上市公司股份，自股份发行结束之日起十二个月内不得转让； 属于下列情形之一的，三十六个月内不得转让： （一）特定对象为上市公司控股股东、实际控制人或者其控制的关联人； （二）特定对象通过认购本次发行的股份取得上市公司的实际控制权； （三）特定对象取得本次发行的股份时，对其用于认购股份的资产持续拥有权益的时间不足十二个月。	第四十六条修改为：特定对象以资产认购而取得的上市公司股份，自股份发行结束之日起十二个月内不得转让； 属于下列情形之一的，三十六个月内不得转让： （一）特定对象为上市公司控股股东、实际控制人或者其控制的关联人； （二）特定对象通过认购本次发行的股份取得上市公司的实际控制权； （三）特定对象取得本次发行的股份时，对其用于认购股份的资产持续拥有权益的时间不足十二个月。
属于本办法第十三条第一款规定的交易情形的，上市公司原控股股东、原实际控制人及其控制的关联人，以及在交易过程中从该等主体直接或间接受让该上市公司股份的特定对象~~应当公开承诺~~，在本次交易完成后三十六个月内不转让其在该上市公司中拥有权益的股份；除收购人及其关联人以外的特定对象~~应当公开承诺，~~其以资产认购而取得的上市公司股份自股份发行结束之日起二十四个月内不得转让。	属于本办法第十三条第一款规定的交易情形的，上市公司原控股股东、原实际控制人及其控制的关联人，以及在交易过程中从该等主体直接或间接受让该上市公司股份的特定对象在本次交易完成后三十六个月内不得转让其在该上市公司中拥有权益的股份；除收购人及其关联人以外的特定对象以资产认购而取得的上市公司股份自股份发行结束之日起二十四个月内不得转让。
	特定对象为私募投资基金的，适用第一款、第二款的规定，但有下列情形的除外： **（一）上市公司关于本次重大资产重组的董事会决议公告时，私募投资基金对其用于认购股份的资产持续拥有权益的时间已满六十个月，且不存**

续表

《上市公司重大资产重组管理办法（2023 修订）》	《上市公司重大资产重组管理办法》征求意见稿
	在第一款第（一）项、第（二）项情形的，以资产认购而取得的上市公司股份自发行结束之日起六个月内不得转让； （二）属于本办法第十三条第一款规定的交易情形的，上市公司关于本次重大资产重组的董事会决议公告时，私募投资基金对其用于认购股份的资产持续拥有权益的时间已满六十个月，且为除收购人及其关联人以外的特定对象的，以资产认购而取得的上市公司股份自股份发行结束之日起十二个月内不得转让。

此外，本次证监会发布的征求意见稿还对《上市公司重大资产重组管理办法》部分条款表述进行了文字性修订，此处不再赘述。

2.《外国投资者对上市公司战略投资管理办法》

为坚决贯彻落实党中央、国务院决策部署，商务部会同证监会、国务院国有资产监督管理委员会、国家税务总局、国家市场监督管理总局、国家外汇局，深入研究推进修订《外国投资者对上市公司战略投资管理办法》（以下简称“《外资战投办法》”），已于 2024 年 11 月 1 日发布，并自 2024 年 12 月 2 日起施行。

《外资战投办法》的此次修订顺应了《中华人民共和国外商投资法》《中华人民共和国外商投资法实施条例》等相关法律、法规的要求，进一步放宽外国投资者对上市公司战略投资限制。本次修订亮点包括但不限于：

（1）扩大适格外国投资者范围。在允许外国自然人实施战略投资的同时，也放宽了外国投资者的资产要求；

（2）丰富战略投资方式。在协议转让、上市公司定向发行新股方式以外，允许外国投资者以要约收购方式实施战略投资；

（3）为跨境换股交易松绑。允许以定向发行、要约收购方式实施的战略投资以境外非上市公司股权实施跨境换股。如战略投资是通过协议转让方式实施，则境外公司仍应当为上市公司；

（4）降低持股比例和锁定期要求。将外国投资者的持股锁定期由不低于 3 年调整为不低于 12 个月，并取消了以定向发行方式实施战略投资的持股比例要求，将以协议转让、要约收购方式实施战略投资的持股比例要求从 10% 降低至 5%；

（5）明确无须取得商务部审批。外国投资者对 A 股上市公司战略投资不再需要报商务部门审批并取得批复。实施战略投资的外国投资者、上市公司应当按照《中华人民共和国外商投资法》《外商投资信息报告办法》的要求，履行信息报告义务；

（6）增加中介机构核查要求。外国投资者进行战略投资的，外国投资者、上市公司应当聘请在中国注册登记的符合《中华人民共和国证券法》规定的财务顾问机构、保荐机构或者律师事务所担任顾问。相关中介机构应履行尽职调查义务，并发表明确意见。

（二）证券交易所并购重组规则修改与完善

1. 沪深交易所

（1）重大资产重组审核规则（2024 年 4 月修订并发布）。

为了深入贯彻落实中央金融工作会议精神和新“国九条”，多措并举活跃并购重组市场，支持上市公司通过并购重组提升投资价值，上海证券交易所（以下简称“上交所”）、深圳证券交易所（以下简称“深交所”）分别于 2024 年 4 月修订发布《上海证券交易所上市公司重大资产重组审核规则》《深圳证券交易所上市公司重大资产重组审核规则》。经梳理，本次修改的主要内容为：

①修订重组上市条件。为加强对重组上市的监管力度，进一步削减“壳”资源价值，上交所根据《上海证券交易所股票上市规则》对主板上市条件的修订，深交所根据《深圳证券交易所股票上市规则》《深圳证券交易所创业板股票上市规则》对主板和创业板上市条件的修订，提高重组上市条件，严把注入资产质量关，防止低效资产注入上市公司。

②完善重组小额快速审核机制。扩大科创板小额快速适用范围，取消科创板配套融资“不得用于支付交易对价”的限制；适当放宽创业板小额快速适用范围，取消创业板配套融资“不得用于支付本次交易现金对价”

的限制。按照融资需求与公司规模相匹配的思路，将科创板、创业板配套融资由“不超过5000万元”改为“不超过上市公司最近一年经审计净资产的10%”。明确“交易方案存在重大无先例、重大舆情等重大复杂情形”的，不适用小额快速审核程序。此外，小额快速交易所审核时限缩减至20个工作日，明确市场预期。

③明确重组交易中获得股份相关主体的投资者适当性管理要求。根据近年来的监管实践，明确发行股份购买资产或上市公司换股吸收合并交易中，交易对方或被吸收合并公司股东不符合相关板块股票投资者适当性要求的，仅能持有或者卖出所获得的股份。

④根据证监会或沪深交易所相关规则修订作出适应性调整。具体包括规则依据、可转换公司债券转股价格修正、暂停计时、终止审核、自律监管等条款。

（2）上市审核委员会和并购重组审核委员会管理办法。

2024年4月，为了深入贯彻落实中央金融工作会议精神和新“国九条”，进一步提升本所发行上市审核工作质量，规范上市审核委员会（以下简称“上市委”）和并购重组审核委员会（以下简称“重组委”）审议工作，上交所、深交所分别对《上海证券交易所上市审核委员会和并购重组审核委员会管理办法》《深圳证券交易所上市审核委员会和并购重组审核委员会管理办法》相关条款进行了修订，修订主要内容如下：

①强化履职把关要求。新增规定委员应当严格执行审核标准，突出防范财务造假、欺诈发行，严把发行上市、并购重组准入关。发行人被发现存在欺诈发行等违法违规情形，相关委员在履职中存在故意或重大过失、违反廉政纪律的，终身追究党纪政务责任。

②优化审议流程。新增规定审议会议召开前，参会委员对重要审核事项存在疑问的，可以与上交所/深交所审核机构等相关部门召开会议讨论。上市委、重组委审议会议中，参会委员逐一发表意见并说明理由和依据，会议召集人末位发言。

③加强对委员管理监督。进一步完善委员“选用管”全链条机制，新增规定上交所/深交所深入推进全面从严治党，锻造忠诚干净担当的高素质

专业化的委员队伍，按照政治过硬、能力过硬、作风过硬标准选聘委员，承担对两委的直接管理责任。纪检部门可以对上市委、重组委会议等进行现场监督。

（3）重大资产重组审核规则征求意见稿（2024 年 9 月修订并发布）。

为落实证监会发布的“并购六条”相关事项，进一步优化重组审核程序，提高重组审核效率，活跃并购重组市场，上交所、深交所分别再次对上市公司重大资产重组审核规则（以下统称“重组审核规则”）进行修订，分别形成了相关交易所重组审核规则征求意见稿。经梳理，上交所、深交所重组审核规则征求意见稿的修改内容相同，均为九章八十八条，在第五章新增专节对简易审核程序作出特别规定，同时对其他个别条款进行了适应性调整。具体内容如下：

①明确简易审核程序的适用情形。适用范围包括两类交易，一类是上市公司之间换股吸收合并，另一类是优质上市公司发行股份购买资产且不构成重大资产重组。优质上市公司是指总市值超过 100 亿元且最近两年上交所对上市公司信息披露质量评价为 A。

②设定简易审核程序的负面清单。一是上市公司或者其控股股东、实际控制人，中介机构或者其相关人员，在一定期限内受到证监会行政处罚或者交易场所纪律处分，或者存在其他重大失信行为的；二是交易方案存在重大无先例、重大舆情等重大复杂情形的。

③规定简易审核程序相关机制。对于符合简易审核程序条件的重组交易，交易所基于中介机构的核查意见，在 2 个工作日内受理，受理后 5 个工作日内出具审核意见。交易所重组审核机构不进行审核问询，无须就本次交易提交并购重组委员会审议。

④强化简易审核程序的各方责任。上市公司及其相关方应当就本次交易符合适用简易审核程序要求作出承诺。压严压实中介机构核查把关责任，独立财务顾问应当就本次交易符合适用简易审核程序要求发表明确肯定的核查意见。同时，为避免简易审核程序被滥用，交易所对相关重组交易加强事后监管，发现存在违反简易审核程序相关规定行为的，按照相关规定从重处理。

2. 北京证券交易所

（1）重组审核规则。

为深入贯彻落实中央金融工作会议精神和新“国九条”，落实证监会《关于严把发行上市准入关从源头上提高上市公司质量的意见（试行）》等政策文件的要求，支持北京证券交易所（以下简称“北交所”）上市公司通过并购重组提升价值，同时规范上市公司的重组行为，2024 年 4 月，北交所对《北京证券交易所上市公司重大资产重组审核规则》进行了修改，主要修改内容如下：

①明确重组交易中取得北交所上市公司股份对象的投资者适当性管理要求。考虑到北交所目前有 50 万元的自然人投资者准入要求，与其他板块投资者门槛有一定差异，本次修订明确，北交所上市公司发行股份购买资产或换股吸收合并交易中，交易对方或被吸收合并公司股东不符合北交所投资者适当性管理要求的，仅能持有或依规卖出所获得的股份。

②进一步明确定向发行可转债购买资产的规则内容。上市公司购买资产的，可通过向特定对象发行可转换为股票的公司债券方式实施，此次修订在原规定基础上，进一步明确北交所上市公司可以与特定对象约定转股期、利率及付息方式、赎回、回售、转股价格向上修正等条款，但转股期起始日距离本次发行结束之日不得少于六个月，相关规定与可转债规则保持一致。

③其他适应性修改。如增加北交所可以通过现场督导的方式开展审核，明确现场督导为信息披露审核的手段之一，明确落实有权机关相关政策要求、咨询行业专家意见、实施现场督导等情形不计入审核时限，完善终止审核的情形等规定。

（2）上市委员会和并购重组委员会管理细则。

为了规范北交所证券发行上市、退市审核工作，提高上市委员会和并购重组委员会工作的质量、效率和透明度，根据《中华人民共和国证券法》及证监会关于向不特定合格投资者公开发行股票并上市、上市公司证券发行上市、上市公司重大资产重组等有关规定，北交所于 2024 年 4 月同步修订《北京证券交易所上市委员会和并购重组委员会管理细则》。具体修订内容如下：

①强化履职把关要求。一是落实委员履职从严把关要求。新增规定委员应当严格执行审核标准，突出防范财务造假、欺诈发行，严把发行上市、并购重组准入关。二是强化监督问责，新增规定上市后发行人被发现存在欺诈发行等违法违规情形，相关委员在履职中存在故意或重大过失、违反廉政纪律的，终身追究党纪政务责任。

②优化审议流程。一是新增规定审议会议召开前，参会委员对重要审核事项存在疑问的，可以与本所审核机构等相关部门召开会议讨论。二是将有益于委员独立履职和合议制作用发挥的实践制度化，明确两委审议会议中，参会委员逐一发表意见并说明理由和依据，会议召集人末位发言。

③加强对委员管理监督。进一步完善委员“选用管”全链条机制，一是明确北交所承担对两委的直接管理责任，制订实施委员专业能力提升计划。二是新增规定本所按照政治过硬、能力过硬、作风过硬标准选聘委员。三是将现行实践制度化，明确纪检部门可以对两委会议等进行现场监督。

截至 2024 年 12 月 31 日，关于上市公司并购重组的规则的修改和完善工作也仍在持续进行中：证监会关于《上市公司重大资产重组管理办法》相关规定的修改仍在进行征求意见阶段；沪深交易所关于重大资产重组审核规则及其他相关法规的配套修改亦同步进行中。我们相信，并购重组市场正迎来新的发展机遇，政策和规则的逐步落地将持续激发并购重组市场活力，为中国经济高质量发展、为企业长期发展和产业转型升级提供有力的支持。

第三节　上市公司并购重组规则改革对市场的影响

2024 年，中央层面、地方层面、证监会及证券交易所层面密集出台多项并购重组鼓励政策和制度，推动我国资本市场并购重组整体趋势的持续升温。新“国九条”和“1 + N”政策体系的落地，又进一步深化上市公司并购重组规则改革，2024 年以来上市公司并购重组规则改革对市场的影响主要体现在以下方面。

一、有效激发并购重组市场活力

2023 年 8 月，证监会发布《证监会统筹一二级市场平衡优化 IPO、再融资监管安排》的公告，阶段性的收紧 IPO 与再融资节奏，而后虽然各界对 A 股并购重组市场的关注度日渐提升，但实际上并没有如预期般快速地迎来新一轮并购潮，直到 2024 年新“国九条”“科八条”“并购六条”等一系列鼓励并购重组政策出台后，才真正带动起相关市场参与者的热情，有效激发了 A 股并购重组市场活力。

总体来说，在非审核类并购重组交易保持活跃度的同时，市场披露的审核类并购重组案例大幅增加，呈现复苏态势，且民营企业发起交易意愿显著增强，运用股份、可转债等并购重组工具提升上市公司质量意愿明显提升。从交易类型看，产业并购仍然是核心逻辑，跨界并购自“并购六条”之后数量明显上升；从上市板块看，科创板上市公司并购快速升温，迎来了开板以来的首次并购浪潮；从标的资产看，一是在收购未盈利资产方面有所突破，二是拟 IPO 企业、IPO 撤否企业开始通过并购重组实现证券化，三是逐步在并购重组交易中实现投资人尤其是基金的有序退出。

除了上述对一级市场的影响，二级市场对并购交易的反应亦明显，多只发起并购交易的上市公司股票连续涨停，体现了市场对并购重组交易处于一定程度的追捧状态。

二、重组上市持续降温

近年来，监管机构坚持以投资者为本的理念，持续打击“壳公司”炒作等乱象。2024 年，监管机构发布一系列并购重组鼓励政策和制度支持上市公司通过并购重组提升投资价值、活跃并购重组市场的同时又加强对重组上市的监管力度，如新“国九条”再次强调并明确指出进一步削减

“壳”资源价值，强化主业相关性，严把注入资产质量关，加大对“借壳上市”的监管力度，精准打击各类违规“保壳”行为。随后，证监会发布《关于严格执行退市制度的意见》指出，一方面，逐步拓宽多元化退出渠道，另一方面，从加强重组、收购监管，维护交易秩序并从严打击“炒壳”背后的市场操纵、内幕交易行为及坚决出清不具有重整价值的公司等角度削减“壳”资源价值。沪深交易所也积极响应，分别修订重组上市条件，加强监管力度。

2024 年重组上市持续降温，全年发布借壳上市计划的上市公司数量为 0，可见在上述一系列政策和制度的引导下，市场对于重组上市的态度确实更为谨慎。我们理解，监管部门在鼓励上市公司产业重组的同时，明确提出从严监管重组上市和盲目跨界，有助于市场参与者深入思考并寻找正当、适合的资本证券化路径，引导上市公司注重资产质量和项目质量，回归并购重组目的的本质。

三、国资国企并购重组步入活跃期

在新一轮央企改革背景下，央国企并购重组潜在需求日益提升。2024 年 12 月，国务院国资委印发的《关于改进和加强中央企业控股上市公司市值管理工作的若干意见》中提出，中央企业将市值管理作为一项长期战略管理行为，中央企业要从并购重组、市场化改革等方面改进和加强控股上市公司市值管理工作，通过聚焦产业链供应链关键环节加快整合行业优质资产，打造行业龙头企业，通过并购重组加快布局战略性新兴产业和未来产业，培育新质生产力。对于地方国企而言，并购重组不仅能够盘活国有资产、提升运营效率，还能增强地方财政的造血功能，成为地方产业转型升级和新质生产力发展的重要抓手。多地国资出资成立并购基金，以加强和完善地方产业链的薄弱环节，推动地方产业整合和经济结构优化升级。在多重政策的引领下，国资国企在并购重组市场活跃度显著提升，日益成为并购重组市场重要的先导力量。

四、多项举措助力提升上市公司质量

（一）支持科技创新与产业升级

2024 年，证监会发布的多项文件提出支持上市公司围绕科技创新、产业升级布局，引导更多资源要素向新质生产力方向聚集；支持科创板、创业板上市公司并购产业链上下游资产，增强“硬科技”“三创四新”属性；放宽对未盈利科技企业的并购限制等鼓励政策，推动着资本市场创新资源整合，也为上市公司并购重组指明方向。为了充分引导资源要素向新质生产力方向聚集，针对突破关键核心技术的科技型企业，监管机构还优化了“小额快速”等审核机制，着力打通并购重组的绿色通道，提升审核效率，赋予该类型企业更大的重组并购便利性，助力新质生产力发展。

在“科八条”出台后，上交所面向上市公司、证券公司、创投机构等各类市场主体，举行了一系列并购重组专题市场培训和座谈，旨在推动更多并购重组示范案例落地。市场对政策响应也很热烈，尤其是科创板并购重组热情高涨，多家科创板上市公司接连发布并购重组方案，落地案例的陆续披露释放了积极探索、大胆尝试的信号，如“科八条”后重组注册第一单——普源精电（688337. SH）发行股份购买北京耐数电子有限公司股权，从上交所受理到获证监会同意注册仅用时两个月，提振了市场的信心。

（二）跨界并购限制被打开，上市公司开拓第二增长曲线

“并购六条”明确支持运作规范的上市公司围绕产业转型升级、寻求第二增长曲线等需求开展符合商业逻辑的跨行业并购，加快向新质生产力转型步伐。围绕新质生产力，北京、上海、江苏、广东、安徽等各地出台政策进行扶持和引领。从跨界并购自身看，其相对于产业并购而言，更大的难度在于后续的资产整合和融合。因此，跨界并购虽不再是上市公司并购重组的障碍，但上市公司仍应满足运作规范的前提条件且并购重组的目的应逻辑自洽，对于“跨界”有充分的认识和准备，才能实现多元化提升上市公司质量的目标。

（三）支持上市公司间的吸收合并

由于长期以来上市公司客观存在“壳”价值，相比 A 股上市公司通过发行股份购买资产、协议转让及定增等方式收购其他 A 股上市公司控制权的情况，近十年来 A 股市场公开披露且最终完成的 A 股上市公司吸收合并 A 股上市公司（以下简称“A 吸并 A”）的案例较少。经过近几年的注册制改革，A 股上市公司呈现价值分化，低溢价且具有产业协同性的上市公司逐步展现其并购价值。2024 年，《关于加强上市公司监管的意见（试行）》提到“支持上市公司之间吸收合并”；新“国九条”明确提出“完善吸收合并等政策规定，鼓励引导头部公司立足主业加大对产业链上市公司的整合力度”和“进一步削减‘壳’资源价值”的意见；“并购六条”提出建立重组简易审核程序，对上市公司之间吸收合并，以及运作规范、市值超过 100 亿元且信息披露质量评价连续两年为 A 的优质公司发行股份购买资产（不构成重大资产重组），精简审核流程，缩短审核注册时间；《重组办法》和交易所重组审核规则征求意见稿中明确上市公司之间换股吸收合并的相关要求及简易审核程序特别规定。基于前述政策和制度的支持，A 吸并 A 也迎来新的机遇。

A 吸并 A 通过横向或纵向一体化的产业整合，有助于提升行业竞争质量，又可以有效解决 A 股上市公司收购其他上市公司控制权后可能存在的同业竞争、关联交易及公司治理效率问题，能更高效地发挥资本市场优化资源配置的作用。

（四）放宽外国投资者对上市公司战略投资限制

2024 年 11 月发布的《外资战投办法》顺应了《中华人民共和国外商投资法》《中华人民共和国外商投资法实施条例》等相关法律、法规的要求，进一步放宽外国投资者对上市公司战略投资限制，不仅增强外国投资者投资 A 股上市公司的便利性，也给境外优质上市公司并购 A 股上市公司、A 股上市公司并购境外资产，特别是境外非上市优质资产提供了跨境换股的可行途径。近几年对外商投资限制的逐步放开，有助于吸引和利用更多外资投向上市公司，也有利于上市公司放眼国际实现外延式高质量发展。

综上所述，正如2024年2月证监会召开的并购重组座谈会指出的，上市公司质量是资本市场最重要的基本面，无论是产业并购还是跨界并购都只是并购重组的不同交易形式，并购交易的真正落脚点都应该是提高上市公司自身资产质量。随着监管政策体系的进一步完善，叠加A股大量上市公司面临行业增速放缓，依靠自身能力难以实现业绩上涨的难题，同行业间的并购整合、通过跨界交易切入新兴赛道、上市公司间的吸收合并都将成为上市公司提升质量的重要手段。

五、在确保交易各方遵循法律法规的前提下，更加尊重市场化博弈

（一）交易逻辑多元化

随着2024年并购新政出台，上市公司并购导向逐步明晰，既鼓励上市公司立足主业，加大对产业链上市公司的整合，支持传统行业上市公司并购同行业或上下游资产，加大资源整合，合理提升产业集中度，支持科创板上市公司开展产业链上下游的并购整合，提升产业协同效应，又支持上市公司围绕战略性新兴产业、未来产业等进行并购重组，包括开展基于转型升级等目标的跨行业并购、有助于补链强链和提升关键技术水平的未盈利资产收购。多元化的交易逻辑拓宽了并购重组的方案和思路，随着稳定、可行的配套制度出台，上市公司运用并购重组工具提升公司质量的意愿有望持续增强。

（二）优化支付工具和融资渠道

“并购六条”明确提出鼓励上市公司综合运用股份、定向可转债、现金等支付工具实施并购重组，增加交易弹性；建立重组股份对价分期支付机制，试点配套募集资金储架发行制度。

关于综合运用各类支付工具，一是可以降低现金支付压力，二是能为企业提供更多的资金筹集渠道，三是可以满足不同类型投资者的利益诉求，为市场各方达成并购交易创造更好条件，有助于实现更加灵活、高效、市场化的并购重组目标。

关于股份对价分期支付，《重组办法》征求意见稿进一步提出将申请

一次注册、分期发行股份购买资产交易的批文有效期延长至48个月。推出股份对价的分期支付安排能最大化地提升发股审核效率，做到一次审核、多次交易，同时上市公司也可以根据并购标的在交割后的实际业绩表现逐步兑现交易对价，实现更好的激励和约束效果。

（三）放宽对估值的包容性，允许更灵活的定价方式

“并购六条”提出，在并购重组过程中，应充分发挥市场在价格发现和竞争磋商中的作用，支持交易双方以多元化的评估方法为基础协商确定交易作价，多角度评价并购标的定价公允性。上市公司向第三方购买资产的，交易双方可以自主协商是否设置承诺安排。以上监管包容度的提升给予了交易各方更充分的市场化磋商空间，有助于实现各方利益的平衡，提高交易效率和成功率。

回顾2024年，已有多个具有创新性、示范性的并购重组案例渐次落地，如思瑞浦（688536. SH）收购创芯微的交易采用了市场法估值，交易方案中设计了差异化作价；普源精电（688337. SH）发行股份购买耐数电子股权的交易设置了相对灵活的业绩承诺方式，业绩承诺条款未对各年度具体利润情况进行约定，而是约定各年度保底金额及业绩承诺期总额，进一步降低了收购难度。

综上，不同于十年前并购重组狂热情况，2024年并购重组新政落地推动的并购重组交易更为理性，并购交易的方案和估值更加尊重市场化博弈，可综合运用的支付方式、差异化定价和业绩承诺安排也更为灵活，彰显出政策友好度与监管包容度的提升，有益于持续深化我国并购重组市场化改革。

六、进一步提高并购重组效率

“并购六条”明确建立重组简易审核程序，即对于符合一定条件的项目精简审核流程，缩短审核注册时间。“并购六条”同时指出，用好“小额快速”等审核机制，对突破关键核心技术的科技型企业并购重组实施“绿色通道”，加快审核进度，提升并购便利度。

往往市场化的并购交易随着周期的拉长，资本市场、行业周期、政策环境、自身发展以及各种意外事件的发生和变化都可能导致交易各方预期的变化，错过最好的并购时点，从而导致交易的终止。对于符合条件的并购重组交易，简化的审核程序、明确的市场预期，可以让交易各方着眼于交易本身而非外部条件的变化，一定程度上增加了并购重组交易的确定性和成功率，有助于推动并购重组更加市场化，充分激发市场活力。

七、持续强化监管，加强风险防范和投资者保护

鉴于规范有序的市场生态始终是并购重组市场健康发展的重要保障，自新“国九条”发布以来，各部门密集出台了多项支持资本市场良性发展的政策，但监管机构仍坚持以投资者为本的理念，加强监管、防范风险，并坚持“长牙带刺”、有棱有角的监管态度，严厉打击各类资本市场违法行为，依法维护资本市场的良好生态，有力有效保护中小投资者的合法权益。

第四节　进一步完善上市公司并购重组规则的意见与建议

新“国九条”“科创八条”“并购六条”等政策的出台，成功激发了市场参与者对于并购重组交易的热情，提升了市场信心，但并购交易不是短期内就能完成的，并购重组市场的持续、稳定发展，需要各方理念的转变以及政策细节的持续落地。

一、相关政策亟待落地，其对应的制度亟待完善和明确

1. 鼓励政策落到实处

从中央到地方，2024 年并购重组鼓励政策频出，为推进政策落到实

处，需要做好正反两方面的工作。从正面促进作用来看，需要培养完善市场机制与服务体系，细化并购重组政策内容，可以向经济发展快的地区学习。从反面预防来看，需要防范可能存在的风险。一方面在鼓励并购重组的同时，强调严格履行信息披露义务，加强对并购重组过程中各类违法违规行为的监管和惩治，确保市场秩序，另一方面引导交易各方合理确定交易作价，充分发挥市场在价格发现中的作用，同时规范并购行为，防止国有资产流失等问题。正面促进和反面预防相结合，稳中求进，有助于形成经济回升向好与实现企业自身发展的良性互动。

2. 国资进场容错机制细则有待完善

对国有企业而言，并购重组已成为强化市值管理的重要工具，国资国企的进入也有助于推动并购市场活跃度提升，促进国有资本向科创领域和战新产业集中。然而，近年来国有企业基于国有资本保值增值等考量，频繁出现不敢投、不敢退、不敢长期持有标的公司股权的现象，限制了国有企业通过并购重组实现产业结构优化升级、寻求第二增长曲线等过程的步伐。为国有企业松绑，拓宽国有企业创新投资和并购重组的路径，有效激活市场上的“耐心资本”，中央和地方层面均在逐步建立健全配套的国资创业投资管理体制和尽职合规责任豁免机制，即“容错机制”。目前，在容错机制方面缺乏可操作性高的执行细则，需要进一步细化容错免责的标准与范围，尤其需要明确失败项目合理投资行为与操作失误的标准，提供适度的风险容忍空间，健全风险投资市场准入、基金管理、退出渠道等全流程制度体系，确保激励容错机制的公正性和透明度，国有企业才能起到领头羊的作用，带动整个并购重组的市场发展并激发市场活力。

3. 企业并购重组绿色通道的具体程序及适用情形有待明确

为推动科技型企业高效实施并购重组，“并购六条”提出对突破关键核心技术的科技型企业并购重组实施“绿色通道”，加快审核进度，提升并购便利度，但目前尚未有明确规定前述“绿色通道”的具体程序及适用情形，有待监管部门进一步出台相关制度以落实“绿色通道”机制，助力科技型企业提质增效、做优做强。

4. 新《中华人民共和国公司法》制度创新在并购重组市场上的适用有

待进一步明确

新《中华人民共和国公司法》（以下简称新《公司法》）于2024年7月1日正式实施，其增加或修改的相关内容（如授权资本制、类别股表决机制、财务资助限制、简易合并与小规模合并制度等）对上市公司收购及重组交易存在不同程度的影响：（1）“授权资本制”允许公司章程或者股东会可以授权董事会在三年内决定发行不超过已发行股份50%的股份（但以非货币财产作价出资的应当经股东会决议），从而为未来上市公司加速向特定对象发行股份融资，或实施类似于“毒丸计划”的反收购措施都预留了空间；（2）允许公司为他人取得本公司或者其母公司的股份提供财务资助，但财务资助的累计总额不得超过已发行股本总额的10%，为收购方实施“杠杆收购”、管理层收购创设了制度保障；（3）引入简易合并制度，简化被合并公司的决策流程、便于合并公司推进剩余股份的“挤出”；（4）引入小规模合并制度，简化合并公司的决策流程、加速并购活动。

作为并购重组制度不可或缺的理念基础，新《公司法》引入了不少制度创新，其中存在部分尚待后续实施条例或司法解释予以澄清的内容，在进一步明确相关制度的理解与适用后，上市公司并购重组在类型、方式上将有望呈现更多元化的实践。

二、建立有效的沟通协调机制

现行上市公司并购重组规则的设计已经在很大程度上给了交易各方足够大的空间去进行市场化博弈，但市场参与者与相关中介机构在实践中是否能正确理解并运用、审核实践是否能突破过去十几年形成约定俗成“标准”并与制度理念保持高度一致性，均会对并购鼓励政策是否能切实发挥积极作用造成一定影响。因此，建立更有效的沟通协调机制，不仅可以方便企业、中介机构与监管部门随时沟通在并购重组过程中遇到的问题，监管部门也能及时对企业、中介机构进行业务指导。增加与市场的对话，提高政策的透明度，才能让市场参与者在项目的具体执行标准、尺度上有更加清晰的可预期性，促进并购重组市场的健康发展。

三、平衡市场活力与规范发展的探索仍应继续

为持续探索平衡市场活力与规范发展，打造健康市场生态，从完善上市公司并购重组规则角度可以从以下几点出发：首先，鼓励交易为原则，重点环节把控风险，除从严打击违法违规行为外，可以将重点放在督促交易各方履行充分的信息披露义务上。其次，兼顾效率与质量，可以适当提高对一些问题的包容度，如研究对优质大市值公司重组快速审核，对并购重组形成的同业竞争和关联交易适当提高包容度等。再次，明确监管责任边界，监管机构不应对并购负有“无限责任”，而是应引导市场参与者客观认识新兴市场发展阶段，充分理解并购行为的市场化竞争属性。最后，避免在舆情压力下被动采取偏激的措施，影响制度的稳定性、连续性和可预期性。随着企业家和投资者对并购风险的理解认知的不断提高，以及并购重组规则的与时俱进，相信未来并购重组交易将更加市场化、多元化。

2024 年，中国资本市场并购重组从政策到制度经历了重大变革，国务院出台新“国九条”，证监会会同有关方面制定修订若干配套文件和制度规则，形成“1 + N”政策体系，系统性重塑资本市场基础制度和监管底层逻辑，为我国资本市场高质量发展创造了条件、奠定了基础。随着 2024 年下半年并购重组市场不断回暖，市场上涌现出一系列具有代表性的并购重组案例，亦是对并购重组政策和制度的积极响应和有力实践。展望 2025 年，我们期待监管机构持续完善“并购六条”配套机制，在这些并购重组新政的推动下，中国的并购市场将持续释放活力、优化资源配置、推动产业转型升级以及新质生产力的发展，提高市场效率、不断提升资本市场的发展质量，以助力实现建设金融强国的战略目标。

第三章　上市公司并购重组方案设计与程序推动

第一节　上市公司并购重组的方案设计的内容与重点

一、并购方案设计前的战略规划

“不谋全局者，不足谋一域。”在制定并购方案之前，进行全面的并购战略规划非常重要。主要包括设定并购战略、筛选并购目标的标准以及选择合适的交易时机，具体内容如下：

（一）并购战略设定

上市公司开展并购交易的核心前提是基于自身经营状况和外部环境，明确战略诉求和核心目标，从而制定适宜的产业并购战略和清晰的并购路径。并购战略是企业发展的“大方向”，只有明确方向，后续并购工作才能有序展开。主要并购战略类型包括：

1. 横向并购战略

指并购同一产业中参与或潜在有竞争的企业，是较为常见、较易整合、相对安全的并购战略。参与并购的企业一般生产同类产品、类似产品，或者生产技术工艺相近。

2. 纵向并购战略

指企业通过收购或兼并上下游企业，实现产业链整合的一种战略行为。纵向并购一般发生在资源、能源、基础工业等行业，以及上下游渠道对发展影响很大的行业。纵向并购是企业强化业务的有效途径，有助于实现一体化的战略目标。

3. 多元化并购战略

指发生在不同行业企业之间的并购。从理论上看，多元化并购的基本目的在于分散风险，在面临激烈竞争的情况下，各行各业的企业都不同程度地想到多元化，目的通常是扩大经营范围，进行多元化经营，降低经营风险，分散行业风险。

（二）并购目标筛选标准

确定并购战略后，上市公司应当结合并购战略对拟并购标的公司进行严格评估。一般情况下，应综合考虑如下方面因素对标的公司进行筛选：

1. 标的公司与买方战略契合度

标的公司所处行业应具备良好的增长前景、具有稳定的市场需求或有明确的增长趋势，与上市公司战略具有较高契合度，可使上市公司更快地实现并购战略目标并创造价值。

2. 标的公司业绩表现

根据上市公司的并购战略规划，可考虑收购暂时亏损但业务或技术发展迅速的成长型企业，或者收购业绩稳定、盈利能力较强的成熟企业，从而增强自身盈利能力，提升股东回报。

3. 标的公司与上市公司的协同效应

标的公司应当与上市公司的业务有良好的互补性，能够通过整合进行资源优化和成本节约，从而为上市公司带来明显的协同效应，实现市场扩展、技术互补、产品线丰富等目标。

4. 标的公司管理与技术方面的竞争力

标的公司应当拥有优秀的管理团队和企业文化，可塑性强，能在后续并购整合中快速融合。同时拥有先进的技术和知识产权、优秀的技术团队，并具备持续研发和创新的能力，能够为上市公司带来技术升级和创新能力的提升。

5. 标的公司的合规性和独立性

标的公司应当资产权属清晰，资产过户或者转移不存在法律障碍，相关债权债务处理合法。同时符合国家产业政策和有关环境保护、土地管理、反垄断、外商投资、对外投资等法律和行政法规的规定。且在业务、资产、财务、人员、机构等方面保持独立。

（三）交易时机选择

并购交易时机的精准把握是价值创造的核心，在正确时间窗口发起的并购交易，其成功率有望显著提升。具体而言，建议从市场周期、市场估值水平等方面对并购交易时机进行捕捉：

1. 市场周期

在经济扩张期，市场需求旺盛，企业经营状况普遍良好。此时进行并购，上市公司有更多机会整合优质资源，借助行业上升趋势实现协同效应，推动业务快速拓展。在经济收缩期，虽然市场整体环境不佳，但一些优质企业可能因资金链紧张而价值被低估，此时上市公司进行并购交易能以较低成本获取有潜力的资产，为未来的发展奠定基础。

2. 市场估值水平

当市场估值水平较高时，一般情况下上市公司自身股价亦较高，此时利用股份作为支付手段进行并购具有一定优势，可以用较少的股份换取标的公司股权。同时，高估值市场下投资者对并购的预期较为乐观，有利于交易的推进。但高估值也可能意味着标的公司估值存在一定溢价，有可能增加并购后业绩不达预期的风险。在市场估值水平较低时，标的公司的估值往往也处于低位，上市公司能够以较低成本完成并购。但需要上市公司仔细甄别目标企业的真实价值。

二、并购方案总体架构设计

在确定前述并购战略、并购标的及并购时机，确定启动交易后，上市公司可开始对交易方案的总体架构进行通盘考虑及顶层设计，重点内容主要包括资产范围的确定与预重组、交易模式的选择、支付工具的选择、融资方案以及并购交易方案中税务筹划的考虑。

（一）资产范围确定与预重组

在并购交易方案设计的初期，需要首先明确交易标的资产的具体边界范围。标的资产范围的确定应当遵循“战略契合、风险可控、操作可行”的基本原则，既要与并购方的战略发展目标高度匹配，确保并购后能够实现预期的协同效应，又要评估标的资产的法律、财务、运营等方面的风险，确保风险在可承受范围内，同时还要考虑资产剥离的难易程度，避免因操作难度过大而影响交易进程。

由于交易对方旗下其他的资产或业务往往与标的资产存在交叉的情况，因此还需在方案中就相关资产的预重组事项做出提前规划。资产剥离与预重组方案的制定需要建立在对资产关联性深入分析的基础之上。对于部分复杂的资产结构，需要对标的资产与交易对方其他资产的关联程度进行全面评估，包括共用设施如办公楼、生产线、仓储物流等，共享资源如 IT 系统、供应链体系、销售网络等，以及人员配置如管理人员兼任、技术人员交叉等。根据关联程度设计不同的剥离方案，对于独立性较强的资产可采用完全剥离，对于存在共用设施的资产可设计过渡性安排，对于极少部分短期内难以完全剥离的非关键性资源则可考虑共享协议等。

在确定交易标的资产具体边界范围时，可根据“业务—法律—财务”三维决策模型，确保相关资产的清晰、完整和独立，重要关注点如下：

1. 业务边界清晰

在并购重组过程中，确保业务边界清晰是至关重要的第一步。这不仅关系到交易标的的准确界定，还直接影响着后续的整合效果和协同价值的实现。在确定标的资产范围时，需要确保相关资产业务完整独立，同时尽可能减少无关业务。主要关注点如下：

（1）核心资产整合。核心资产的整合是确定标的资产范围的关键环节，由于标的资产相关业务可能分散在不同的主体或部门，需要在并购重组初期通过内部预重组，将分散的资产进行系统性的整合。这包括将关联业务及资产进行合并，提升资产的完整性，确保核心业务链条的完整和运营效率的提升。例如，如果并购目标是获取某项核心技术，那么相关的研发团队、实验设备、技术专利等都需要纳入整合范围，形成一个完整的业务单元。

（2）剥离非核心资产。剥离非核心资产也是确保业务边界清晰的重要步骤。标的资产内部往往存在与本次交易目的无关的非核心或非经营性资产，如闲置土地、三产公司、辅业等。这些资产不仅会增加交易的复杂性和成本，还可能分散管理层的注意力。在预重组过程中，通过剥离这些非核心资产，可以降低交易成本和复杂性，使交易更加聚焦于核心业务。例如，对于闲置土地，可以考虑通过出售或租赁的方式进行处理；对于辅业或三产公司，可以通过出售、资产划转或清算注销的方式进行剥离。这一过程需要综合考虑税务影响、剥离成本以及潜在的市场机会，确保剥离方案的可行性和经济性。

2. 法律边界清晰

法律边界的清晰界定是确保交易合法性和安全性的重要保障。在确定资产边界的同时，需同步进行各类权属的梳理，确保与本次交易相关的各类产权、专利、商标、证照、人员、机构等均在资产边界内，避免潜在的产权纠纷，同时保证交易后该部分资产的独立运营能力。具体而言，需要对不动产、知识产权、特许经营权等进行全面排查，确保其权属清晰、无瑕疵。例如，对于专利技术，需要核实其所属主体、共有情况、有效期、许可情况以及是否存在侵权风险；对于不动产，需要核实土地使用权证、房屋所有权证等法律文件的完备性。此外，还需要对合同权利义务进行梳理，确保交易后相关合同的顺利承接和履行。

3. 财务边界清晰

财务边界的清晰划分是确保交易估值准确和财务数据可靠的基础。由于交易标的可能仅为财务实体的一个部分，或为数个财务实体各自的一部分，为了确保财务数据的清晰，同时为了方便后续估值定价谈判，在交易前期需对标的资产的相关资产、负债、收入、成本等财务数据边界进行明确划分。这一过程包括确定划分基准日，制定划分原则，编制备考财务报表，并进行审计或审阅等。例如，对于收入成本的划分，需要按照业务单元进行合理分摊，确保财务数据的准确性和可比性。备考财务报表的编制不仅为估值定价提供了重要依据，还有助于交易双方对标的资产的财务状况达成共识，降低交易风险。

综上所述，在并购重组交易方案设计初期，需全面梳理相关资产，并重塑交易资产边界，确保标的资产的完整、独立和边界清晰，提升后续交易的可操作性，避免潜在风险。

（二）交易模式选择

重组在广义上是指公司机构、业务、管理体制或资产负债的重新组合。《上市公司重大资产重组管理办法》将重组定义为在日常经营活动之外购买、出售资产或者通过其他方式进行资产交易，导致上市公司的主营业务、资产、收入发生变化的行为。

从对上市公司经营规模和资产规模影响的角度，重组可划分为扩张型重组、收缩型重组等类别。扩张型重组主要交易模式为兼并和收购，即“并购”。其中，兼并可进一步被细化为吸收合并和新设合并；收购是指通过购买标的公司的股权或资产，以取得该公司或其经营业务控制权的行为。收缩型重组的主要交易模式包括剥离出售、股份回购、公司分拆和分立等形式。

就上市公司并购重组中的扩张型重组主要交易模式，详细展开如下。

1. 收购：股权交易与资产交易

收购为上市公司并购重组最常见的模式，主要有股权交易与资产交易两种形式。股权收购指购买标的公司股权的行为，目的通常是获取标的公司控制权；资产收购指购买标的公司资产的行为，目的通常是获取有价值的资产，交易对价直接支付给标的公司。表3－1列示了股权交易和资产交易在性质、主体、程序、风险、税负等维度存在的差异，实务中可根据交易各方实际情况酌情选择收购的具体形式。

2. 吸收合并

吸收合并作为一种公司合并的法律形式，是指两个或两个以上的公司通过法定程序，合并成为一个存续公司，合并后注销被合并方的法人资格的行为。资本市场中吸收合并的主要形式为换股吸收合并，即吸并方发行

表 3－1 股权交易与资产交易的对比

方面	股权交易	资产交易
交易性质	股权转让或增资，并购方通过并购行为成为标的公司的股东，并获得了在目标企业的股东权益（如收益权、表决权等）	资产并购的性质为一般的资产买卖，仅涉及买卖双方的合同权利和义务
交易主体	收购方和标的公司的股东	收购方和标的公司，并购标的是标的公司的资产，如机器、设备、厂房、土地等实物资产或专利、商标等无形资产，标的公司股东结构不发生变更
尽调程序	需对企业从主体资格到企业各项资产、负债、业务、资质以及生产经营相关的各个环节进行详尽的调查	一般仅涉及对该项交易资产的产权调查，无须对标的资产所在的企业主体进行详尽调查，因此周期通常较短
登记程序	通常情况下需于工商部门办理变更登记。标的公司为有限责任公司的，其他股东有优先购买权	部分资产（如不动产、无形资产）需进行产权变更登记
交易风险	收购方需承接并购前标的公司的负债、法律纠纷、财务风险	收购方对标的公司自身的债权债务、法律纠纷无须承担责任
税负因素	主要税种为资产出售方的个人/企业所得税	除所得税外，还可能涉及流转环节税种，税务上较股权交易更为繁复

股份换取被吸并方股东持有的股票或股份，交易完成后被吸并方丧失法人资格，其全部资产、负债、业务、人员、合同及其他一切权利与义务由吸并方继承及承接。从交易方向来看，上市公司吸收合并包括上市公司吸收合并非上市主体、非上市主体吸收合并上市公司、上市公司间吸收合并等类型。

（1）上市公司吸收合并非上市主体。

上市公司吸收合并非上市主体主要包括两类：①向上吸收控股股东（反向吸并）；②吸收合并其他非上市主体。其中，上市公司向上吸收控股股东（反向吸并）常被用于集团业务整体上市，例如重庆百货（600729. SH）吸收合并其控股股东重庆商社、徐工机械（000425. SZ）吸收合并其控股股东徐工集团、万华化学（600309.SH）吸收合并其控股股东万华化工等。

（2）非上市主体吸收合并上市公司。

该类吸收合并将直接导致被吸并方丧失上市公司身份，吸并方获得上市身份，交易实际上伴随着IPO过程，因此吸并方是否满足首发条件是方案设计的核心。相关案例如龙源电力（001289.SZ）吸收合并平庄能源（000780.SZ，已终止上市）、中国能建（601868.SH）吸收合并葛洲坝（600068.SH，已终止上市）、中国外运（601598.SH）吸收合并外运发展（600270.SH，已终止上市）等。

（3）上市公司间吸收合并。

上市公司间吸收合并常见于集团内部业务整合、由政府相关有权部门主导的央国企业务整合，以及横向协同性较强公司之间的合并等，例如中国船舶（600150.SH）吸收合并中国重工（601989.SH）①、国泰君安（601211.SH）吸收合并海通证券（600837.SH）、中航电子（600372.SH，现更名为中航机载）吸收合并中航机电（002013.SZ，已终止上市）、王府井（600859.SH）吸收合并首商股份（600723.SH，已终止上市）等。

吸收合并的优势在于能高效实现吸并双方业务和资源的全面整合，有效消除潜在同业竞争和关联交易，同时达到梳理股权结构、优化公司治理的目的，近年来相关政策亦鼓励上市公司通过吸收合并加强产业整合②。同时，由于吸并双方通常体量较为庞大，各类关系较为复杂，因此方案设计与交易执行过程中需重点关注换股价格、异议股东权利保护、债权人保护、员工安置及资产权属变更等事项。

3. 其他模式

此外，上市公司扩张型并购重组模式的其他方式还包括组建合资公司、

① 截至2025年2月，该交易正在进行中。

② 如，国务院《关于加强监管防范风险推动资本市场高质量发展的若干意见》指出：完善吸收合并等政策规定，鼓励引导头部公司立足主业加大对产业链上市公司的整合力度；证监会《关于深化上市公司并购重组市场改革的意见》指出：鼓励引导头部上市公司立足主业，加大对产业链上市公司的整合……完善股份锁定期等政策规定，支持非同一控制下上市公司之间的同行业、上下游吸收合并，以及同一控制下上市公司之间吸收合并……对上市公司之间吸收合并，精简审核流程，缩短审核注册时间。

增资、受托经营、租赁其他企业经营性资产、接受附义务的资产赠与等。

（三）支付工具选择

对价支付方式是并购重组方案的核心要素之一。支付工具选择的主要考量因素包括：(1) 并购战略与交易目的；(2) 上市公司支付能力（交易规模大小、资金实力或筹资能力、股权分布情况等）；(3) 交易双方诉求（例如并购主要目标是绑定标的公司的核心团队或是获取某类核心资产）；(4) 交易对方身份（创始人、管理层、财务投资者等）；(5) 交易成本（例如税务成本、中介机构费用、博弈谈判与内外部流程导致的时间成本等）；(6) 其他限制条件（上市公司是否符合发行股份或可转债的条件、是否涉及跨境并购等）。因此，综合运用多种工具实施并购重组有助于上市公司规避单一支付方式的局限与不足，促进谈判进程，增强交易的弹性与可操作性。

伴随经济与资本市场的发展、有关政策法规的不断修订完善，并购重组支付工具类别逐渐丰富。常用的上市公司并购重组支付工具包括现金、资产、股份、可转换公司债券（简称“可转债”）等，具体如下：

1. 现金交易

上市公司通过向交易对方支付一定数量的现金作为换取标的资产的对价。现金交易的特点是直接、简单、迅速，除构成重大资产重组或者重组上市的情形外，一般现金交易的外部流程相对简化。对上市公司而言，现金交易有更强的确定性与操作便利性，允许其相对快速地完成战略布局或抓住市场机遇，但交易规模将受到现金头寸和筹资能力的制约，且对交易对方较难形成激励约束和绑定。对交易对方而言，将取得固定对价，不承担股票市场波动风险，但相应也不拥有上市公司权益，无法分享公司未来成长收益。

2. 资产置换

上市公司与资产出售方互为对手方，上市公司向资产出售方转让股权或其他非货币性资产作为换取标的资产的对价，如置入、置出资产存在差价将通过支付现金、发行证券等方式予以补足。若交易中不涉及证券发行或触发重大资产重组，则资产置换的流程以及对各方的影响与现金交易类似。

3. 发行股份购买资产

上市公司向交易对方发行一定数额的股票作为换取标的资产的对价。同时，上市公司在发行股份购买资产时，可以同时募集部分配套资金。根据《监管规则适用指引——上市类第 1 号》，上市公司发行股份购买资产同时募集配套资金，所配套资金比例不超过拟购买资产交易价格 100% 的，一并由并购重组审核委员会予以审核。

对于涉及发行股份购买资产的并购重组，交易双方需要在价值相互认可且满足法规要求的基础上确定发股价格及标的公司合理对价，且上市公司需要向交易所提出申请并获得并购重组委审核通过、证监会同意注册批复，整体交易流程更为复杂与耗时。

对于上市公司而言，发行股份购买资产可以降低即时的资金压力，能与交易对方实现利益绑定，有利于后续整合与经营管理稳定，但将稀释上市公司原有股东的持股比例。对于交易对方而言，获取上市公司股份后能够分享未来的价值增值，且在满足一定条件的情况下能够享受税收优惠[①]，但存在股价下跌的风险与短期变现的限制。

此外，证监会在《关于深化上市公司并购重组市场改革的意见》及配套出台的《关于修改〈上市公司重大资产重组管理办法〉的决定（征求意见稿）》中，创新性提出“建立重组股份对价分期支付机制”，或将允许上市公司以一次注册、分期发行股份的方式支付购买资产对价，并将注册批文有效期延长至 48 个月。该举措未来或为上市公司在窗口期内安排支付节点提供了更多空间，使其能够根据实际情况动态决定后续的股份支付时间和规模，从而更好地协调双方利益，进一步提升支付灵活性，降低交易风险。

4. 发行可转债购买资产

上市公司以向特定对象发行的可转换公司债券为支付工具购买特定对象持有的标的资产，可转债持有人可以选择在一定期限内依据一定条件将

① 股份支付比例不低于 85%。

债券转换为上市公司股票，也可以选择持有债券并按约定时间、约定利率兑付本息，或挂牌转让。在交易流程上，发行可转债购买资产与发行股份购买资产基本相似，而可转债作为一种兼具“股性”和“债性”的混合证券品种，作为并购重组支付工具有利于增加谈判弹性，为交易提供更为灵活的利益博弈机制，有利于有效缓解上市公司现金压力及大股东股权稀释风险，丰富并购重组融资渠道。

2018 年 11 月初，证监会发布要闻《证监会试点定向可转债并购支持上市公司发展》，同月赛腾股份（603283. SH）公告拟发行可转债、股份及支付现金购买资产，成为首单引入定向可转债作为支付工具的重组项目。2023 年 11 月，证监会出台定向可转债重组相关事项的专门性规定[①]，允许可转债作为独立支付工具。该规定发布后首单注册的可转债并购案例为思瑞浦（699536. SH）收购创芯微，采用的支付方式为可转债与现金。

（四）融资方案

多样化的对价支付工具、稳定的融资渠道均为上市公司长期并购战略的重要支撑，实务中二者往往也是综合考虑、搭配使用，共同服务于并购交易的战略目的。常见的融资方式包括并购贷款、证券发行、并购基金等。

1. 并购贷款

并购贷款指商业银行向并购方或其指定子公司发放的，用于支付并购交易价款的银行贷款，主要涉及的规定为《商业银行并购贷款风险管理指引》。并购贷款需满足的主要条件包括：（1）并购交易价款中并购贷款所占比例不应高于 60%，提款前并购方自筹资金应已足额到位；（2）并购贷款期限一般不超过 7 年；（3）对并购方资信情况、并购方案合法合规情况、并购双方协同效应等方面的相关要求。

并购贷款优点主要是手续相对较简便、融资数额较大等；缺点主要是增加了企业的资产负债率、产生还本付息压力，一般需要提供足额增信，同时企业也要向金融机构披露自身经营信息。

---

① 《上市公司向特定对象发行可转换公司债券购买资产规则》。

2. 证券发行

从证券发行类型来看，可进一步细分为债券、股票、可转债、优先股[①]等。

（1）发行并购债券。并购方为开展并购重组活动，向投资人发行债券（如公司债、非金融企业债务融资工具等），募集资金主要用于支付并购价款或偿还并购贷款。发行并购债券对企业信用评级、财务指标等有一定要求，与发行股票融资相比，可以避免稀释股权。

（2）发行股份及可转债。上市公司可以将再融资募集资金运用于并购重组领域，发行方式包括向特定对象发行、向不特定对象发行，发行品种包括股票、可转债等。上市公司发行股份、可转债购买资产的，可以同步配套募集资金，用于支付并购交易中的现金对价、税费、人员安置费用等并购整合费用和投入标的资产在建项目建设，也可以用于补充上市公司和标的资产流动资金、偿还债务。

通过发行股份或可转债融资，一方面可以缓解上市公司资金压力，增强资本实力和财务稳定性；另一方面有助于巩固上市公司控制权[②]或进行市场化融资，支持重组后上市公司和标的公司的经营发展。

3. 并购基金

并购基金是私募股权基金的一种，一般的运作模式是由上市公司和/或其关联方参与或主导设立，并引入外部资金方，通过对标的公司进行投资/控股并培育成长，再通过上市公司并购重组、股权出售、份额转让等方式，实现资金方投资退出和上市公司产业整合的双重目的。并购基金是增加并购融资渠道、改善并购融资结构、促进并购市场发展的有益途径，其主要优势在于：（1）提前锁定优质标的，通过投资后的跟踪培育，上市公司可充分挖掘标的公司潜在增长点，相应输入管理或市场等方面战略性资源，

① 国务院于2013年发布《关于开展优先股试点的指导意见》，于2014年发布《关于进一步优化企业兼并重组市场环境的意见》，证监会于2014年发布《优先股试点管理办法》。自试点以来，优先股逐渐发展为上市银行补充资本的重要融资工具，目前市场尚无上市公司发行优先股购买资产的案例，仅有少量案例（桂冠电力2015年重组、中国电建2015年重组）以优先股作为重组配套募资的工具，且募集资金并未直接用于支付并购交易对价。本节不再对优先股展开论述。

② 例如在发行股份购买资产案例中，由上市公司控股股东或实际控制人认购募集配套资金。

提高持续经营能力，提升后续交易的确定性与整合效果；（2）放大投资能力和资金使用效率，除了能够助力完成更大型的并购交易，并购基金还可以通过分散投资于多个并购标的来降低单一项目的风险；（3）发挥专业机构优势，上市公司能够与市场上专注于细分行业的投资机构等深度合作，精准识别优质潜在标的。

（五）税务筹划考虑

在企业并购重组的过程中，往往会涉及多种税费，包括企业所得税、个人所得税、增值税、契税、印花税以及土地增值税等，其中，所得税的重要性尤为突出。因此税务的同步考量是确保交易合规性和经济性的核心要素。在方案设计过程中，需从交易架构的顶层设计入手，在税法要求的范围内，综合考虑标的资产性质、交易双方战略诉求等，在合法合理的范围内对交易方案进行适当优化，以降低并购重组过程中的税负成本，实现交易整体价值最大化的目的。

在相关方案设计中，主要考虑的关键要点包括：

1. 资产交易与股权交易的选择

在并购方案的设计中，既可以将特定公司的股权作为交易标的，亦可直接收购相关的资产和负债，或将两者结合打造复合交易方案。对于不同的交易标的属性，交易各方所面对的纳税义务和风险也不同，因此需要根据交易的实际情况，综合评估股权收购与资产收购的税务差异，合理选择交易标的属性，选择最符合交易各方诉求的交易模式。

若选择收购股权，优势为所涉及的税种较少，通常无须缴纳增值税和土地增值税等，主要需缴纳的税种为所得税，同时买方可继承享受标的公司历史税务属性，如累计税务亏损等。此外，若标的公司旗下资产包括房地产，选择股权交易还或可避免该部分土地增值税和契税的缴纳[①]。但是股权交易的缺点为买方同步承担了交易标的的历史税务风险，如历史上未解决的税务稽查事项、未申报的税款、税务争议等。

---

① 注：以税务机关实际认定为准，若股权转让的目的是规避土地增值税等税收义务，或者股权转让行为实际上是土地使用权等不动产转让的伪装形式时，税务机关有权根据实际情况判断是否征收土地增值税。

若选择收购资产，涉及的主要税种为各类流转税及所得税，涉及税种相对较多，但是优点在于买方可通过该次交易重置资产税基，且不继承标的公司的税务风险。

2. 特殊性税务处理

若企业在并购交易时满足特殊性税务处理条件，则对于股权支付部分可保持符合条件的资产或股权的原有计税基础，暂不确认转让所得，所以达到暂缓纳税、减轻现时纳税义务的目的。因此在设计交易方案时，需同步关注交易方案是否满足特殊性税务处理的条件。

特殊性税务处理涉及的相关规定主要包括：《财政部国家税务总局关于企业重组业务企业所得税处理若干问题的通知》（财税〔2009〕59号）、《国家税务总局关于发布〈企业重组业务企业所得税管理办法〉的公告》（国家税务总局公告2010年第4号）、《财政部国家税务总局关于促进企业重组有关企业所得税处理问题的通知》（财税〔2014〕109号），以及《国家税务总局关于企业重组业务企业所得税征收管理若干问题的公告》（国家税务总局公告2015年第48号）。主要要求包括：

（1）交易具有合理商业目的：即交易需具有真实的商业实质，且不以减少、免除或推迟缴纳税款为主要目的。税务机关会重点审查交易方式、经济结果、税务与财务状况变化等，以避免避税行为；

（2）交易比例要求：对于股权收购，收购企业购买的股权不低于被收购企业全部股权的50%；资产收购，受让企业收购的资产不低于转让企业全部资产的50%；

（3）经营连续性：重组完成后连续12个月内，不改变重组资产原有的实质性经营活动；

（4）股权支付比例：交易对价中股权支付金额不低于总支付额的85%；

（5）股权转让限制：重组中取得股权支付的原主要股东，在重组后12个月内不得转让所获股权；

（6）分步交易处理：若重组涉及12个月内分步操作（如多次收购或合并），需在首个纳税年度预计整体交易符合条件，并备案适用特殊性处理。若后续步骤导致不符合条件，需追溯调整税务处理。

由于适用特殊性税务处理后，该次交易中各类资产的计税基础保持不变，若该资产后续再次进行交易，且后一次交易不适用特殊性税务处理，则后一次交易的需以该次交易前各类资产的计税基础进行相关税款计算。因此在交易方案设计时需要谨慎考虑交易性质、交易各方的诉求，以及后续经营预期，进行合理的规划。

3. 留存收益的处理

根据《国家税务总局关于贯彻落实企业所得税法若干税收问题的通知》（国税函〔2010〕79 号），企业在计算股权转让所得时，不得扣除被投资企业未分配利润等股东留存收益中按该项股权所可能分配的金额。根据《中华人民共和国企业所得税法》，符合条件的居民企业之间的股息、红利等权益性投资收益为免税收入。

因此，若转让方为居民企业，在并购方案设计中可考虑先将标的公司的留存收益予以分配，将该部分分红为免税收入，同时分配后标的公司净资产减少，股权转让价格相应降低，减少了转让方股权转让的应纳税所得额，达到综合降低交易税负的目的。在方案设计过程中，需确保留存收益分配符合《公司法》及税法相关规定，如分红程序合法性、分红金额等。

综上所述，交易涉及的税务情况为并购交易方案设计的顶层关键考量因素之一。在方案设计时，需在合法合规的前提下，充分了解各方目标及后期战略，平衡各方诉求，选择适合的交易结构，降低交易成本，提升并购交易的整体价值，实现各方预期目标，推动企业整合与协同发展。

三、方案细节条款内容设计及重点

在确定了并购交易方案的总体架构后，交易各方可就并购重组方案中细节条款进行进一步的交流与沟通，并根据双方合意确定方案细节条款内容。

（一）交易估值与对赌条款

并购重组涉及诸多因素，其中并购估值对整个交易往往至关重要。并购交易估值的产生，本质上就是在公允量化标的公司的投资价值，或者是在处理并购公司、支付对价与投资价值的关系。在并购中，常见的估值方法如收益现值法等，都是基于对未来收益的预期来确定标的公司的价值。如果标的公司未来业绩预期较好，其估值就会较高；反之，估值则较低。因此，交易的估值和业绩对赌往往随影而行。

交易估值和对赌条款是交易的核心内容之一，具体可参见本章第三节相关内容。

（二）发行股份购买资产时的发股价格及发行可转债的初始转股价格

若上市公司选择通过发行股份或可转债购买资产，需在交易细节方案中考虑发股价格或可转债的初始转股价格（以下统称“发股价格”），这一价格的确定对于交易的公平性和双方的利益分配至关重要。

1. 发股价格的确定方式

根据《上市公司重大资产重组管理办法》（2023 年 2 月 17 日修订）的规定，上市公司发行股份的价格不得低于市场参考价的 80%。市场参考价为本次发行股份购买资产的董事会决议公告日前 20 个交易日、60 个交易日或者 120 个交易日的公司股票交易均价之一，其计算公式为“交易均价 = 决议公告日前若干个交易日公司股票交易总额/决议公告日前若干个交易日公司股票交易总量”。

根据《上市公司向特定对象发行可转换公司债券购买资产规则》（2023 年 11 月 14 日），上市公司发行定向可转债购买资产的，定向可转债的初始转股价格应当不低于董事会决议公告日前 20 个交易日、60 个交易日或者 120 个交易日公司股票交易均价之一的 80%。

由于法律法规仅对发股价格设定了下限，因此具体的发股价格通常根据交易双方的协商，综合考虑当前的市场环境、公司的财务状况、盈利能力、行业前景等诸多因素后确定。

2. 发股价格的影响因素

交易双方在确定具体发股价格时需要考虑诸多因素，包括当前的市场环境、公司的业绩预期、政策法规的要求等。

（1）市场环境。股票市场的波动会影响交易双方对于股票未来价格的预期，牛市时资产出售方预期公司股票未来会上涨，因此可以接受相对更少的股份对价数量，因此牛市时发行股份的价格可能相对更高。同理，熊市时发行股份的价格相对更低。

（2）业绩预期。与市场环境因素类似，上市公司的业绩预期也会影响发行股份的价格。上市公司业绩越好，发股价格通常更高，业绩较差时发行价格通常较低。

（三）发行价格的调整机制

尽管交易双方可以在一定范围内协商确定发行价格，但发行价格确定后至交易完成前可能存在显著的市场波动、业绩变化或其他不可预见的因素影响交易的顺利推进。根据《上市公司重大资产重组管理办法》的规定，发行股份购买资产的董事会决议可以明确，在中国证监会注册前，上市公司的股票价格相比最初确定的发行价格发生重大变化的，董事会可以按照已经设定的调整方案对发行价格进行一次调整。调整方案应当明确、具体、可操作，详细说明是否相应调整拟购买资产的定价、发行股份数量及其理由，并在首次董事会决议公告时充分披露，并按照规定提交股东大会审议。股东大会作出决议后，董事会按照已经设定的方案调整发行价格的，不构成对原交易方案的重大调整，无须重新提交股东大会或向交易所重新提出申请。

就具体的发行价格调整方案，《〈上市公司重大资产重组管理办法〉第二十九条、第四十五条的适用意见——证券期货法律适用意见第 15 号》提出了更为具体的适用意见：

（1）发行价格调整方案应当建立在市场和同行业指数变动基础上，且上市公司的股票价格相比最初确定的发行价格须同时发生重大变化；

（2）发行价格调整方案应当有利于保护股东权益，设置双向调整机制。若仅单向调整，应当说明理由，是否有利于中小股东保护；

（3）调价基准日应当明确、具体。股东大会授权董事会对发行价格调整进行决策的，在调价条件触发后，董事会应当审慎、及时履职；

（4）董事会决定在重组方案中设置发行价格调整机制时，应对发行价格调整方案可能产生的影响以及是否有利于股东保护进行充分评估论证并做信息披露；

（5）董事会在调价条件触发后根据股东大会授权对是否调整发行价格进行决议。决定对发行价格进行调整的，应对发行价格调整可能产生的影响、价格调整的合理性、是否有利于股东保护等进行充分评估论证并做信息披露，并应同时披露董事会就此决策的勤勉尽责情况。决定不对发行价格进行调整的，应当披露原因、可能产生的影响以及是否有利于股东保护等，并应同时披露董事会就此决策的勤勉尽责情况。

上市公司发行定向可转债购买资产的，上市公司董事会亦可以明确在中国证监会注册前，上市公司的股票价格相比最初确定的定向可转债转股价格发生重大变化的，董事会可以按照已经设定的调整方案对定向可转债转股价格进行一次调整。上市公司同时发行股份购买资产的，应当明确股票发行价格是否和定向可转债转股价格一并进行调整。

（四）过渡期损益安排与交割价格调整机制

1. 过渡期损益安排

过渡期损益是指拟购买资产在过渡期间（自评估基准日至资产交割日）产生的相关损益。通常，并购交易会持续一段时间，在双方协商确定基准价格后至资产交割前存在一个过渡期，在此期间标的公司持续经营，标的公司通常会产生盈利或亏损。交易双方可以协商约定过渡期损益的归属模式，常见的有三种模式：（1）盈利和亏损由买方所有；（2）盈利归买方所有，亏损由卖方享有；（3）盈利归卖方所有，亏损由买方承担。

根据《监管规则适用指引——上市类第1号》（2020年7月31日）的规定，上市公司重大资产重组中，对以收益现值法、假设开发法等基于未来收益预期的估值方法作为主要评估方法的，过渡期间损益的收益应当归上市公司所有，亏损应当由交易对方补足，具体收益及亏损金额应按收购资产比例计算。

当交易涉及国有资产时存在特殊情形，根据《企业国有资产交易监督管理办法》（2016年6月24日）的规定，受让方确定后，转让方与受让方应当签订产权交易合同，交易双方不得以交易期间企业经营性损益等理由对已达成的交易条件和交易价格进行调整。

2. 跨境并购中的交割价格调整机制

跨境并购项目通常会在交易协议中明确约定交割价格调整机制，在根据交易协议约定的基准交易价格的基础上，根据交割日前的具体情况进行调整。跨境并购主要的交割价格调整机制一般有两种，一是锁箱机制，二是交割账目机制。

（1）锁箱机制。

锁箱机制可以被视为将标的公司锁在一个箱子里一直到交割，若中途箱子被撬开导致箱内标的公司价值减损，则最终交割价格会进行相应的调整。

在锁箱机制中，交易双方在签署交易协议时通常会商定一个确切的基准日（即“锁箱日”，通常为评估基准日），并依据该基准日的财务报表或资产评估结果确定标的公司的交易价格。同时，双方约定哪些情形属于因卖方转移了标的公司的价值或者进行了利益输送导致标的公司的价值减损。若在该基准日至交割日之间发生了相应的价值减损情形，买方可就价值减损的部分相应减少需支付的购买价格。但通常来说，并非所有标的公司和卖方之间的价值转移都是不合理的，因此双方也会约定一些例外情形，若例外情形发生，则不影响标的公司的价值。

目前市场上常见的标的公司价值减损情形包括：标的公司向股东派发现金分红或股息、回购公司股份或通过其他方式向股东发放回报、标的公司免除卖方债务或减免卖方应付的赔偿金额、向卖方提供贷款或为其债务提供担保等。价值减损通常由交易双方根据实际情况进行协商约定。

由于交割价格在锁箱日即被锁定，但截至交割前仍由卖方负责经营管理，因此为了弥补在此期间卖方付出的努力，卖方通常要求买方就此期间支付一定的利息。理论上，该利息接近标的公司的经营回报率，但实践中更多是交易双方商业谈判的结果。

（2）交割账目机制。

部分常用的标的公司估值方法得到的结果通常是企业价值，如可比公司或可比交易的企业倍数法（EV/EBITDA）和现金流折现法（DCF）。在实际交易中，企业价值在交易协议中经常体现为基础交易价格，交易双方需要在交割时点基于标的公司的现金、负债及营运资本等进行调整得出标的公司的股权价值。股权价值也就是交易价值，是买方需要向卖方支付的对价，股权价值的计算公式为：股权价值 = 企业价值 + 现金 - 负债 -（交割时点营运资本 - 目标营运资本） - 交易费用。

（3）锁箱机制与交割账目机制的对比。

相较而言，锁箱机制更加简单高效。首先，锁箱机制本质上是一种固定价格，除非存在标的公司的价值减损，购买价格在签约时点既已确定，锁箱期间的损益由买方承担，交易价格的确定性更强；其次，由于锁箱机制无须复杂的交易价格调整方式，交易双方通常可以更快地就交易协议达成一致，提高了交易效率。但由于锁箱机制无法对交割时标的公司的价值准确评估，买方需要承担基准日至交割日之间的价值变动风险，因此买方需要在签约时点对标的公司进行详尽和全面的尽职调查。

相较于锁箱机制，交割账目机制能够准确地反映标的公司在交割时点的价值，买方可以按照标的公司在交割时点实际的资产和负债水平支付最终交易对价，同时交割账目机制具有更强的实用性，可以应用于那些不适用于锁箱机制的并购交易。但交割账目机制相对复杂，交易双方往往在交易协议的谈判中花费较多时间来确定条款，且卖方对交割后的调整过程缺乏有效控制，可能导致双方在交割后数月的争议。

（五）超额业绩激励

上市公司并购重组项目中较多设置交易对方的业绩承诺安排，而基于市场化的商业谈判，为示公平，并购重组协议中可能也会约定如标的公司超额实现业绩，上市公司将对相关主体进行超额业绩奖励。这种超额业绩奖励旨在激励标的公司和核心团队实现更高的业绩，同时降低因信息不对称导致的估值风险。

根据《监管规则适用指引——上市类第 1 号》的规定，上市公司重大资产重组方案中，可以对标的公司资产交易对方、管理层或核心技术人员设置业绩奖励安排，业绩奖励安排应基于标的公司资产实际盈利数大于预测数的超额部分，奖励总额不应超过其超额业绩部分的 100%，且不超过其交易作价的 20%。但交易对方为上市公司控股股东、实际控制人或者其控制的关联人的，不得对其做出奖励安排。

（六）特殊条款设置

并购交易协议中通常会设置特殊条款，以保障交易的顺利进行、降低交易风险、保护交易双方利益以及增强交易的确定性。通过合理设置技术人员规划、供货/销售协议、或有支付等特殊条款规避可能出现的各种风险和挑战。

1. 保密条款

并购重组交易中，为进一步了解标的公司资产及经营情况，买方通常可以委托中介机构对标的公司进行尽职调查，在此过程中通常涉及大量的商业秘密，包括财务数据、技术资产、客户信息等。为了防止敏感信息的泄露，为双方提供一个安全的谈判环境，保护交易双方的合法权益，交易通常会事先签署保密协议以保障交易的顺利进行。尤其是上市公司通常面临严格的信息披露监管要求，根据《上市公司信息披露管理办法》的规定，上市公司需要依法履行信息披露义务，确保所有重大事项及时、准确地向公众披露，以维护市场的公平性和透明度。不当的敏感信息泄露可能会对上市公司的证券交易产生负面影响，甚至引发监管问责，因此，适当的保密管控显得尤为必要。

保密条款的约定通常涉及保密信息的定义、保密义务的范围、保密期限的设置以及可能在法律和监管下的例外情形。

2. 人员规划条款

人员规划条款在并购重组交易中具有重要意义，通过明确核心人员的留任、管理框架的调整、员工的安置以及绩效考核等内容可以有效保护交易的顺利推进，实现交易目标。人员规划条款通常包括核心人员的留任、组织架构调整、人员安排、绩效考核等。

（1）核心人员的留任。

在并购交易完成交割之后，往往需要原企业核心管理人员继续留任一段时间，以确保管理工作的平稳过渡与交接。因此交易双方通常会在交易协议中约定核心人员的留任期限、留任奖励以及竞业限制条款。

留任期限：明确约定核心管理人员和核心技术人员在交易完成后必须

留任的期限，通常不少于业绩承诺年限。

留任奖励：通过设置留任奖金、股权业绩奖励等条件提高核心管理人员及核心技术人员的留任意愿。

竞业限制条款：要求核心管理人员或核心技术人员在离职后一定年限内不得从事与标的公司经营相同或相似业务，并约定相应的违约赔偿条款。

（2）组织架构调整。

在收购标的公司部分股权的交易中，为了保证标的公司后续稳定经营，交易双方通常会在交易协议中就标的公司的未来管理架构进行调整，通常包括对董事会席位、董事推荐资格以及关键岗位的约定。

（3）人员安置。

并购重组交易中通常会涉及对标的公司原有人员的安置问题，包括岗位调整、薪酬待遇、劳动合同的变更或解除等。

3. 供货/销售协议

并购交易中，标的公司基于行业限制或业务习惯可能与卖方或卖方控制的关联方在业务方面有着较深的联系，或者因其他原因对外部原材料供应或者销售渠道存在一定的依赖，为了保证相关方在交易完成后的供应关系或销售关系，交易双方可能在交易条款中对原材料供应或者产品销售进行约定。供货/销售协议可以明确交易完成后的供应或销售保障，确保相关方按照协议约定供应/采购一定数量、质量、标准或范围内的货物，保证标的公司或相关方的经营持续性和稳定性，保障交易双方的利益。

4. 或有支付

并购交易中为平衡买卖双方对于标的公司未来业绩的预期差异，可以在交割时先行支付部分确定的价款，剩余部分根据标的公司未来的业绩表现或其他特定条件再行决定是否支付或支付款项金额的大小。或有支付条款是一种折中的解决方案，它主要适用于标的公司业绩不确定性高和信息不对称等情形，它允许交易双方在不确定的未来业绩基础上达成交易，从而促进并购交易的完成。对于收购方来说，这种条款可以降低因标的公司实际业绩可能与预期不符而带来的风险，如果标的公司未能达到约定的业绩目标，买方可以减少或者避免支付额外的对价，保护自己的利益，同时也可以达到激励留任管理层的目的。或有支付的具体支付条件及比例通常根据标的公司的具体情况以及行业的特点由交易双方协商确定。

5. 免责条款

免责条款是指在并购交易中，合同双方通过明确约定，对某些特定事项或行为不承担责任的条款。这些条款通常用于保护交易双方免受某些不可预见或不可控因素的影响，从而降低交易风险。常见的免责条款事项包括信息披露不完整、不可抗力免责、因第三方原因免责等。

通过合理设置免责条款，可以有效降低并购交易中的风险，保护交易双方的合法权益。

（七）交割先决条件

在股权转让协议的签署与交易交割不同时发生的情况下，股权转让协议需要约定交割先决条件。交割先决条件是指在并购交易中，必须在交割前满足的一系列条件。这些条件通常涉及政府监管审批、内部批准、第三方同意或通知、尽职调查结果等方面。只有当这些条件得到满足或者相关方进行了豁免，交易才能顺利进行。

1. 交易先决审批程序

并购交易通常涉及多方的事先审批程序，比如交易双方内部审批程序、国资监管机构的批复、经营者集中申报、证券监管机构的审批以及境外投资核准或备案等，这些审批程序是确保交易在符合国家法律和政策下推进的重要前提。

2. 陈述与保证条款

并购交易中要求并购各方对完成交易所依赖的背景事实进行陈述确认，并对达成交易目的所依赖的重要事项做出承诺和保证。这些陈述与保证通常涉及标的公司的过去、现在以及未来的状况，这是交易和估值的基础，也是交割后争议解决的法律基础。

3. 无重大不利变化

并购交易中，标的公司交割前可能在财务、经营、资产、负债、业务前景等方面发生重大不利变化。这种变化可能会影响交易的进行，甚至可能导致交易失败。因此买方可以在协议中约定只有在无重大不利变化的前提下才会购买标的公司，以保障买方的利益。

无重大不利条款应该明确具体，尽可能避免模糊的表述，以减少未来可能存在的争议。但同时应该保留一定的灵活性，确保交易不会因为一些非重要因素的影响而失败。如可以为“重大不利变化”设定一定的金额或比例的标准，为交易设置最终完成日，确保交易不会无限期拖延。

4. 涉及第三方的同意

在并购交易中，涉及第三方的同意通常是指需要向与标的公司有合同关系或其他法律关系的第三方的通知或者获取其对交易的同意。这是因为并购交易可能会对这些第三方的权利和义务产生影响，因此需要征得他们的同意才能确保交易的合法性和有效性。这些第三方可能包括重要业务合同的供应商和客户、贷款协议的金融机构、担保协议的担保人、租赁协议的出租人等。

因此，在并购交易中应审查所有重要的合同，以确定相关合同中是否约定了在公司控制权变更时是否需要通知或者取得第三方的同意。

四、并购后的公司治理方案

并购完成后，为确保收购方对标的公司实现有效控制，同时维持标的公司经营的稳定性，收购方需对并购后的公司治理方案和人员安排做出战略性考虑及调整。一般可以采用以下措施：

（一）董事会成员设置

为了加强对标的公司的控制，并购方在交易中需要审慎规划董事会席位安排，力求在标的公司董事会中占据多数席位，并获得提名董事长的权利。在选派董事长人选时，可以综合考量行业经验、战略眼光、决策水平、适应能力等多方面因素。

在吸纳标的公司原董事会成员时，需注意对其过往的履职表现、对公司业务的熟悉程度、在公司内部的影响力、与新管理团队的适配性进行详细评估。同时，为促进两方人员积极融合，可以定期组织董事会培训与交流活动，分享行业前沿信息、并购整合案例，使过渡阶段更加平稳，保障公司业务的连贯性与稳定性。

（二）高级管理人员设置

在收购完成后，收购方可以通过更换关键岗位高管，以增强对标的公司的实际把控力，但是大规模更换高级管理人员容易引发标的公司团队动荡，导致标的公司业绩出现波动，同时标的公司原股东或将业绩承诺不达标的原因归咎于人员的变更。

为了保障标的公司的平稳延续，同时为了避免标的公司原股东对业绩承诺期间标的公司业绩的质疑，并购方亦可考虑大规模保留原有高管，并与原高管逐一进行深入沟通，明确其在新组织架构下的职责与发展路径，积极消除其顾虑和担忧。同时，建立科学完善的绩效评估体系，对原高管的工作进行客观、公正、全面的评价，通过一定的激励机制，激励原高管团队继续发挥业务优势，为公司发展贡献力量。但是在该方案下，或存在无法全面接管标的公司管理团队，导致标的公司执行层“失控”的可能性。

（三）主要人员锁定安排

若主要人员同时是股东，并购方可以通过业绩承诺，或额外设定股份锁定期的方式，激励主要人员积极推动公司发展。

若主要人员不是股东，可以通过实施股权激励计划实现利益绑定，可以根据岗位重要性、业绩表现、对公司未来发展的潜在贡献等因素，合理确定激励份额。同时，完善股权激励考核指标，可以包括公司业绩增长目标、个人绩效目标、关键业务指标完成情况等，确保激励计划的有效性、公平性、持续性，增强其对公司的归属感与忠诚度，使其个人利益与公司长期发展紧密相连。

第二节　上市公司审核类并购重组业务推动主要关键点

自新“国九条”等政策出台后，中国证券监督管理委员会（以下简称

“证监会”）采取了一系列措施来激发并购重组市场的活力，并进一步优化了重组政策环境。资本市场的并购重组活动持续升温，已迅速进入“活跃期”。2024 年以来，沪深两市披露了多起并购重组计划。例如，中国船舶换股吸收合并中国重工，国泰君安证券换股方式吸收合并海通证券等。这些案例不仅展示了并购重组的多样性，也体现了市场对此类交易的活跃需求。上市公司实施并购重组在交易对价支付方式上有多种选择，从交易对价支付方式看，上市公司并购重组的方式可以分为两大类，一类是通过发行股份/可转债购买资产、发行股份吸收合并等，也即审核类并购重组业务，另一类是仅支付现金购买资产。本节主要探讨的是第一类审核类并购重组业务推动主要关键点，实务中主要包括发行股份/可转债购买资产、发行股份吸收合并两大类型。

一、上市公司审核类并购重组流程及关键点

上市公司审核类并购重组业务是一项系统性工程。上市公司进行并购重组交易，主要涉及上市公司内部审议程序、证券交易所审核程序、证监会注册程序、配套融资和发行程序四个部分。

（一）上市公司内部审议程序

在交易开始前，上市公司需要制定并购战略目标，结合自身业务发展需求选择合适标的。针对有意向的标的公司，买卖双方将进行前期接洽、撮合谈判。同时，上市公司完成标的公司初步尽调，筹划重组方案，买卖双方达成意向并签订协议。

在交易正式开始后，上市公司通常会经过停牌、签订资产购买协议、董事会审议、主管部门的批复（如需）、股东大会审议等流程。其间会披露必要的交易文件，包括重组预案、重组报告书（草案），并由独立董事对规定事项发表意见；各中介机构同步在此期间，完成相关审计、法律、评估、业务等尽调流程并披露相关文件，包括独立财务顾问出具的独立财务顾问报告及相关核查意见、法律顾问出具的法律意见、审计机构出具的审计报告和审阅报告、评估机构出具的资产评估报告等。

（二）证券交易所审核流程

在独立财务顾问将上市公司并购重组交易申请文件报送到证券交易所后，对文件进行核对，作出是否受理的决定。受理后，即开始了证券交易所的审核流程。审核期间，证券交易所重组审核机构会对重点关注的内容或其认为上市公司及中介机构材料中仍需进一步完善的内容进行问询，由上市公司及相关中介机构进行必要的补充调查、核查，及时、逐项回复证券交易所重组审核机构提出的审核问询，相应补充或者修改申请文件并披露。证券交易所审核中心认为相关内容已经披露清晰、落实充分，不需要进一步审核问询的，将出具审核报告，并提交并购重组委员会审议。并购重组委员会召开审议会议，对证券交易所重组审核机构出具的审核报告及上市公司申请进行审议，形成本次交易是否符合重组条件和信息披露要求的审议意见。并购重组委员会进行审议时，认为需要对上市公司、交易对方、独立财务顾问、证券服务机构等主体进行现场问询的，相关主体代表应当到会接受问询，回答并购重组委员会提出的问题。最终，证券交易所结合并购重组审核委员会审议意见，出具本次交易符合重组条件和信息披露要求的审核意见，或者作出终止审核的决定。

（三）证监会注册程序

证券交易所审核通过后，会向证监会报送审核意见、审核资料及上市公司申请文件。证监会根据审核意见，作出注册与否的决定。证监会在注册程序中，发现存在影响重组条件的新增事项并要求证券交易所进一步问询的，证券交易所向上市公司、交易对方、独立财务顾问、证券服务机构提出问询问题。证券交易所结合问询回复，就新增事项形成审核意见并报送证监会。

（四）配套融资发行程序

上市公司在证监会注册程序完成后，通常会首先进行标的资产的过户与交割，并完成新增股份的登记与上市。前述程序完成后，存在配套融资的重组交易，将进入配套融资发行程序。

总体来看，上市公司审核类并购重组业务核心流程有五大关键节点，具体如下：

1. 关键点一：上市公司制定并购战略目标，选择合适的收购标的

此阶段是并购重组的起点，上市公司需明确并购目的与并购方向。上市公司需结合自身业务发展需求，通过内部资源评估与外部市场分析，确定并购战略。例如，横向并购以扩大市场份额，纵向并购以整合产业链，或跨界并购以实现多元化布局。同时，标的筛选需综合考虑行业地位、财务状况、协同效应潜力等要素。

2. 关键点二：方案设计、交易双方签订意向协议、上市公司召开一董披露重组预案锁定交易

方案设计需兼顾交易结构合理性及监管合规性。常见交易方式包括现金收购、股份支付或混合支付。此阶段需要交易双方达成初步意向，签订保密协议及意向性框架协议，并通过召开上市公司董事会决议（通常称为“一董”）披露重组预案锁定本次交易。

3. 关键点三：交易双方签订正式协议、上市公司召开二董披露重组草案确定详细方案

在完成审计、法律、评估、业务等尽调流程后，上市公司将对交易标的有更加深刻的认识，此时，交易双方如对交易方案均认可并有较强的意向，将会进一步推进项目交易。该阶段，交易双方签订正式协议，明确核心条款（如对价、支付方式、业绩承诺等）。随后召开上市公司第二次董事会（通常称为“二董”）审议重组草案，并向市场披露详细方案，接受监管问询。

4. 关键点四：在证券交易所审核通过、证监会同意注册后，完成标的资产交割、股份发行

证券交易所审核、证监会注册阶段，将对上市公司并购重组交易的合规性、合理性、是否有利于保护上市公司、全体股东利益等方面进行审核，审核结果是能否顺利实施并购重组交易的前提。

并购重组项目在通过证券交易所审核，并完成证监会的注册程序后，需履行交割程序。交割可能涉及资产过户、股权变更、人员整合等环节，需确保本次交易前置条件（如进一步规范关联交易、股权解冻等）均已满足。

5. 关键点五：配套融资完成发行

部分并购重组项目通过向特定对象发行等方式募集配套资金，用于支付交易现金、并购整合费用、标的资产在建项目建设、补充流动资金、偿还债务等。一般情况下，并购重组项目的发行股份购买资产行为不以募集配套资金的成功实施为前提条件，最终配套融资发行成功与否或是否足额募集不影响发行股份购买资产行为的实施，即无论配套融资是否发行成功，发行股份购买资产行为均可以实施完成。但多数上市公司的并购重组配套融资用于支付交易现金对价，如不能完成配套融资发行或者配套融资发行金额不理想，将会给上市公司带来资金支付压力，影响交易的顺利实施。此阶段需要关注市场环境、投资者认购意愿及监管政策变化，选择合适时机完成配套融资发行。

二、上市公司审核类并购重组业务推动主要关键点简析

（一）关键点一：上市公司制定并购战略目标，选择合适标的

1. 基于产品生命周期的分析

在上市公司并购重组中，战略目标的设计需以企业自身发展需求为核心，结合产品生命周期理论进行系统性分析。根据产品生命周期理论，企业可通过并购重组实现业务结构的动态优化：当主营业务处于成熟期或衰退期时，横向并购可快速获取市场份额或新兴技术，例如海尔智家（600690. SH）通过收购通用电气家电业务，突破北美市场壁垒并实现技术协同，推动其从传统家电制造商向全球智慧家庭解决方案提供商的转型；若业务处于成长期，纵向并购则能强化产业链控制，如宁德时代（300750. SZ）通过并购上游锂矿企业，降低原材料供应风险，巩固其在动力电池领域的领先地位。对于跨界并购，上市公司需谨慎评估考虑自身的能力禀赋，避免因追逐热点题材、吸引市场关注的跨界并购引发整合难、业绩兑现不确定等问题，如以物业管理和房地产为主营业务的 HYGF 在完成文娱行业 HNHTYYY 有限公司 100% 股权的跨界并购后，仅过一年便宣告剥离。

2. 国家产业政策导向与持续经营能力的协同考量

并购战略需与国家政策方向高度契合，以避免监管风险并获取政策红利。当前，碳中和、半导体自主化及高端制造等领域受到政策重点支持，相关并购案例更易通过审核。例如，长江电力（600900. SH）通过收购乌东德、白鹤滩水电站资产，符合“双碳”目标下的绿色能源转型要求，通过注入优质资产，巩固公司行业领先地位，显著提升持续经营能力。同时，并购重组需满足上市公司独立性要求，避免因同业竞争或关联交易损害中小股东利益。以华润集团收购长电科技（600584. SH）为例，华润集团通过出具《关于避免同业竞争的承诺函》来解决同业竞争问题、保留标的公司管理独立性，确保业务整合与合规性并行。此外，持续经营能力的增强依赖于并购后资源的高效整合，包括技术融合（如沃尔德（688028. SH）收购鑫金泉后共享精密加工技术）、市场协同（如海尔智家（600690. SH）借助通用电气渠道拓展北美市场）等。

综上，上市公司需构建“战略适配—政策合规—资源整合”三位一体的并购重组战略目标，选择合适标的，以实现长期价值创造。

（二）关键点二：方案设计、交易双方签订意向协议、上市公司召开一董披露重组预案锁定交易

1. 方案设计中的交易方式的权衡

并购重组方案设计的合理性是交易成功与否的核心，其核心在于交易方式的选择与业绩对赌条款的科学性。交易方式需兼顾资金流动性、股东权益平衡及监管合规性。例如，股份支付可缓解现金流压力但可能稀释原股东权益，现金支付则需确保稳定的资金来源。

2. 典型失败案例分析

（1）SMNY 跨界并购终止。

SMNY 在 2024 年 11 月 11 日公告称，正在筹划拟发行股份及支付现金购买 ZDKJ 不低于 58.07% 的股权，原则上 ZDKJ 估值不超过 12 亿元。然而，仅 3 天后，SMNY 便宣告终止收购，原因是“最终交易条件未能达成一致”。

（2）CXGF 终止收购 WHMS。

针织机械行业龙头 CXGF 在 2025 年 1 月 15 日公告称，公司拟筹划发

行股份及支付现金购买 WHMS 控股权并募集配套资金事项，并与几位可能的交易对手方签署意向性协议，具体后续推进还存在不确定性。CXGF 在 2025 年 2 月 5 日发布公告称，公司决定终止发行股份及支付现金购买 WHMS 控股权并募集配套资金事项，终止收购的原因是部分条款未达成一致意见。

上述案例显示，部分重组交易在停牌后还未披露重组预案就终止，凸显重组交易中利益协调的难度，更加凸显了方案设计这一步的关键性。

（三）关键点三：交易双方签订正式协议、上市公司召开二董披露重组草案确定详细方案

在签订正式协议、召开二董披露草案确定详细方案阶段，关注并购重组的交易对价是否公允，业绩对赌是否合理，股份定价与比例是否合理，资金来源是否可靠等相关问题也较为关键，具体如下：

1. 交易对价公允性的评估

交易对价的公允性需基于标的资产估值方法、可比交易案例及行业基准综合判断。根据《上市公司重大资产重组管理办法》，评估报告需采用资产基础法、收益法或市场法等两种以上方法进行评估或者估值，且需披露假设前提的合理性和交易定价的公允性。

2. 业绩对赌条款的设计合理性

业绩对赌条款的设计需遵循风险共担与激励相容原则，分阶段承诺与弹性补偿机制是关键，僵化的条款易引发纠纷。2020 年 LNKG 现金收购 QFGL 51% 股权的交易中，交易对方承诺 2020 ~ 2022 年净利润分别不低于 138 万元、1020 万元、1224 万元。疫情冲击下标的业绩未达标，最终导致巨额亏损与法律诉讼。

业绩对赌需平衡激励与风险共担，避免条款僵化或目标脱离行业规律。当前监管强调“市场化博弈”与“中小投资者保护”，通过《关于深化上市公司并购重组市场改革的意见》（即“并购六条”）等政策鼓励弹性对赌与多元化支付工具，同时严控“忽悠式重组”。未来，企业需在交易设计中融入动态调整机制（如分阶段支付、弹性业绩指标等），并强化尽调与信披透明度，以应对愈发严格的合规审查。

3. 典型失败案例分析

YYGF 跨界并购终止。YYGF2023 年 4 月首次披露拟收购 CDY-MZT100% 股权的重组预案，计划进入新能源换电服务领域。然而，由于宏观环境变化及标的公司经营风险（如股东股份冻结、子公司涉司法纠纷等），公司于 2024 年 12 月 9 日宣布终止重组。该交易历时超过一年，其间多次调整预案但未能完成审计与评估，凸显大规模交易中利益协调的难度。在签订正式协议、召开二董披露草案确定详细方案阶段，更需要关注并购重组的交易对价是否公允等关键问题。

（四）关键点四：在审核注册后，完成交割

根据市场案例来看，交割阶段需关注法律与财务风险，如标的资产瑕疵等问题。如 DTDX 在 2023 年启动的重大资产重组中，通过“一进一出”策略剥离非主业资产并收购 DTWDZ 股权，但交割过程面临多重前置条件障碍。根据其 2024 年 9 月公告，尽管出售资产已完成工商变更，但拟收购的 DTWDZ 35.94% 股权因被冻结无法办理变更登记，需与相关方协商解除冻结后方可推进。此类股权冻结问题往往源于标的资产的法律纠纷或债务问题，需耗费大量时间协调解决，成为交割的核心障碍。

（五）关键点五：配套融资发行

根据市场案例来看，并购重组的配套融资发行阶段有部分因市场环境、投资者认购意愿及监管政策变化等因素，最终导致发行失败的案例，具体如表 3－2 所示。

表 3－2　　并购重组配套融资发行案例

序号	证券简称	交易性质	批文到期日期	配套融资的用途
1	WHGF	发行股份购买资产并募集配套资金	2019/4/16	为提高本次重组交易的整合绩效，增强重组完成后上市公司的盈利能力，本次募集配套资金将用于支付本次交易的现金对价 54795.22 万元（支付现金对价及占总对价 95.39%）与中介机构及发行费用 2650 万元

续表

序号	证券简称	交易性质	批文到期日期	配套融资的用途
2	LYBL（现 KSXN）	发行股份购买资产并募集配套资金	2019/3/14	本次发行股份募集配套资金在扣除交易相关税费后（含发行费用），用于标的资产项目建设（合肥新能源全氧燃烧新型光伏盖板材料生产线二期项目、桐城新能源年产 400 万㎡高透双玻组件光伏玻璃深加工项目）
3	XYKJ	发行股份购买资产并募集配套资金	2018/11/16	迅游科技本次所募集配套资金中的 32500 万元用于本次重组现金对价，4000 万元用于本次重组相关费用的支付，预计 30800 万元用于实施移动网络 APP 新产品开发项目以及互联网广告综合运营平台升级项目。
4	TCSS	发行股份购买资产并募集配套资金	2018/10/31	本次募集的配套资金将用于支付本次交易的现金对价 21400 万元（支付现金对价及占总对价 90.45%）与发行费用 2260 万元

上述案例显示，配套融资失败的理由大体相同，主要是由于资本市场环境变化，同时综合考虑公司及股东利益，公司未在有效期内实施发行股票募集配套资金事宜。上市公司的并购重组往往交易金额较大，配套融资用途通常包括支付交易现金对价，如不能完成配套融资发行或者配套融资发行金额不理想，将会给上市公司带来资金支付压力，影响交易的顺利实施。

三、上市公司审核类并购重组业务推动的相关建议

（1）完善预沟通机制，加强与企业的互动，对重大无先例的交易方案给予指导，提高上市公司审核类并购重组在方案设计环节推动的效率。

注册制改革后，证券交易所开门办监管的各项政策给企业及中介机构

带来很多便利。目前上市公司、独立财务顾问和证券服务机构在发行股份购买资产方案披露后至申报前、首轮审核问询发出后，可以就重组审核相关业务问题或者事项向证券交易所重组审核机构进行咨询沟通。由于目前重组停牌时间较短，发股购买资产在两周以内，现金重大重组不停牌，重组方案披露后预沟通，若交易由于政策限制原因终止，会对市场及股价造成一定影响。因此，建议完善并购重组预沟通机制，对于重大无先例事项，如突破关键核心技术的科技型企业，可以给予适当的政策倾斜，支持其具有创新性的重大无先例并购方案，各中介机构应针对创新方案积极与监管做好沟通。同时，允许方案披露前通过中介机构进行匿名沟通。为避免预沟通机制被滥用，可以要求相关中介机构在沟通材料中充分说明交易为重大无先例事项的原因。

预沟通机制可以有效降低企业在并购重组过程中的信息不对称问题，帮助企业及时调整方案，避免因信息不足导致的审核延误。建议建立更加高效的预沟通机制，如允许企业在并购重组方案披露前即可与监管机构进行匿名沟通咨询，同时需要监管机构给予较为明确的意见反馈。

（2）适当提高并购交易的监管包容度，提高上市公司审核类并购重组在审核注册环节推动的效率。

与发达国家资本市场相比，A 股市场对并购重组的审核相对较严格、审核周期较长，反映了 A 股市场监管环境对并购失败的包容度相对较低。并购失败在国内外资本市场上均较为常见，有数据统计全球范围内企业并购失败的概率超过 50%。受市场环境变化、信息不对称、撮合难度高等因素影响，并购交易本身存在较强的不确定性，以失败告终属于正常现象。建议监管部门一方面通过宣传、培训等方式引导公众对并购的正向作用及其固有的不确定性和风险属性建立合理认知；另一方面，通过加大对重组造假、操纵市场等主要责任人的惩罚力度，完善投资者诉讼制度，落实企业的公司治理内部监督效力等保护投资者合法权益，最终营造良好的市场环境和监管环境。

对于并购重组的监管，建议根据风险程度采取分类监管方式，精准防范风险，提高监管效率，更好支持上市公司通过并购重组实现高质量发展。对于规范运行、战略清晰的市场化并购，尽可能尊重市场主体博弈成果。对于申报受理的并购重组交易，通常前期已经过交易各方博弈、中介机构把控，监管层面可在现行重组法规监管框架下，减少不必要的“窗口指导”和监管问询，压缩审核流程，提高审核结果的确定性和可预期性。同时，监管机构仍然需要对忽悠式并购重组、大股东利益输送、炒壳保壳、盲目跨界、内幕交易等行为加强监管，加强重组项目的事后监管。

第三节　上市公司并购重组涉及的估值方式与业绩对赌

一、上市公司并购重组涉及的估值方式

（一）并购重组中评估的作用和重要性

在上市公司并购重组中，资产评估发挥着重要的作用，具体如下：

1. 为交易定价提供客观依据

在上市公司并购重组中，交易双方对标的资产的价值判断往往存在差异。通过第三方专业的资产评估，可以运用科学的方法和合理的假设，对标的资产的公允价值进行评估，为交易双方提供一个客观、公正的价值参考，从而缩小交易双方在价格方面的分歧，促进交易的达成。

2. 保护利益相关者的权益

评估机构作为独立第三方，其公正客观的意见为投资者（尤其是中小投资者）提供了公允的参考标准，有助于保护中小投资者的合法权益。同时，在涉及国有资产的上市公司并购重组中，资产评估能够确保国有资产的价值得到合理体现，防止国有资产在并购重组过程中被低估，从而有效维护国有资产的安全。

3. 规范交易行为

资产评估对交易双方的交易行为起到一定的规范和约束作用。在并购重组交易过程中，交易双方需要根据评估报告的内容和结果，制定具体的交易方案和合同条款，并按照相关法律法规要求，履行必要的审批程序和信息披露义务，有利于保障并购重组交易的公平、公正、公开进行，维护市场秩序和投资者的合法权益。

（二）并购重组中评估的方式

企业价值评估的基本方法主要有资产基础法、收益法和市场法。三种估值方法分别从收益途径、资产途径和市场途径分析和估算标的资产的价值。在并购实务中，评估方法的选择主要考虑经济行为所对应的估值目的和确定的价值类型，综合企业的经营和资产情况、特点，以及上市公司的要求和资料、参数的来源等因素，选用适用的估值方法。

1. 收益法

收益法是指将预期收益资本化或者折现，确定标的资产价值的评估方法。收益法常用的具体方法包括股利折现法（DDM）和现金流量折现法（DCF）。收益法的基本原理是任一资产的价值取决于它所产生的未来预期收益的现值。采用收益法进行企业价值估值通常需要具备以下三个前提条件：

（1）标的资产的未来收益可以合理预测，并可以用货币衡量；

（2）标的资产获得未来预期收益所承担的风险可以合理预测，并可以用货币衡量；

（3）标的资产的未来收益年限可以合理预测。

收益法的优点：预测标的资产未来的收益，能够直接反映标的资产的长期盈利能力和成长潜力，符合投资者关注标的资产未来价值的逻辑；对于高成长性企业（如科技、互联网、生物医药等行业），其资产价值可能较低，但未来收益潜力巨大，收益法能够更准确地评估该类资产的价值；可以把交易后的经营战略、协同效应结合到财务模型中。缺点：财务模型中变量较多、假设较多、主观性强；估值主要基于未来假设且较敏感，由于行业处于高度竞争状态，波动性较大，可能会影响预测的准确性；具体参数取值难以获得非常充分的依据。

适用情形：

（1）盈利稳定、现金流可预测的企业、资产；

（2）高成长性企业（如科技、互联网、生物医药等行业）；

（3）无形资产占比较高的企业（如品牌、专利、技术等）。

2. 资产基础法

资产基础法，也称成本法，是指在合理对标的资产各项资产价值和负债进行估值的基础上确定标的资产价值的估值方法。资产基础法以重置各项生产要素为假设前提，根据分项资产的具体情况选用适宜的方法分别评定估算各分项资产的价值并累加求和，再扣减相关负债估值，得出股东全部权益的估值。

资产基础法的优点：主要依据资产负债表进行评估，数据获取较为容易，评估过程相对直观和简单。缺点：主要关注标的资产的有形资产，而往往忽略了无形资产、品牌价值、客户关系等难以量化的因素，可能导致低估标的资产的真实价值；仅关注现有资产，忽略了未来盈利能力和增长潜力；资产的市场价值可能与账面价值存在较大差异，导致评估结果不准确。

适用情形：

（1）资产密集型行业：如制造业、房地产等，资产价值占公司价值的比重较大的企业；

（2）无法确定盈利状况的企业：历史期间亏损或盈利波动较大的企业；

（3）清算企业、破产企业等。

3. 市场法

市场法也称“相对估价法”，通过参考类似资产在市场上的交易价格来确定标的资产的价值。市场法的理论基础是同类、相同经营规模并具有相同获利能力的企业其市场价值是相同的（或相似的）。市场法常用的两种方法是可比公司法和可比交易法。

可比公司法是指获取并分析可比公司的经营和财务数据，计算适当的价值比率，在与标的资产比较分析的基础上，确定标的资产价值的具体方法。可比公司法的优点：该方法是基于有效市场假设，即假设交易价格反映了包括行业趋势、业务风险、发展速度、盈利能力等全部可以获得的信息，相关参数容易获得；缺点：无法对可比公司业务和财务上的差异进行准确调整，且无法将公司治理、政府监管等因素纳入考虑。

可比交易法是指获取并分析可比资产的并购重组案例资料，计算适当的价值比率，在与标的资产比较分析的基础上，确定标的资产价值的具体方法。可比交易法的优点：以可比交易的实际交易价格为基础，估值水平明确；缺点：即使同行业、同类型的并购交易，在交易架构、交易谈判及交易进程等方面可能仍然存在差异，根据实际情况选取可比交易并进行调整分析具有一定操作难度且主观性较强。

适用情形：

（1）市场上存在足够数量的可比公司/类似资产或类似交易案例时；

（2）标的资产为上市公司；

（3）标的资产为境外公司。

（三）评估方法的市场运用情况

从评估方法的选用来看，2015～2024年十年间审核类并购重组事件（包含发行股份购买资产、吸收合并、现金类重大资产重组）共1788项，具体如表3－3所示。由于一项并购重组事件可能涉及多个标的资产及多种评估方法，因此1788项并购重组事件涉及的标的资产数量为3362例，其中11例因个别情况（以司法拍卖价格为定价依据或2017年以前标的资产为上市公司时按照上市公司市价进行定价）而未进行资产评估或估值，即共3351例资产涉及具体的评估方法，最常见的评估方法即收益法、资产基础法、市场法，三者合计3300例，占比为98.13%；采用其他方法（例如假设清算法、假设开发法、期权法、多种评估方法加权平均等）作为最终评估方法的共计51例，占比为1.52%。

最终评估结论采用收益法的1732例，占比51.69%；最终评估结论采用资产基础法的1384例，占比41.30%；最终评估结论采用市场法的184例，占比5.49%。3351例标的资产涉及的评估情况统计如下：

3351例标的资产涉及股权资产的有3112例，涉及的所属行业情况如表3－4所示。

表 3－3　　**2015～2024 年审核类并购重组事件**

项目	2015 年	2016 年	2017 年	2018 年	2019 年	2020 年	2021 年	2022 年	2023 年	2024 年	合计
并购重组事件数量	377	341	262	194	171	145	92	90	77	39	1788
涉及标的资产数量	616	697	531	359	347	246	169	161	153	72	3351
最终采用收益法的数量	401	385	273	180	157	112	76	78	50	20	1732
收益法所占比例	65.10%	55.24%	51.41%	50.14%	45.24%	45.53%	44.97%	48.45%	32.68%	27.78%	51.69%
最终采用资产基础法的数量	186	263	221	158	170	114	75	72	89	36	1384
资产基础法所占比例	30.19%	37.73%	41.62%	44.01%	48.99%	46.34%	44.38%	44.72%	58.17%	50.00%	41.30%
最终采用市场法的数量	18	27	32	17	16	19	17	10	12	16	184
市场法所占比例	2.92%	3.87%	6.03%	4.74%	4.61%	7.72%	10.06%	6.21%	7.84%	22.22%	5.49%
最终采用其他方法的数量	11	22	5	4	4	1	1	1	2	—	51
其他方法所占比例	1.78%	3.14%	0.94%	1.11%	1.15%	0.41%	0.59%	0.62%	1.30%	—	1.52%

注 1：统计口径：选取标的资产完成过户的案例并按照资产过户的年份进行统计；

注 2：A 股上市公司之间吸收合并项目算作 1 例；

注 3：数据来源于易董。

表 3－4　　2015～2024 年标的资产涉及的所属行业

行业	评估方法	2015 年	2016 年	2017 年	2018 年	2019 年	2020 年	2021 年	2022 年	2023 年	2024 年	合计
制造业	收益法	180	146	116	89	83	56	47	32	21	9	779
	资产基础法	60	73	67	66	63	59	39	21	22	13	483
	市场法	4	6	6	4	4	9	8	2	6	3	52
	其他	—	—	—	—	—	—	—	1	—	—	1
信息传输、软件和信息技术服务业	收益法	90	81	62	24	15	6	5	3	3	—	289
	资产基础法	2	6	7	1	4	6	1	—	—	—	27
	市场法	5	—	5	1	1	1	1	—	—	3	17
	其他	—	—	—	—	—	—	1	—	—	—	1
房地产业	收益法	2	2	3		2	2	1		2		14
	资产基础法	27	23	54	35	12	7	2	1	31	13	205
	市场法	1	—	—	—	—	—	—	—	—	—	1
电力、热力、燃气及水生产和供应业	收益法	4	18	6	1	16	7	2	14	7	4	79
	资产基础法	8	7	5	8	54	5	3	6	6	—	102
	市场法	—	—	—	—	1	1	2	1	1	—	6
批发和零售业	收益法	9	39	15	10	6	12	6	1	3	1	102
	资产基础法	6	19	4	7	2	7	3	12	2	2	64
	市场法	—	2	—	1	2	—	1	2	—	1	9
交通运输、仓储和邮政业	收益法	4	18	3	9		1	1	2	3	2	43
	资产基础法	5	37	35	8	7	4		2	8	1	107
	市场法	—	3	1	3	—	1	1	1	—	—	10
	其他	1	—	—	—	—	—	—	—	—	—	1

续表

行业	评估方法	2015年	2016年	2017年	2018年	2019年	2020年	2021年	2022年	2023年	2024年	合计
租赁和商务服务业	收益法	21	11	8	8	5	5	1	1	2	—	62
	资产基础法	6	12	6	5	3	4	4	7	4	—	51
	市场法	1	1	5	1	—	—	—	—	1	—	9
金融业	收益法	9	4	2	—	1	1	—	2	—	1	20
	资产基础法	6	6	3	3	4	2	9	—	—	1	34
	市场法	3	10	8	5	5	7	—	2	2	3	45
	其他	—	—	1	—	—	—	—	—	—	—	1
科学研究和技术服务业	收益法	14	11	7	20	6	4	3	1	6	—	72
	资产基础法	4	2	2	2	1	1	4	—	1	1	18
采矿业	收益法	3	7	5	1	4	—	2	1	—	—	23
	资产基础法	13	22	1	8	4	1	1	6	6	2	64
	市场法	1	—	—	2	—	—	—	—	—	—	3
文化、体育和娱乐业	收益法	31	7	20	6	1	1	—	—	—	2	68
	资产基础法	4	1	4	—	—	—	—	—	—	—	9
	市场法	1	—	—	—	—	—	—	—	—	—	1
水利、环境和公共设施管理业	收益法	9	9	7	2	7	5	2	5		1	47
	资产基础法	4	1	—	1	1	1	—	4	2	—	14
	市场法	—	2	—	—	—	—	3	—	—	—	5
	其他	—	1	—	—	—	—	—	—	—	—	1

续表

行业	评估方法	2015 年	2016 年	2017 年	2018 年	2019 年	2020 年	2021 年	2022 年	2023 年	2024 年	合计
建筑业	收益法	13	6	4	1	8	2	3	4	2		43
	资产基础法	3	6	4	—	2	3	—	—	1	1	20
	市场法	—	—	—	—	—	—	1	—	—	—	1
卫生和社会工作	收益法	4	5	6	2		5	2	—	—	—	24
	资产基础法	—	1	1	—	3	1	2	—	—	—	8
农、林、牧、渔业	收益法	1	1	2	3	—	1		5	—	—	13
	资产基础法	1	—	3	—	—	—	—	—	3	—	7
	市场法	1	—	1	—	1	—	—	—	1	—	4
居民服务、修理和其他服务业	资产基础法	—	1	1	—		1	—	—	—	—	3
	收益法	2	7	1	—	1	—	—	—	—	—	11
综合	收益法	—	—	—	—	—	—	1	—	—	—	1
	资产基础法	1	1	1	—	1	5	—	—	—	—	9
教育	收益法	1	1	3	3	—	1	—	—	—	—	9
住宿和餐饮业	收益法	1	1	—	—	—	—	—	—	—	—	2
	资产基础法	1		3	—	—	—	—	—	—	—	4
	市场法	—	1	2	—	—	—	—	—	—	—	3

在上市公司并购重组中，最终评估方法采用收益法的比重超过 50%，是上市公司并购重组最主要的评估方法。主要原因是上市公司进行并购重组的目的是提升企业价值，希望通过并购重组对企业的资产进行重新整合，获得正向溢价效应，而收益法通过预测未来收益，能够直接反映标的资产的核心价值，符合上市公司股东和管理层的关注点。

近年来，最终评估方法采用资产基础法的比重越来越高，主要原因有：一是近年来宏观经济环境的不确定性增加，部分传统行业的盈利不确定性增加，成本法能够更稳健地反映企业的价值，避免因对未来收益的过度乐观估计或过度谨慎估计而导致的估值偏差，例如制造业行业采用资产基础法的比重越来越高并于 2023 年起超过收益法；二是适用于资产基础法进行评估的行业进行重组的比重增加，例如房地产行业（2023 年、2024 年占全部股权资产比重为 21.23%、20.31%）、交通运输行业等（2023 年占全部股权资产比重为 5.48%）。

近年来，最终评估方法采用市场法的比重亦有明显提升，主要原因：一是随着我国资本市场经过多年发展，在上市公司数量、质量、信息披露等方面均已逐步完善和成熟，可比公司经营和财务数据来源充分、可靠，可比案例数量不断增加、类型不断丰富，为市场法评估奠定了坚实的基础；二是适用于市场法进行评估的行业进行重组的比重增加，例如金融行业（2023 年、2024 年占全部股权资产比重为 1.37%、4.69%）、半导体行业（2024 年占全部股权资产比重为 4.69%）等；三是标的资产涉及上市公司的比重增加（2023 年、2024 年占全部股权资产比重为 3.42%、3.13%）。

二、业绩对赌

（一）业绩对赌的概念

业绩对赌，又称估值调整机制（Valuation Adjustment Mechanism，VAM），是指并购方与被并购方在达成并购协议时，为解决交易双方对标的公司未来发展的不确定性、信息不对称以及代理成本问题而设计的一种价格调整机制。业绩对赌的核心在于，交易双方约定标的公司在未来一定期限内需达到特定的业绩目标（如净利润、营业收入、特定业务规划等），若未达标，则交易对手方需通过现金补偿、股权回购等方式对并购方进行补偿；若超额完成，则可能触发奖励机制。

（二）业绩对赌的作用和意义

1. 降低并购风险

并购交易的核心难点在于标的资产的价值评估。由于信息不对称的存在，收购方往往难以全面掌握标的公司真实的财务状况、市场前景及潜在风险。业绩对赌通过设定可量化的核心指标（如净利润、营业收入、市占率等），构建动态估值调整机制。这种“价格与价值挂钩”的模式，不仅解决了交易双方对估值基准的分歧，更将标的公司管理层对未来经营的承诺转化为法律约束，有效防范“财务注水”或“业绩虚增”等估值陷阱。

2. 保障收购方利益

在溢价并购普遍存在的市场环境下，对于收购方而言，业绩对赌是一种风险防范措施。当以较高价格收购资产时，通过业绩对赌能确保被收购资产未来的盈利能力，若资产实际表现不佳，收购方可获得相应补偿，减少收购损失。

3. 对被收购方形成有效约束

对被收购方来说，业绩对赌形成一种约束和激励，业绩承诺既是套现离场的限制条件，更是证明经营能力的试金石。为了避免补偿，被收购方会努力提升企业经营业绩，积极整合资源，推动企业更好地发展，这在一定程度上促进了并购后收购方与标的企业的协同发展。

4. 促进交易达成

当并购谈判存在估值分歧时，业绩对赌成为关键的“破冰”工具。业绩对赌为交易双方提供了一种灵活的估值调整机制，其本质可以理解为通过将交易对价分解为“基础对价＋或有对价”，既满足卖方对现时价值的诉求，又给予买方对未来风险的保障，有助于在估值分歧较大的情况下促成交易。

5. 稳定投资者信心

在资本市场中，投资者往往关注上市公司的并购行为是否能带来实际效益。业绩对赌的存在使投资者对并购后的业绩有了较为明确的预期，增强了投资者对上市公司的信心，有利于上市公司股价的稳定。特别是在跨界并购中，明确的业绩承诺能有效缓解投资者对“概念炒作”的担忧。

6. 保障中小股东利益

在构成关联交易的并购重组中，业绩对赌成为制约利益输送的关键防线。监管规则要求控股股东进行业绩对赌，这种制度设计打破了“高估值—高套现—低兑现”的恶性循环，有助于保护中小股东利益。

（三）业绩对赌相关规则的发展演变过程

A 股市场并购重组中的业绩对赌规则经历了从松散到严格、从单一到多元的演变过程，其发展脉络与资本市场改革、司法实践及监管逻辑的调整密切相关。

1. 早期阶段（2008 年之前）

1998 年《证券法》的出台首次确立我国证券市场的集中统一监管框架，但并购重组仍以行政主导为主，业绩对赌概念尚未形成。

2005 年股权分置改革时期，部分上市公司（如长江电力、宝钢股份）为增强投资者信心，其非流通股股东在股改方案中自愿承诺若公司未来盈利不达预期，将追加对价或进行现金补偿，但这并非监管部门的强制要求。

2007 年，苏州工业园区海富投资有限公司（以下简称“海富投资”）向甘肃世恒有色资源再利用有限公司（以下简称“甘肃世恒”）增资 2000 万元获得其 3.85% 的股权，双方约定，若甘肃世恒 2008 年净利润未达 3000 万元，海富投资有权要求甘肃世恒进行现金补偿，甘肃世恒的控股股东香港迪亚公司、法定代表人陆波对补偿义务提供连带责任担保。

甘肃世恒 2008 年的实际净利润仅为 2.68 万元，远低于约定目标，触发补偿条款。海富投资要求甘肃世恒支付补偿款 1998 万元，但遭拒绝，遂提起诉讼。此案经过一审二审，最终由最高人民法院作出再审判决，甘肃世恒直接承担补偿义务损害公司及债权人利益，违反当时有效的《公司法》第二十条（禁止滥用股东权利），香港迪亚公司作为股东承担补偿义务合法有效，应履行补偿责任。

“海富案”被称为“中国对赌协议第一案”，是中国司法首次系统回应对赌协议合法性的标志性案件，最高人民法院最终认定“与目标公司对赌无效，与股东对赌有效”，为后续规则设计提供了司法实践层面的参考。

总体而言，2008 年之前，A 股市场对业绩对赌的相关制度仍较为笼统和宽泛，缺乏较为细致的规定。

2. 逐步规范阶段（2008 ~ 2013 年）

2008 年出台的《上市公司重大资产重组管理办法》（以下简称“《重组办法》”）首次明确了重大资产重组的程序与信息披露要求，并明确规定“采取收益现值法、假设开发法等基于未来收益预期的估值方法对拟购买资产进行评估并作为定价参考依据的”“交易对方应当与上市公司就相关资产实际盈利数不足利润预测数的情况签订明确可行的补偿协议”。

《重组办法》虽然规定了特定情形下需进行业绩补偿，但就业绩补偿的具体方式和要求等未作出规定，且未制定相应的配套制度，总体制度设计较为粗略。

同时，中国证监会于 2013 年 12 月 17 日发布《上市公司监管指引第 4 号——上市公司实际控制人、股东、关联方、收购人以及上市公司承诺及履行》（证监会公告〔2013〕55 号）（以下简称“《监管指引 4 号》”，已于 2022 年 1 月 5 日失效），首次明确“因相关法律法规、政策变化、自然灾害等自身无法控制的客观原因导致承诺无法履行或无法按期履行的”及“承诺确已无法履行或者履行承诺不利于维护上市公司权益的”两种情形下可以变更或豁免承诺义务。虽然《监管指引 4 号》不属于专门针对并购重组制定的规则，但并购重组交易中的业绩承诺方可适用上述规定，在特殊情形下就业绩对赌作出的承诺予以变更。

3. 市场化调整阶段（2014 ~ 2019 年）

2014 年，《重组办法》经历了较大幅度的修订。在业绩对赌方面，本次修订取消了向控股股东、实际控制人或者其控制的关联人之外的非关联第三方购买资产且不构成重组上市的情形下，相关盈利预测补偿强制性规定的要求，上市公司可以与交易对方根据市场化原则，自主协商是否采取业绩补偿。

同时，本次修订还包括优化审核机制、鼓励资本参与、强化投资者保护等措施，并购重组的效率得到了大大提升，也促进了 2014 年、2015 年 A 股上市公司并购重组市场的活跃。

2015 年、2016 年间，监管部门还通过问答的形式就业绩对赌的期限、补偿主体、补偿方式等相关个别法律适用不够明确的问题作出了补充性规定。另外，由于《监管指引第 4 号》允许特殊情形下变更业绩对赌承诺，导致出现部分市场交易主体以此为由随意变更业绩对赌承诺，甚至变相逃避业绩承诺义务的情形。在此背景下，2016 年 6 月 20 日，中国证监会发布《关于上市公司业绩补偿承诺的相关问题与解答》（已于 2020 年 7 月 31 日失效），明确重大资产重组项目的重组方不得变更业绩承诺。

此后，《重组办法》分别于 2016 年和 2019 年进行两次修订，但两次修订主要均围绕重组上市相关的规则进行调整和完善，未对业绩对赌相关规则进行修改。

4. 进一步规范完善阶段（2020 年至今）

随着 2019 年科创板设立并试点注册制等资本市场改革的推进，修订后的《证券法》也于 2020 年 3 月 1 日开始实施。为进一步完善资本市场法规体系，提高监管透明度，证监会将涉及上市公司日常监管及并购重组审核的监管问答进行系统梳理整合，并统一以监管规则适用指引形式规范发布。

2020 年 7 月，证监会发布《监管规则适用指引——上市类第 1 号》，内容包括募集配套资金、业绩补偿及奖励、并购重组内幕交易核查要求等问题。指引未就业绩对赌作出新的规定，仅就业绩补偿的范围、方式及计算、期限，业绩补偿承诺变更，业绩补偿保障措施，业绩奖励，相关会计政策等事项作出细化和完善的规定。

2022 年 1 月 5 日，中国证监会发布《上市公司监管指引第 4 号——上市公司及其相关方承诺》（证监会公告〔2022〕16 号）（以下简称“新《监管指引 4 号》”，《监管指引 4 号》同步废止）。

新《监管指引 4 号》实际上吸收承继了《监管指引 4 号》和《监管规则适用指引——上市类第 1 号》的相关规定，明确列举了两种可以变更、豁免承诺的情形（与《监管指引 4 号》明确的两种情形一致），三种禁止变更、豁免的情形（包含此前已在多个文件中强调的重大资产重组项目不得变更业绩承诺情形，并新增了两项情形)。三种禁止变更、豁免的情形具体为“(1) 依照法律法规、中国证监会规定作出的承诺；(2) 除中国证监会明确的情形外，上市公司重大资产重组中按照业绩补偿协议作出的承诺；(3) 承诺人已明确不可变更或撤销的承诺。”

2024 年以来，国务院高度重视资本市场建设，大力支持并购重组、活跃资本市场。与此同时，证监会、交易所也积极行动，相继出台或修订了一系列促进并购重组的政策措施。但相关政策措施尚未就业绩对赌相关规定作出调整。

(四) 业绩对赌的常见形式与典型案例

实践中，业绩对赌作为一种重要的风险控制与激励机制，其具体设置呈现出多种复杂且多样化的形式，其可以根据交易双方的具体需求、行业特点、市场预期以及对未来发展的不同判断，被设计成各种不同的模式。

1. 以财务类指标作为业绩对赌目标

(1) 以利润作为对赌指标：这是最常见的对赌形式，即交易对方承诺标的公司在未来一定时期内实现特定的毛利润、净利润或扣除非经常性损益后的净利润。例如，2024 年思瑞浦发行可转债及支付现金购买创芯微 100% 股权，业绩承诺方承诺创芯微 2024 ~ 2026 年的净利润合计不低于 2.2 亿元。

在个别案例中，以利润作为对赌指标可附带设置一定的前提条件，如汇川技术发行股份及支付现金购买贝斯特 100% 股权的交易中，交易双方设置的业绩对赌指标为海外业务毛利润，并以行业电梯产量的增长率为前提。以该案例中的其中一项具体承诺为例，交易对方承诺：“当行业电梯产量 2019 ~ 2021 年的年复合增长率 $R \geqslant -7\%$ 的情况下，即 2019 ~ 2021 年三年合计行业电梯产量 $Y \geqslant 220.9368$ 万台的情况下，则标的公司的跨国企业业务与海外业务经审计的 2019 ~ 2021 年毛利润的年复合增长率 $> 5\%$，即标的公司 2019 ~ 2021 年三年合计的跨国企业业务与海外业务经审计的毛利润总额 > 122347.30 万元”。

(2) 以营业收入作为对赌指标：即交易对方承诺标的公司在未来一定时期内的营业收入达到多少具体金额。例如，2024 年昊华科技发行股份购买中化蓝天100%股权的交易中，针对本次收购的以收益法定价的专利等无形资产，业绩承诺方承诺：标的资产在2024年、2025年及2026年各会计年度应实现的承诺收入分成数分别不低于3031.85万元、2691.33万元、2202.31万元，其中，“承诺收入分成数” = ∑（业绩承诺范围资产当年度预测的收入分成数×本次交易该项资产所属公司的置入股权比例）。

（3）以现金流作为对赌指标：实践中，通常是以达到一定的经营性现金流作为具体指标。例如，2023年卓易信息现金收购艾普阳公司52%股权时，业绩承诺方承诺艾普阳公司2023年度实际净现金流（具体统计口径为合并现金流量表中的“经营活动产生的现金流量净额”减去“收到的其他与经营活动有关的现金”）不低于4500万元。

（4）以研发和销售费用等作为对赌指标：同样以2023年卓易信息现金收购艾普阳公司52%股权为例，除上述现金流对赌指标外，业绩承诺方同时作出承诺：2023～2025年度，每年度艾普阳公司对于新产品的研发和销售费用投入应至少不低于2022年度对新产品实际投入的研发和销售费用（即人民币900万元）。

2. 以非财务类指标作为业绩对赌目标

（1）以员工离职率作为对赌目标：例如，在2019年汇川技术收购贝斯特100%股权的交易中，业绩承诺方承诺：自2019年1月1日起至36个月届满之日止的承诺期内，贝思特核心人员（核心人员名单由交易双方签署书面文件予以确认）离职率低于10%（离职率的计算公式：离职率=承诺年度内核心人员名单中离职人员总数÷双方书面确认的贝思特核心人员名单总人数）。

（2）以特定业务规划作为对赌指标：同样以2019年汇川技术收购贝斯特100%股权的交易为例，除上述核心人员离职率的对赌指标外，业绩承诺方还承诺：自第二次交割日起6个月届满后的12个月内，贝斯特成立大配套中心，并明确大配套中心内生产的产品结构、生产模式、客户需求，同时对大配套中心的准时交付率和平均交货质量提出了具体指标要求。

（3）以特定产品的开发进度作为对赌指标：在康缘药业2024年收购中新医药100%股权的交易中，针对康缘集团转让的70%标的公司股权，设置对赌条款如下：康缘集团转让的70%中新医药股权对应转让价款，在支付60%首付款后，剩余40%于对应管线药品取得上市许可后分期支付，每期支付价款为康缘集团剩余40%股权转让价款（扣除已缴纳的相应税费后）×该条管线对应的权重比例。若在经收益法预测的药品上市时间，或康缘药业因药品临床研发及上市程序的特殊性而给予6～12个月缓冲期后仍未获批上市，康缘药业无须向康缘集团支付该管线对应的剩余股权转让价款。

（五）业绩对赌与其他条款结合运用

1. 业绩对赌完成情况与股份解锁挂钩

根据《重组办法》规定，特定对象对其用于认购股份的资产持续拥有权益的时间达到12个月的，其以资产认购而取得的上市公司股份的锁定期为12个月。

在2022年沃尔德发行股份及支付现金购买鑫金泉100%股权的交易中，业绩承诺方承诺鑫金泉2021年度、2022年度、2023年度和2024年度经审计的扣非后归母净利润分别不低于4766.00万元、5307.00万元、5305.00万元和6522.00万元，合计不低于21900.00万元。与此对应，业绩承诺方在本次交易中取得的上市公司股份，在业绩承诺期内分4期分别按照10%、10%、40%、40%的比例解锁，且解锁比例与业绩完成情况挂钩。

康缘药业2024年收购中新医药100%股权的交易虽为现金收购，但其仍然将业绩对赌与股份解锁挂钩，具体设定条款为：针对南京康竹转让的30%中新医药股权，南京康竹应在收到本次股权转让价款的30日内或在经康缘药业书面同意的期限内，将取得的转让价款扣除应缴纳税费后的剩余部分全部用于二级市场择机增持康缘药业股份；增持完成后，南京康竹持有的增持股份应全部锁定，即南京康竹不得以转让、出售、质押等任一方式处置上述增持股份；增持股份在对应新药研发管线获得药品上市许可后，方能解除限售。

2. 完成业绩对赌的基础上进行超额奖励

实践中，为更好鼓励交易对方积极运营标的资产，部分交易案例会自主约定超额业绩奖励机制。

同样以2022年沃尔德发行股份及支付现金购买鑫金泉100%股权的交易为例，本次交易约定在以下三项条件同时满足的情况下，即可实施业绩奖励：一是业绩承诺期内，鑫金泉完成业绩承诺；二是鑫金泉业绩承诺期内，4个会计年度经审计的经营活动产生的现金流量净额合计超过20000万元；三是鑫金泉截至2024年12月31日的应收账款净额占同期营业收入的比例不超过50%。

可以看出，业绩奖励条件不仅要求账面利润，更对盈利质量提出了明确要求。如相关条件成就，则扣非归母超额完成的累计净利润的50%奖励给标的公司管理团队，但超额业绩奖励金额累计不得超过本次交易总价款的20%，既实现激励管理团队的目的，又能够较为有效地平衡标的资产和上市公司之间的利益。

第四节　上市公司并购重组业绩对赌失败的补偿及纠纷解决

一、近年上市公司并购重组业绩对赌失败情况

随着我国资本市场的蓬勃发展，上市公司并购重组交易日益频繁，业绩对赌的实践也日趋完善。在此背景下，业绩承诺方对赌失败后的业绩补偿方式也呈现出多样化的特点。一般来说，重组方业绩补偿行为根据《上市公司重大资产重组管理办法》（以下简称“《重组管理办法》”）及《监管规则适用指引——上市类第1号》的适用情形可分为法定业绩对赌补偿和市场化业绩对赌补偿，法定业绩补偿一般根据监管规则以交易对方获取的现金或股份对价进行补偿；市场化业绩补偿方式则比较灵活，近年市场案例中涉及现金补偿（包括扣减分期支付的股权对价、往来款抵偿等形式）、股份补偿、股权回购以及标的公司股权无偿转让等，其中又以现金补

偿或现金与其他补偿方式相结合的形式更为常见。

二、法定业绩补偿的适用范围及方式

（一）适用情形

根据《重组管理办法》，上市公司在重大资产重组中，若交易对方为控股股东、实际控制人或其控制主体，或因购买资产导致控制权变更，且采用收益现值法、假设开发法等基于未来收益预期的方法对标的资产进行评估或估值的，交易对方应当与上市公司就相关资产实际盈利数不足利润预测数的情况签订明确可行的补偿协议。

在未满足上述条件时，《重组管理办法》等法规并未强制交易对方在重大资产重组中作出业绩补偿承诺，上市公司与交易对方可根据市场化原则自主协商是否采取业绩补偿和每股收益填补措施，并确定具体安排。

（二）法定业绩补偿方式

根据《重组管理办法》《监管规则适用指引——上市类第1号》等法规，法定条件下上市公司业绩补偿的方式总结如下：

1. 范围

（1）交易对方为上市公司控股股东、实际控制人或者其控制关联人，无论标的资产是否为其所有或控制，也无论其参与此次交易是否基于过桥等暂时性安排，上市公司控股股东、实际控制人或者其控制的关联人均应以其获得的股份和现金进行业绩补偿。

（2）在交易定价采用资产基础法估值结果的情况下，如果资产基础法中对一项或几项资产采用了基于未来收益预期的方法，上市公司控股股东、实际控制人或者其控制的关联人也应就此部分进行业绩补偿。

2. 业绩补偿方式

交易对方为上市公司控股股东、实际控制人或者其控制的关联人，应当以其获得的股份和现金进行业绩补偿。构成重组上市的，应当以拟购买资产的价格进行业绩补偿计算，且股份补偿不低于本次交易发行股份数量的90%。业绩补偿应当先以股份补偿，不足部分以现金补偿。

交易对方以股份方式进行业绩补偿时，按照下列原则确定应补偿股份的数量及期限：

（1）补偿股份数量的计算。

①基本公式：

A. 以收益现值法、假设开发法等基于未来收益预期的估值方法对拟购买资产进行评估或估值的，每年补偿的股份数量为：

当期补偿金额 =（截至当期期末累积承诺净利润数 – 截至当期期末累积实现净利润数）÷ 补偿期限内各年的预测净利润数总和 × 拟购买资产交易作价 – 累积已补偿金额

当期应当补偿股份数量 = 当期补偿金额/本次股份的发行价格

当期股份不足补偿的部分，应现金补偿。

采用现金流量法对拟购买资产进行评估或估值的，交易对方计算出现金流量对应的税后净利润数，并据此计算补偿股份数量。

此外，在补偿期限届满时，上市公司应当对拟购买资产进行减值测试，如：期末减值额/拟购买资产交易作价 > 补偿期限内已补偿股份总数/认购股份总数，则交易对方需另行补偿股份，补偿的股份数量为：

期末减值额/每股发行价格 – 补偿期限内已补偿股份总数

B. 以市场法对拟购买资产进行评估或估值的，每年补偿的股份数量为：期末减值额/每股发行价格 – 补偿期限内已补偿股份总数

当期股份不足补偿的部分，应现金补偿。

C. 其他事项

按照前述第 A、B 项的公式计算补偿股份数量时，遵照下列原则：

前述净利润数均应当以拟购买资产扣除非经常性损益后的利润数确定。

前述减值额为拟购买资产交易作价减去期末拟购买资产的评估值并扣除补偿期限内拟购买资产股东增资、减资、接受赠与以及利润分配的影响。会计师应当对减值测试出具专项审核意见，同时说明与本次评估选取重要参数的差异及合理性，上市公司董事会、独立董事及独立财务顾问应当对此发表意见。

在逐年补偿的情况下，在各年计算的补偿股份数量小于0时，按0取值，即已经补偿的股份不冲回。

拟购买资产为非股权资产的，补偿股份数量比照前述原则处理。

拟购买资产为房地产、矿业公司或房地产、矿业类资产的，上市公司董事会可以在补偿期限届满时，一次确定补偿股份数量，无须逐年计算。

②上市公司董事会及独立董事应当关注拟购买资产折现率、预测期收益分布等其他评估参数取值的合理性，防止交易对方利用降低折现率、调整预测期收益分布等方式减轻股份补偿义务，并对此发表意见。独立财务顾问应当进行核查并发表意见。

（2）业绩补偿期限。

业绩补偿期限不得少于重组实施完毕后的三年。

（三）业绩补偿承诺变更

上市公司重大资产重组中，重组方业绩补偿承诺是基于其与上市公司签订的业绩补偿协议作出的，该承诺是重组方案的重要组成部分。因此，重组方应当严格按照业绩补偿协议履行承诺。除我会明确的情形外，重组方不得适用《上市公司监管指引第4号——上市公司实际控制人、股东、关联方、收购人以及上市公司承诺及履行》第五条的规定，变更其作出的业绩补偿承诺。

（四）业绩补偿保障措施

上市公司重大资产重组中，交易对方拟就业绩承诺作出股份补偿安排的，应当确保相关股份能够切实用于履行补偿义务。如业绩承诺方拟在承诺期内质押重组中获得的、约定用于承担业绩补偿义务的股份（以下简称对价股份），重组报告书应当载明业绩承诺方保障业绩补偿实现的具体安排。业绩承诺方应当保证对价股份优先用于履行业绩补偿承诺，不通过质押股份等方式逃废补偿义务；未来质押对价股份时，将书面告知质权人根据业绩补偿协议上述股份具有潜在业绩承诺补偿义务情况，并在质押协议中就相关股份用于支付业绩补偿事项等与质权人作出明确约定。

上市公司发布股份质押公告时，应当明确披露拟质押股份是否承担业绩补偿义务，质权人知悉相关股份具有潜在业绩补偿义务的情况，以及上市公司与质权人就相关股份在履行业绩补偿义务时处置方式的约定。

（五）相关案例

以广汇物流（600603. SH）现金购买资产为例，2022 年广汇物流支付现金购买控股股东广汇能源股份有限公司（以下简称“广汇能源”）持有的新疆红淖三铁路有限公司（以下简称“铁路公司”）92. 7708% 股权，成功注入大宗商品铁路运输业务。

根据交易协议，广汇能源作为业绩承诺方对经收益法评估的铁路公司 2022～2024 年各年度扣除非经常性损益后净利润作出明确承诺。2024 年广汇物流公告铁路公司 2023 年度业绩未达承诺目标，广汇能源将按照业绩补偿协议的约定以现金方式进行业绩补偿。

三、市场化业绩对赌失败的一般补偿方式

（一）市场化业绩对赌机制

与法定业绩补偿不同，市场化业绩对赌则是在投资或并购交易中，交易双方基于对标的公司未来业绩的预期，通过协商达成的一种激励与约束机制，通常包括设定业绩目标，若目标公司未能实现约定的业绩指标，则由业绩承诺方向上市公司进行补偿。市场化业绩对赌系交易双方根据市场情况、交易需求等自主决定，履约保障由交易双方的协商确定。

（二）市场化业绩对赌失败的补偿方式

市场化业绩对赌通过灵活的条款设计，平衡双方的风险与收益，激励被投资方实现更好的经营成果。对赌条款通常涉及财务指标（如净利润、营业收入等），也可能包括非财务目标（如用户增长、市场份额等），并且可以根据交易双方的实际需求进行调整。而对赌失败的业绩补偿方式则更为多样，近年来市场中既有参考法定业绩补偿规定而采取现金及股份补偿方式的案例，也有业绩承诺方通过标的公司股权回购补偿、标的公司股权补偿的案例，灵活的补偿机制设计一方面为并购交易增加了更多选择、活跃了并购市场，另一方面也保障了上市公司及中小股东权益。

1. 现金补偿

（1）补偿原理。

在业绩对赌失败的情况下，业绩承诺方按照对赌协议的约定，以现金的形式向上市公司支付补偿款项，以弥补上市公司因被并购方未完成业绩承诺而遭受的损失。现金补偿是业绩对赌补偿方式中最为直接和常见的一种，其能够迅速为上市公司提供资金，直接弥补业绩未达目标所带来的经济损失，使上市公司在一定程度上实现其在业绩承诺达成时预期的财务状况。

现金补偿基于对赌协议中双方事先约定的业绩目标和补偿计算方式，当被并购方实际实现的业绩低于承诺业绩时，根据约定的公式计算出应补偿的现金金额及对应利息（如有），业绩承诺方需按照约定的时间和方式支付给上市公司，一般适用于以净利润或其衍生指标作为业绩对赌判定依据的交易。现金补偿明确的业绩指标和补偿计算方法确保了补偿的可操作性和可量化性，使得双方在对赌协议签订时就对可能面临的风险和责任有清晰的认识。

（2）常见计算方式。

①简单差额计算：

简单差额计算是一种直接且易于理解的业绩对赌补偿方式，通常适用于交易金额较小的并购重组交易中。这种方式可以根据协议约定灵活选择按年度或整个业绩承诺期进行计算。其计算公式如下：

业绩对赌补偿金额 = 承诺业绩目标 − 实际完成业绩

②按未完成业绩比例计算：

按未完成业绩比例计算现金补偿（即补偿交易对价）为目前上市公司并购重组交易过程中使用最广泛的方式，实践中一般按照实际完成业绩与业绩考核目标的差值占业绩考核目标的比例乘以总交易对价计算应付业绩补偿款，可根据协议约定灵活按年度或按照整个业绩承诺期进行计算，计算方式如下：

业绩对赌补偿金额 =（承诺业绩目标 − 实际完成业绩）÷ 承诺业绩目标 × 总交易对价

③其他补偿计算：

在以净利润之外的其他业绩指标（如营收、应收账款比例等）作为业绩对赌判定依据的交易过程中，交易双方可按照合同约定灵活采用差额、比例或加权等多种方式计算实际应补偿金额。

此外，在实际应用中还可能存在一些特殊情况，为保障业绩承诺方的权益，现金补偿数额应以不超过全部投资额为限，即若按照协议约定的计算方式确定的补偿金额超过总交易对价，实际补偿金额也应被限制在总交易对价内。

（3）现金补偿的支付方式。

在资本市场实践中，现金补偿是业绩对赌失败时最为广泛使用的补偿方式。为缓解业绩承诺方的资金压力，现金补偿方式通常较为灵活，常见的安排包括分期支付、往来款抵偿或债权抵扣等。同时，为保障上市公司权益，协议中约定分期支付股权转让款，并明确在业绩对赌失败时，上市公司可直接从应付股权转让款中扣除当年度现金补偿金额。若应付股权转让款不足以抵扣补偿金额，转让方需另行现金补足，或经双方协商从下一期应付股权转让款中扣除相应金额。

（4）相关案例。

以永清环保（300066. SZ）现金收购为例，2021 年永清环保现金收购江苏永之清固废处置有限公司（以下简称“江苏永之清”）30% 的股权，根据双方签订的交易协议，交易对方对江苏永之清 2022 ~ 2026 年的净利润进行承诺。然而，江苏永之清 2022 年及 2023 年经审计后净利润均未达到考核目标，未完成业绩承诺，触发业绩承诺方现金业绩补偿条款，由业绩承诺方采用现金支付的方式按照协议约定实施业绩补偿。

2. 股份补偿

（1）补偿原理。

在业绩对赌失败的情况下，业绩承诺方按照对赌协议的约定，以向上市公司转让股份的方式进行补偿也是常见的补偿类型，其原理是基于股权价值与公司业绩的关联性，当被并购方未完成业绩承诺时，通过减少业绩承诺方持有的上市公司股份数量，相应增加上市公司或其股东的权益，从而实现对上市公司因业绩未达标所遭受损失的弥补，多用于上市公司采用发行股份购买资产的方式向业绩承诺方购买标的资产的交易中。

股份补偿作为一种股权调整机制，当标的公司实际业绩低于预期时，表明公司的实际价值低于当初对赌时的估值，通过股份补偿，使股权结构重新调整，以反映公司的真实价值。这种方式不仅能够在一定程度上弥补上市公司的经济损失，还能对业绩承诺方形成约束，促使其更加努力地提升被并购方的业绩表现。

实践中，采用发行股份购买资产的方式收购标的公司的交易中一般会优先采用股份补偿的方式进行业绩补偿，如业绩承诺方作出股份补偿时持有的上市公司股票不足以按照上述约定进行补偿的，不足部分用现金再进行补偿。

（2）业绩补偿股份的处理。

实践中，业绩承诺方向上市公司补偿的股份一般会由上市公司以 1 元人民币的对价进行回购并注销，从短期来看，股份补偿本身并不会直接增加公司的净利润，但回购并注销补偿股份减少了公司的总股本，在一定程度上提高了每股收益，对公司的财务指标有一定的优化作用。

（3）相关案例。

以节能环境（300140. SH）发行股份及支付现金购买资产为例，2023 年节能环境发行股份及支付现金购买交易对方所持中节能环境科技有限公司（以下简称“环境科技”）100% 股权等相关资产，以拓展环保业务版图。根据交易协议，业绩承诺期为 2023 ~ 2025 年，交易对方对于标的资产的息前税后利润进行了明确承诺。2023 年度，环境科技实际实现的扣除非经常性损益后的归属于母公司股东的息前税后利润为 13. 87 亿元，未达到当年承诺的 14. 16 亿元，实现率为 97. 96%，其 2023 年度应补偿股份将由业绩承诺方采用股份补偿的方式进行履约，并由节能环境根据交易协议以 1 元回购并注销，完成后公司注册资本将减少。

3. 股权回购补偿

（1）补偿原理。

在业绩对赌失败时，上市公司亦有权依据对赌协议约定要求业绩承诺方按照特定价格回购其上市公司在并购交易中获得的标的公司股权，以此来弥补上市公司因标的资产业绩未达标遭受的损失。

股权回购基于双方事先在对赌协议中明确的业绩目标、回购条件、回购价格及回购期限等条款，当被并购方实际业绩低于承诺业绩且触发回购条件时，按照约定的规则启动股权回购程序，一般适用于以股权为核心交易要素且对被并购方未来业绩增长有较高预期的交易场景，其关键在于清晰界定回购的各项条件和价格计算方式，保障双方在业绩对赌失败时有明确的操作指引。

（2）一般补偿方式。

通过股权回购的方式实施业绩承诺补偿核心是进行股权交割，一般由业绩承诺方按照约定的回购价格和股权数量，将相应标的公司的股权转回业绩承诺方或其指定的第三方，在实际操作中，可能涉及股权变更登记手续等一系列流程，需要双方配合相关法律法规和监管要求完成。为确保股权回购顺利进行，上市公司可要求业绩承诺方在一定期限内完成股权交割，并提供必要的担保措施，如保证金、第三方担保等，同时，若股权存在质押、冻结等权利受限情况，需提前解决相关问题，保障股权回购的可行性。

（3）相关案例。

以三川智慧（300066）收购集盛科技为例，2023 年 6 月，三川智慧以 6240 万元现金对价收购了赣州集盛科技有限责任公司（以下简称“集盛科技”）8% 的股权。根据收购协议，集盛科技原股东承诺集盛科技 2023 年、2024 年和 2025 年实现经审计后的实际净利润分别不低于人民币 4000 万元、10000 万元和 16000 万元，三年累计实际净利润不低于 3 亿元。后续经专项审计，集盛科技 2023 年度实际净利润为 -6260.09 万元，未达到业绩承诺，触发了业绩补偿和股权回购条款。鉴于集盛科技 2023 年度经营亏损且未来经营形势不乐观，三川智慧于 2024 年 4 月 18 日与集盛科技原股东签署了《股权回购协议》，约定由集盛科技原股东回购三川智慧所持的集盛科技 8% 股权，回购价格按照股权转让价款 6240 万元加上从支付股权转让款之日起至实际支付回购款之日的 8% 年化利率资金成本计算。

4. 标的公司股权补偿

（1）补偿原理。

在业绩对赌失败时，业绩承诺方亦可按照对赌协议约定，将标的公司股权转让给上市公司，以弥补上市公司因业绩未达标遭受的损失。股权转让补偿的方式也为业绩承诺方在现金或股份不足的情况下提供了一种可行的解决途径，有助于缓解其补偿压力。

（2）一般补偿类型。

在业绩对赌失败的情况下，业绩承诺方可以依据交易协议中明确的条款，根据标的公司实际业绩完成情况，向上市公司转让其持有的标的公司剩余股权的相应比例，同时，业绩承诺方及上市公司亦可以在交易协议中约定以零对价或折价的方式，由业绩承诺方向上市公司转让其持有的其他优质股权资产，以履行补偿义务。

（3）相关案例。

以霍普股份（301024. SZ）增资收购江苏爱珀科科技有限公司为例，2022 年 11 月 18 日，霍普股份以 4500 万元对江苏爱珀科科技有限公司（简称“标的公司”）进行增资获得其 40. 00% 的股权，根据交易协议，业绩承诺方对标的公司 2023 年至 2025 年的业绩作出承诺。经审计，标的公司 2023 年度扣除非经常性损益后的净利润为 –1202. 28 万元，低于承诺净利润 1500 万元，未完成业绩承诺，触发业绩补偿义务。2025 年 1 月，公司与业绩承诺方签署补充协议，明确业绩承诺方 2023 年度业绩补偿金额为 2702. 28 万元，对应标的公司 24. 02% 股权，并约定业绩承诺方通过将其持有的前述比例的标的公司股权以零对价转让给公司的方式进行业绩补偿，股权转让完成后，霍普股份将直接及间接持有标的公司 64. 02% 股权。

四、市场化业绩对赌失败的纠纷解决

并购重组业绩对赌目标未能达成时，往往会引发上市公司和标的公司之间的复杂纠纷。此时，法律诉讼往往成为主要的纠纷解决方式，双方根据法院判决结果，执行相关补偿程序。以下 2 个案例正是以法律诉讼方式来解决业绩对赌失败后的纠纷。

（一）清水源诉中旭环境原股东

清水源（300437. SZ）2017 年以 3. 69 亿元收购了安徽中旭环境建设有

限责任公司（下称“中旭环境”）55%的股权，并与原股东李万双和胡先保签订了业绩对赌协议，就中旭环境2018～2020年业绩进行对赌。2018年和2019年，中旭环境均完成了业绩对赌要求；但2020年由于项目施工进度缓慢和新增项目减少，中旭环境业绩未达标，较承诺少1.65亿元。根据协议，李万双和胡先保需要向清水源支付3.69亿元的业绩补偿款。

2021年6月，清水源公告称，将中旭环境50%的股权以2.66亿元的价格卖回给李万双，然而李万双并未能按时支付回购款项。2023年6月，清水源在对李万双、胡先保的业绩补偿款纠纷诉讼中一审胜诉，法院判决李万双、胡先保两人需要向清水源支付业绩补偿款3.69亿元。2024年8月，中旭环境因债权人申请，进入破产清算程序。目前清水源的业绩补偿款项能否收回仍具有不确定性。

（二）精研科技诉安特信原股东

2021年，精研科技（300709.SZ）从许明强、陈明芳、严伟军、何浪等人手中收购了深圳市安特信技术有限公司（下称“安特信”）60%股权，部分交易对价作为业绩对赌的金额支付，交易双方就安特信进行三年（2020～2022年）业绩对赌。然而安特信2021～2022年度并未达成业绩承诺。

根据精研科技主张，按照协议规定的公式计算，2020～2022年累计应收安特信原股东业绩补偿款合计约4.61亿元。精研科技与许明强、严伟军、何浪等安特信部分原股东就业绩补偿事项进行了积极磋商，但对于原股东陈明芳及其丈夫郑奕麟，2023年3月精研科技将其告上法庭，要求被告承担上述业绩补偿款。后陈明芳夫妇不服一审判决，提出上诉。2024年4月，精研科技收到二审判决，陈明芳夫妇需支付业绩补偿款9093.31万元并支付违约金及律师费等。2025年1月，精研科技公告称仅执行到位16.06万元，案件的执行结果尚存在不确定性。

通过上述清水源诉中旭环境原股东和精研科技诉安特信原股东两个案例可以看出，法律诉讼成为解决此类纠纷的主要方式。尽管法院判决通常支持上市公司获得业绩补偿款，但实际执行过程中仍面临诸多不确定性，如出现标的公司原股东支付能力不足，甚至标的公司自身经营不善面临破产清算等问题，可能导致补偿款项的实际回收存在较大风险。因此，上市公司在并购重组中不仅需谨慎设计对赌条款，还应充分考虑后续执行中的潜在风险，以确保自身利益得到有效保障。

第五节　上市公司并购重组整体策略运用的建议

不同行业由于自身发展阶段、市场竞争格局和技术变革需求等因素的差异，在企业并购策略上呈现出各自鲜明的特点。

科技行业技术迭代迅速，市场竞争激烈，并购策略核心在于获取技术、提升创新能力。通信、传媒、计算机等细分行业企业为维持技术领先，常并购拥有前沿技术、核心专利或优秀研发团队的目标企业。例如计算机行业上市公司青睐收购专注人工智能算法、大数据处理技术的初创公司，旨在快速弥补技术短板、拓展业务，增强数字化转型竞争力。且科技行业重视并购后的技术整合与协同创新，整合双方研发资源，加速新技术商业化。

传统行业市场饱和度高、竞争激烈，并购策略围绕产业整合与转型升级。非银金融、纺织服饰、商贸零售等细分行业企业通过并购同行业或产业链上下游资产，提升产业集中度，实现规模经济。例如纺织服饰企业通过并购面料供应商，稳定原材料供应、降低采购成本、优化供应链，提升产品质量与生产效率。同时，传统行业企业也会并购新技术、新模式企业，助力自身数字化、智能化转型。

资本货物与材料行业参与并购的上市公司众多，并购策略强调资源整合与市场拓展。并购时注重整合上下游资源，保障原材料稳定供应，降低生产成本。通过并购进入新市场领域，扩大市场份额，提升品牌影响力。例如材料行业企业通过并购海外原材料供应商获取优质资源，或并购当地同行企业打开海外市场。

各行业并购策略既需契合自身属性，也要顺应市场环境与产业趋势，为实现预期协同效应，需结合并购双方实际，在全过程制定适宜策略。下文将结合具体市场案例，对上市公司并购重组中可运用的各类策略展开梳理与分析，并给出针对性建议，旨在提升上市公司并购重组的效率，帮助企业实现优质发展。

一、并购重组整体策略的制定原则

在上市公司并购重组中，整体策略的制定是首要及核心命题。企业并购策略需基于自身发展目标和内外部环境，遵循特定原则，避免盲目行动。例如，产业政策直接影响行业发展，积极的政策可为并购提供支持与机遇；市场竞争态势则推动企业通过并购提升竞争力。因此，并购主体需明确核心诉求与战略目标，制定契合企业发展的产业并购策略及清晰路线。明确“大方向”是后续工作的基础，只有方向清晰，尽职调查、谈判协商等具体工作才能有效开展。

上市公司在制定并购重组整体策略时，应构建完整的策略框架，全面涵盖并购动机、并购能力、并购边界、并购方向及并购绩效等核心要素。

从企业并购整体策略制定的流程来看，通常是以并购动机为起点。并购动机源于企业的战略发展规划与业务布局需求，是企业开展并购活动的内在驱动力。例如，为实现业务多元化布局，企业可能产生跨行业并购动机；为巩固市场地位，可能产生横向整合动机。

在明确并购动机后，需系统评估企业的并购能力，包括财务资源、管理能力、技术储备等内部资源，以及借助投资银行、会计师事务所、律师事务所等专业中介机构的“外脑”能力。同时，明确并购边界是风险控制的关键环节，通过设定明确的并购范围与规模限制，可有效防范盲目扩张带来的经营风险。

在确定并购边界的基础上，企业需沿着既定并购方向，通过系统性的并购匹配分析与协同效应评估，筛选出符合战略目标的并购标的。其中，并购匹配度评估涵盖业务互补性、管理兼容性、文化融合性等多个维度；协同效应评估则重点关注资源整合效率、成本节约空间、收入增长潜力等价值创造维度，以实现并购后的协同增值效应。

最终，并购绩效是对整个并购活动成果的检验，一个成功的并购策略应在实现对外扩张的同时，为企业带来良好的经济效益和战略价值提升。只有综合考虑并合理规划这些要素，企业才能制定出科学有效的并购整体策略，在并购之路上行稳致远。

二、并购重组整体策略的运用

上市公司并购重组案例中，常见的并购策略包括横向并购、纵向并购、多元化并购以及其他并购策略等，不同并购策略有不同的优缺点，上市公司应根据自身发展战略、财务状况、市场环境、产业趋势、管理能力及整合难度等多方面因素审慎选择。

（一）横向并购策略

横向并购指并购同一产业中存在竞争或潜在竞争的企业，这些企业产品或技术工艺相近。其目的包括获得现成产能和市场份额，迅速扩大市场占有率，增强市场竞争能力（市场扩张型）；以原业务为基础，扩大经营范围，增强自身实力（业务扩张型）。横向并购能减少竞争对手，提高行业集中度，提升企业在行业中的话语权和上下游议价能力，阻止恶性竞争，还可获取被收购企业的各类资源，提高创新能力。

目前，横向并购为并购市场中较为主流的并购策略，在2024年已实施的上市公司重大资产重组中近50%为横向并购，例如艾迪药业收购南大药业、华亚智能收购冠鸿智能、甘肃能源收购常乐公司、中直股份收购昌飞集团及哈飞集团、湖南白银收购宝山矿业、盐田港收购港口运营公司等，均为医疗、能源、贵金属、制造业等行业上市公司通过横向并购进一步扩大经营规模，提升市场地位的代表性案例。

2024年9月，中国证监会发布《关于深化上市公司并购重组市场改革的意见》，明确提出“支持上市证券公司通过并购重组提升核心竞争力，加快建设一流投资银行”。这一政策的出台，引发了券商行业的连锁反应，并购市场随即掀起一波券商横向合并潮，多起券商重组预案相继披露。其中，“国泰君安＋海通证券”备受瞩目，两大头部券商凭借强大的资本运作能力，通过外延式整合，有望进一步巩固其在行业中的领先地位，提升国际竞争力。部分中小券商则另辟蹊径，选择从区域协同和业务互补的角度出发，谋求突破发展，例如“浙商证券＋国都证券”“西部证券＋国融证券”“国信证券＋万和证券”“平安证券＋方正证券”“华创证券＋太平洋证券”，通过整合双方资源，在区域布局和业务范围上实现优势互补，为未来实现弯道超车创造条件。

然而需要注意的是，横向并购完成后，随着生产规模扩大，亦有可能出现边际成本不再降低甚至升高，收益递减导致创新动力降低，上市公司成本增加、灵活性变差，经营风险和机会成本增加等情形。此外，这种并购行为也可能导致市场垄断，因此需要适当的监管以防止过度集中和对竞争的影响。

上市公司在采取横向并购前应充分考虑后续是否有能力输出管理，提升被并购的同行的资产运行的效率；是否高估规模效应，低估整合成本；是否涉及高市场份额企业之间合并，能否通过业务所在国的反垄断监管机构审查等问题。

（二）纵向并购策略

纵向并购主要发生在资源、能源、基础工业等行业以及下游渠道对发展影响较大的行业，通过并购上下游企业强化自身业务。其优势在于能为企业提供更稳定的经营环境，降低受制于上下游的影响；使企业迅速掌握上下游市场变化，调整经营策略；降低交易风险和成本，形成产业竞争优势。

但纵向并购也面临诸多挑战，收购完成后，上市公司不仅要应对自身核心业务的风险，还需承担上下游领域的额外风险，例如原材料供应市场的波动、下游需求的突然变化等，都可能对企业产生直接冲击，这种风险的集中，可能会限制标的业务的拓展空间，使企业在面对市场变化时难以灵活调整业务方向和规模。此外，纵向并购也较为考验上市公司的整合能力，一旦整合不到位，各环节之间无法有效衔接，并购双方的技术优势和供应链协同效应就难以充分发挥。而上市公司过度追求纵向并购，不断拉长产业链，也容易使企业经营战线过长、资源分散，难以集中力量发展核心业务，削弱在关键领域的竞争力。

因此上市公司在采取纵向并购策略前，应深入分析行业发展趋势，判断产业链上下游的市场稳定性，对上下游风险的承受能力，若自身抗风险能力较弱，对于风险波动大的上下游业务应谨慎并购，在并购标的选择上避免贪大求快，盲目追求明星公司。同时，纵向并购也要求上市公司管理者具备较强的统筹协调能力，以应对复杂的管理局面，确保企业的高效运转。

在 2024 年 11 月上海证券交易所发布《上市公司并购重组典型案例汇编》中，南微医学收购 CME 案例中提到的“小步快跑”并购策略就非常值得拟进行纵向产业并购的上市公司学习借鉴。

上市公司南微医学是一家专注于微创医疗器械研发、制造和销售的企业，在消化内镜器械等领域颇具实力，产品类型丰富。南微医学于 2024 年 9 月发布公告，拟现金收购 CME 公司 51% 股权，交易金额预计不超过 3672 万欧元，本次收购未构成重大资产重组。CME 公司是西欧重要的医疗器械分销商，南微医学与 CME 公司在销售渠道和产品上能够高度互补，收购完成后将进一步拓宽南微医学在欧洲地区的自有销售渠道，提升其市场份额。

发达国家医疗市场的竞争格局及监管体系通常已相对完善，新建渠道的时间和经济成本相对较高，并购海外医疗器械经销公司是拓宽海外直销渠道的有效手段。本次交易前，南微医学就已多次开展境外收购，收购了包括在德国、美国、葡萄牙、瑞士的多个渠道商公司，收购时间跨度较长，且均未构成重大资产重组。南微医学通过一系列“小步快跑”策略进行纵向并购，助力海外收入增长及直销比例提升，进而实现公司业务出海的战略。“小步快跑”策略一方面可以降低单次并购失败的风险，避免单次失败对上市公司造成过大影响；另一方面可以降低收购后整合风险，上市公司可以通过实践提升管理能力并不断应用实现螺旋式提升，对于产业并购整合而言是一种更为稳妥的方式。

（三）多元化并购策略

多元化并购指的是不同行业企业间的跨行并购，其核心目的在于分散风险、拓宽经营范围，进而实现多元化经营。通过这种并购策略，企业能够迅速拓展至新业务领域，收获范围经济的红利。上市公司采取多元化并购策略，一方面，可实现剩余资源的共享，降低因单一产品经营而面临的市场风险；另一方面，还能达成生产要素的有效组合，提升资产与设备的利用率，促进企业整体效益的提升。

例如上市公司南化股份（现已更名为“华锡有色”），原主要依靠煤炭、钢铁贸易业务维持运营，存在主业“空心化”问题，曾于2021年一度被实施退市风险警示。南化股份于2020年公告筹划重大资产重组，通过发行股份方式收购华锡矿业100%股权，并于2023年2月完成了标的资产过户和股份变更。标的公司华锡矿业主营锡等有色金属矿产的地质勘探、采选、冶炼，主要产品为锡锭、锌锭、锑锭等有色金属产品。资产注入后，上市公司主业变更为有色金属勘探、开采、选矿业务，经营显著改善。2024年上半年，上市公司实现营业收入22.54亿元，同比增长59.78%；归母净利润3.49亿元，较上年同期增长108.48%。

运作规范的上市公司可以围绕产业转型升级，寻求第二增长曲线等需求开展符合商业逻辑的跨行并购，理性的跨界并购有助于公司寻找新的增长点，对冲行业周期风险。但是，若上市公司对新行业的了解与认识不足，仅注重通过财务性并购扩大自身盈利规模，缺乏相关资源、运营经营、人才储备和整合能力，无法准确判断市场需求和风险，盲目追求通过跨界实现快速发展和增长，则可能面临标的失控，导致上市公司自身经营质量下降的风险。

在多元化并购的失败案例中，TSSW收购大象股份便是一起典型的“蛇吞象”并购最终演变成诈骗丑闻的反面教材。TSSW作为传统畜牧养殖公司，在2015年、2016年分别亏损4684万元和1.87亿元，在当时的监管规则下，面临若继续亏损则退市的风险。2017年，TSSW通过现金及发行股份方式花费23.73亿元收购了从事广告业务的大象股份，希望通过重组形式扭亏保壳。2018年12月，TSSW发现大象股份存在业绩、合同及财务数据造假等未披露情况；2019年2月，大象股份的实际控制人陈某及其相关人员被捕并被控合同诈骗；2021年10月，法院判决陈某犯合同诈骗罪，判处无期徒刑，剥夺政治权利终身，并处没收个人全部财产，同时追缴相关股票返还TSSW。这起并购交易除给上市公司带来严重的损失和漫长的诉讼外，还导致上市公司连续多年财报被出具保留意见，并因信息披露违规被证监会立案调查，成为资本市场的负面典型。

因此，建议上市公司在采取多元化并购策略时，应充分调查标的公司的业绩真实性以及未来持续盈利能力，对于“高承诺、高溢价”的交易，应保持警惕，以免因目标过高导致并购标的业绩不达标或实施财务造假，拖累上市公司经营发展。并购后，上市公司也要讲求管控的艺术，讲求平衡，既要激发标的公司管理层的动力与活力，避免过度干预造成标的公司经营效率下降、丧失商业机会，也要保证上市公司对子公司真正实现控制，避免出现控股不控权的情况。

（四）其他并购策略

1. 金融控股并购

金融控股并购是指在金融控股集团框架下，集团通过收购、兼并等资本运作手段，整合不同金融业务子公司或相关金融机构的一种并购方式。在这种并购模式下，金融控股集团作为母公司，能够掌控银行、证券、保险、信托等多种金融业务，通过并购实现业务资源共享，有助于金融机构实现业务多元化，发挥协同效应，提升综合服务能力。例如 360 集团收购天津金城银行，获得多种金融牌照，提升金融科技服务能力；湖北宏泰集团收购天风证券，构建省域内金融资源聚集的全牌照金控集团架构等。

然而，不同金融业务的经营特点和监管要求差异较大，对集团的管理能力和风险控制能力提出很高要求，一旦某个业务环节出现风险事件，可能引发连锁反应，在集团内部快速传导，影响整个集团的稳定性；面临多个金融监管部门的不同监管要求，集团需要投入更多资源来满足监管要求。

建议金融控股类上市公司在业务扩张的过程中应加强风险管理体系建设，建立全面、科学的风险管理体系，确保集团整体风险可控；培养具备跨领域管理能力的人才队伍，加强各业务板块之间的沟通与协作，实现协同效应的最大化；设立专门的合规管理部门，加强与监管部门的沟通与协调，及时了解和适应监管政策的变化，确保集团运营合法合规。

2. 多品牌并购

多品牌并购是指企业通过收购其他品牌，将多个品牌纳入自身的业务体系，以实现业务拓展、市场份额扩大以及品牌多元化的一种并购策略。收购方通常会保留被收购品牌的独立性，在不同的市场细分领域进行差异化运营，借助自身的资源和运营能力，提升各品牌的市场竞争力，实现协同发展。例如吉利集团通过收购沃尔沃、路特斯等汽车品牌，提升品牌影响力和技术实力；新希望乳业通过收购多个地方乳业品牌，扩大市场份额，实现品牌多元化发展等。

然而，这种并购方式也存在弊端，如品牌定位若不精准，易导致定位模糊甚至相互竞争，削弱品牌价值的风险；不同品牌文化和管理方式的差异易引发矛盾冲突，影响企业正常运营；管理多个品牌还会大幅增加人力、物力和财力投入，运营成本上升，若成本控制不当，将影响企业盈利能力。

建议上市公司在采取品牌并购策略之前应深入分析各品牌，制定好后续整合策略，例如清晰的品牌定位策略，避免内耗；涵盖品牌文化、业务流程和人员管理等方面的分阶段整合计划，降低风险；高效成本管理体系，合理分配成本，通过规模经济降低运营成本，并定期评估调整，确保成本可控等。

3. 生态圈并购

生态圈并购指企业基于自身所处的产业生态，通过收购或合并生态圈内相关企业，构建或完善生态系统，实现资源共享、优势互补，促进业务协同发展的一种并购策略。这些相关企业可能涉及产业链上下游、同行业互补领域，或是与企业核心业务存在紧密关联的新兴领域，旨在打造一个相互依存、协同共进的商业生态体系。该并购策略在 TMT 行业较为常见，以小米集团为例，其通过投资小蚁科技、芯原微电子等企业，布局智能硬件和芯片领域；收购自动驾驶技术公司 Deep Motion，强化智能电动汽车业务核心技术能力，构建了完善的生态链体系。

构建生态圈需要对未来产业发展趋势有准确判断，若整体战略决策失误，可能导致资源错配，并购效果不佳。此外，由于生态圈并购涉及不同类型、不同发展阶段的企业，在文化、管理、业务流程等方面存在较大差异，整合过程复杂且容易引发冲突。

发起生态圈并购的企业，往往在行业中占据优势地位，具备较强的影响力。因此，采用该并购策略的上市公司，需要满足一系列严苛条件：首先，必须拥有雄厚的资金实力，能够从容应对巨额的并购资金需求，确保并购交易顺利推进；其次，应积累丰富的行业资源，涵盖人力、技术、渠道等各个关键领域，为并购后的深度整合筑牢根基；再者，还须具备广泛而强大的品牌影响力，以此增强对被并购方的吸引力与号召力，推动整合进程；最后，要有卓越的战略规划与执行能力，既能精准洞察行业发展趋势，又能将战略构想高效转化为实际行动，从而通过生态圈并购实现企业的持续发展与扩张。

综上所述，随着市场环境日益放宽，政策支持力度不断加大，激发了各类资本纷纷涌入并购重组领域，为市场注入了源源不断的动力，催生了上述多种模式的并购重组策略，丰富了资本市场的内涵和扩展了上市公司发展的外延。

三、并购重组实施阶段的策略建议

1. 尽职调查阶段

尽职调查是企业并购重组的最为关键的环节，旨在识别并购全过程的潜在风险和发现并购价值。通常的尽职调查包括了财务、税务、人力资源、法务、技术、商业模式、信息系统、风险管理等方面。尽职调查能否揭示标的公司存在的问题是后续并购决策以及估值的基础。

尽职调查的成本投入应与并购标的规模大小相适配。在面对重大且复杂的并购项目时，通常需要组建一支优秀的尽职调查团队。大型尽职调查机构经过多年沉淀形成的专业方法论，是小型机构难以企及的。这些机构涵盖常年在行业内排名领先的投资银行，它们凭借丰富的资本运作经验，能从宏观视角把控并购方向；还有在财务审计、税务筹划方面经验丰富的会计师事务所、税务师事务所；擅长处理法律事务的律师事务所，以及在特定技术领域拥有深厚专业知识的技术实力较强的研究院所等。

对于上市公司来说，除需考量尽职调查团队的综合实力外，还需重点关注其在证券领域的专业能力。尽职调查团队出具的报告内容及关注要点，不仅要契合并购方进行决策的基本需求，为并购决策提供有力的数据和信息支撑，还必须符合监管机构的相关要求，以确保并购流程合法合规，保障并购项目的顺利推进。

2. 方案设计与审批阶段

如果尽职调查的核心目的是风险识别，那么并购方案设计的核心则是风险防范。确保尽职调查的全部风险点均能在并购方案中得到有效的解决是项目决策的最根本依据。例如在轻资产并购案例中，管理团队和核心技术团队的稳定往往是主要的风险点，可以考虑的风险措施包括管理层持股、锁股、期权等多种方式稳定团队；对于重资产收购，核心风险在技术和市场，将市场优势和技术优势充分结合，是项目并购成功的关键。

在定价方面，对标的资产价值的准确判断是核心要素，也是指导谈判的重要依据。在并购重组的价格谈判中，无论买卖双方的谈判地位如何，都会面临坚守和妥协的抉择，正如谈判专家龙永图所说，谈判不仅仅是单方面的胜利，而是双方妥协的艺术，任何单方面的胜利都不被称为谈判，而是征服或战争。博弈论虽然为谈判提供了非常好的分析框架，但在实务中，团队的经验和技巧往往会起到更为关键的作用。利用各类渠道获取信息，减少信息不对称是在谈判中获得优势的核心策略。合理的释放预期并对市场预期进行有效管理也是谈判中经常采用的策略，如提供卖方估值或在市场释放相关信息等。

在审批方面，上市公司需面对董事会、股东会以及监管机构的多重备案或核准程序。为了审批过程更加顺畅，应在尽职调查时期就着手准备，充分预见并梳理监管层面可能提出的问题及关注点，以便提前做好准备和应对。另外，视项目的具体情况还可能涉及经营者集中申报，一些境外项目还可能涉及外国投资审查、反补贴之类的审查以及国内的境外投资相关商务部门、发改部门的境外投资核准或备案程序等。与项目审批机构保持经常性的沟通对促进项目审批具有积极的作用。

3. 交割阶段

在交易文件中要对交割的前提条件有清晰的表述，并且确保每一项前提条件得到满足。这些条件包括对尽职调查结果的确认，通过必要的审批和授权，陈述与保证的准确性，基准日到交割日期间不存在重大不利影响以及可能的价格调整机制等。在资金风险防范方面可以使用共管账户，确保在所有条件均满足的条件下才能完成支付。例如跨境并购中要通过交割的节奏和资金的时序控制潜在的或有风险，可以在交割协议中对在建工程的完工进度、质量等设计条件条款，对应收账款及一些或有负债的风险同样可以设计先决条件条款，以防范简单直接交割所形成的不可控风险或者降低并购中信息不对称形成的预期损失。

4. 并购重组后整合阶段

并购整合的要素涵盖了业务整合、财务整合、人员组织整合和文化整合等多个方面。业务整合旨在完善业务部门的组织结构和优化商业模式及业务流程，重新进行产品定位和市场细分，梳理和整合原有的营销渠道和产品品牌系列，形成新的业务支撑体系和资源适配；财务整合旨在完善财务组织机构和职能，重新建立新的适应市场的核算体系和资金统一管控平台，调整资产、资金、资本结构以及优化无息、有息负债结构，建立更为有效的内控和风险防控体系，实现更低的成本、费用控制和提升主业营收及盈利能力，获得远高于行业平均水平的运行效率和效益。人员组织整合旨在以整合后的公司发展愿景和现实的战略，建立新的组织架构和人才发展空间，传递和保障“感情留人、事业留人和待遇留人”的强烈信号和方案，进一步激发企业的活力和人员的能动性，建立适应市场和长远发展的考核、分配、激励制度。文化价值整合就是用彼此尊重和适应重组整合双方特色的理念、意识和思维引领，兼顾企业的各个相关方利益（政府、社会、环境、区域、股东、员工等），在兼并重组交易完成前即要考虑设计完整、翔实、可行的并购整合方案并进行有效的沟通和优化完善，稳步实施和快速取得效果，实现凝心聚力和焕发活力以实现共赢的长期稳定发展局面，推动整合的价值创造和企业的健康可持续发展。

业内有一条著名的“七七定律”，即在商业并购中，特别是跨国并购活动中，高达 70% 的并购未能达成预期商业价值，而在这些失败案例里，又有 70% 是因并购后的文化整合环节出现问题所致。这充分彰显了文化整合在并购过程中所占据的关键地位。根据双方企业文化特征，可采取不同整合策略：若双方企业文化强度相近，且彼此欣赏，可采用文化融合式整合，相互借鉴，形成新的竞争力企业文化；若并购方文化强大优秀，获被并购方员工认可，且被并购方文化较弱，可采用文化同化式整合，使被并购方接纳并购方文化；若双方文化差异大，且在特定领域各具独特价值，可采用文化隔离式整合，保留双方文化独立性；若被并购方文化阻碍企业发展，可采用文化消亡式整合，打破原有文化，重建全新企业文化。

并购重组中整合成功和持续影响的关键因素还有参股、控股公司的公司章程修订、投资人协议签署以及公司治理结构的设计，董事会和高管层的决策议事规则和成员结构设计。为未来的实质性整合留出空间和余地，同时兼顾文化融合和队伍、业务稳定，并购专业团队要源于公司战略的总体规划，聚焦并购的具体目标和确定并购计划的执行标准，利用优势上市公司充裕且可利用的现金流优势和并购融资优势，以完善的管理和运营机制和领先的技术、市场优势扩大整合的价值共创功效。

四、结论

并购重组是一项兼具复杂性与重要性的资本运作，上市公司作为主导力量，应当敏锐捕捉当下的有利契机，深度融合公司战略与产业发展逻辑，拟定并购重组的整体策略规划，坚决摒弃盲目跟风、忽悠式的非理性并购行为。

在并购实施前，上市公司应深化对行业的洞察理解，保持高度的战略清醒，秉持理性务实的态度对待并购活动，精准筛选契合的并购标的与时机；在并购实施过程中，上市公司应组建专业的并购团队全面开展尽职调查工作，精准评估并购标的的真实价值，严密防控风险，审慎严谨地完成审批与交割流程；在并购完成后，上市公司应全方位审视业务协同、人员融合、文化适配等各层面的契合状况，借助全方位、多层次的高效整合手段，充分释放不同企业的优势资源，将并购的协同效应发挥至最大化，为企业的长远可持续发展筑牢根基。

上市公司规范有序的并购整合行为，能够向资本市场释放积极正面的信号，有效增强投资者信心，进而推动资本市场的稳健发展，营造出良性循环的市场生态环境，实现企业与市场的双赢局面。

第四章　退市常态化与上市公司破产重整

2024 年，旨在深化退市制度改革的新规应运而生，标志我国资本市场监管体系进入崭新阶段，新规进一步突出了对财务造假、内控失效等乱象的威慑力度，退市常态化成为趋势，在上市公司重整领域，新规要求对重整价值更加关注，对于不具有重整价值的公司，坚决出清。同时，与上市公司重整相关的制度密集发布，上市公司重整在法律政策层面进一步完善，在重整案件申请与管辖、信息披露义务及内幕交易防控、重整计划草案制定与执行等方面进行了细化，对重整受理、重整效果、重整投资等方面产生了深远影响。2024 年，上市公司重整呈现出不同的新特点、新变化、新趋势，重整程序的推进更加规范、重整与重组的效应更加彰显、重整投资的市场更加活跃。

本章在梳理 2024 年退市规则、重整相关制度改革及其影响的基础上，对本年度上市公司重整实践从不同维度进行观察和分析，以期为后续上市公司重整相关工作提供参考借鉴，并结合新规下上市公司重整特点提供可供操作的建议。

第一节　上市公司退市规则改革及其对市场的影响

一、退市规则改革的内容及特点

形成有进有出、良性循环的市场生态是资本市场稳定健康发展的必然要求。在拓宽前端入口的同时，我国资本市场迫切需要加快畅通出口。这既是化解上市公司存量风险、对严重失信主体保持“零容忍”的重要制度安排，也是提高上市公司质量、发挥市场配置资源决定性作用、优化市场生态、保护投资者合法权益的必然要求①。

2024 年，国务院出台《关于加强监管防范风险推动资本市场高质量发展的若干意见》，中国证券监督管理委员会（以下简称证监会）出台《关于严格执行退市制度的意见》。同时，沪深证券交易所落实深化退市制度改革要求，修订并发布《上海证券交易所股票上市规则》《深圳证券交易所股票上市规则》等业务规则（以下合称新“国九条”及相关配套文件）。一系列旨在深化退市制度改革的新规应运而生，标志着我国资本市场监管体系迈入了一个全新的阶段。

（一）退市规则改革的过程

自 1999 年《中华人民共和国证券法》初步确立退市制度框架至 2020 年，证监会先后进行了多次退市制度改革，建立了与市场发展阶段相适应的、相对完整的退市规则体系。2001 年 2 月，证监会发布《亏损上市公司暂停上市和终止上市实施办法》，对连续三年亏损的上市公司在暂停上市后的恢复上市和终止上市进行规定，我国上市公司退市制度正式推行。2001 年 11 月，证监会修订《亏损公司暂停上市和终止上市实施办法》，进

① 引用自证监会：沪深交易所全面修订四大类退市标准答记者问。

一步细化退市标准，明确暂停上市后的恢复上市条件，并强化信息披露要求。2012 年修订的《股票上市规则》确立了多元化的退市标准，净资产、年度审计报告、股票交易量等被确定为退市指标之一，自此“面值退市”也得以确立。2014 年 10 月，证监会发布《关于改革完善并严格实施上市公司退市制度的若干意见》，新增“主动退市”和“重大违法强制退市”制度，完善市场化退市机制。2018 年 7 月，证监会进一步修改《关于改革完善并严格实施上市公司退市制度的若干意见》，明确对重大违法公司实施强制退市，并强化退市执行力度。但与成熟市场相比，我国资本市场退市不系统、不坚决、不彻底等问题仍然比较突出。

2020 年中央全面深化改革委员会审议通过《健全上市公司退市机制实施方案》以来，常态化退市平稳开局。为进一步深化改革，实现上市公司进退有序、及时出清的格局，更大力度保护中小投资者合法权益，2024 年 4 月，证监会在认真总结改革经验和充分考虑国情市情基础上制定《关于严格执行退市制度的意见》。沪深证券交易所配套修订完善相关退市规则，退市制度迎来新一轮改革。本次退市标准的修订在 2020 年退市改革的基础上进一步突出对财务造假、内控失效等乱象的威慑力度，在两年连续造假强制退市指标基础上，新增一年造假、三年及以上连续造假的情形，并新增资金占用、内控非标审计意见、控制权无序争夺等三类规范类强制退市标准，坚决清除“害群之马”。

（二）2024 年退市新规的主要变化

2024 年退市规则修订进一步完善重大违法类、规范类、财务类和交易类四类强制退市指标。具体内容包括：

1. 科学设置重大违法强制退市适用范围

本次修订增加一年严重造假、多年连续造假退市情形，坚决打击恶性和长期系统性财务造假。造假行为持续 3 年及以上的，只要被行政处罚予以认定，坚决予以出清；调低“造假金额 + 造假比例”的退市标准，1 年造假 2 亿元以上且超过 30%、连续 2 年造假 3 亿元以上且超过 20%，予以退市。

2. 新增三种规范类退市情形

第一，新增“资金占用”退市指标。上市公司出现控股股东及其关联方非经营性占用资金，余额达到最近一期经审计净资产绝对值 30% 或者金额超过 2 亿元，被证监会责令改正但未在规定期限内改正的，坚决予以出清。第二，将内控审计意见纳入规范类退市指标，拟将连续两年财务报告内部控制被出具否定或者无法表示意见，或者未按照规定披露内部控制审计报告的公司纳入退市风险警示范围，第三年再次触及前述情形的，将被终止上市。第三，上市公司控制权无序争夺导致投资者无法获取上市公司有效信息的，被认为属于信息披露或者规范运作等方面存在重大缺陷。被交易所要求改正但未在要求期限内完成整改，且在公司股票停牌两个月内仍未完成整改的上市公司，将会对其实施退市风险警示。

3. 完善组合类财务退市指标

将主板亏损公司营业收入指标从 1 亿元调高至 3 亿元；对于内部控制存在问题的退市风险警示公司予以退市，提高撤销退市风险警示的规范性要求。

4. 完善市值标准等交易类退市指标

适当将主板 A 股（含 A + B 股）上市公司的市值退市指标从低于 3 亿元提至低于 5 亿元。

（三）2024 年退市规则改革的特点

本次退市标准的修订进一步突出对财务造假、内控失效等乱象的威慑力度，完善对违法违规行为的全方位、立体化打击体系；适当提高市值退市标准，推动市场化退市功能充分发挥作用，采取系列安排以期突出上市公司投资价值。

1. 科学设置多元化退市指标，精准锁定无投资价值公司

结合企业上市条件，科学设置严格的退市标准，更加精准实现“应退尽退”。建立健全不同板块上市公司差异化的退市标准体系，畅通多元化退市渠道，进一步严格财务指标类、交易指标类、规范运作类、重大违法类强制退市标准，同时完善上市公司吸收合并等并购重组政策，支持市场化方式的主动退市。

2. 加强投资者保护

坚持“退得下、退得稳”。严惩退市公司及其控股股东、实际控制人

和董事、高管的违法行为，健全退市过程中的投资者赔偿救济机制，切实保护投资者的合法权益；凝聚各方共识，创造平稳的退市环境。

更大力度落实投资者赔偿救济。一是退市公司及其控股股东、实际控制人、董事、高管违法违规行为对投资者造成损害的，证券投资者保护机构要引导投资者积极行权。二是对于上市公司重大违法退市，应当推动综合运用支持诉讼、示范判决、专业调解、代表人诉讼、先行赔付等方式，维护投资者合法权益。三是对重大违法退市负有责任的控股股东、实际控制人、董事、高管等，要依法赔偿投资者损失。

3. 新老划断平稳过渡

考虑到市场平稳过渡的客观需要，监管部门在新老规则衔接上也作出了明确安排。

对于财务造假重大违法强制退市指标，以行政处罚事先告知书作出时点为界进行新老划断。1 年造假、连续 2 年造假的退市指标，以 2024 年度作为首个起算年度；连续 3 年造假的退市指标，以 2020 年度作为首个起算年度。对于此次修订的财务类退市指标、内控非标审计意见退市指标，均以 2024 年度作为首个起算年度。

二、退市规则改革对市场的影响

（一）退市常态化成为趋势

根据证监会发布数据，截至 2018 年 9 月 6 日，沪深两市共 105 家公司退市，其中 56 家为强制退市[①]。2020 年至 2024 年五年累计退市的上市公司数量共计 177 家，远超至 2019 年止的二十年间，A 股累计退市的上市公司约 110 家之总和，一批“僵尸空壳”“害群之马”从市场出清。A 股“有进有出、优胜劣汰”的良性循环逐步形成，市场化、常态化的退出机制逐步建立。

2020 年 A 股退市公司数量为 16 家、2021 年 20 家、2022 年 42 家、

① 中华人民共和国中央人民政府网，https：//www. gov. cn/xinwen/2018 - 09/06/content _ 5319732. htm，2025 年 2 月 7 日最后一次访问。

2023 年 46 家、2024 年 53 家，如图 4－1 所示。

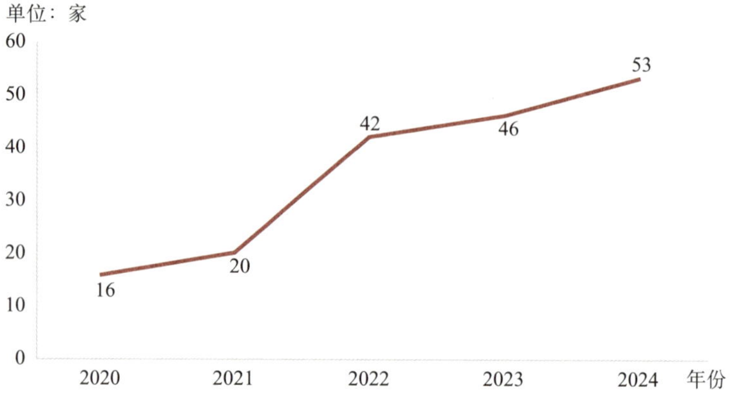

图 4－1　历年上市公司退市数量

数据来源：Wind 资讯。

退市公司数量逐年上升的同时，退市类型也同步实现多元化。从单一财务指标扩展至交易类（面值/市值）、规范类（信披违规）、重大违法类等。面值退市显著增多标志着市场优胜劣汰的自我调节机制开始形成，而多元化上市公司退市带动中介履职、投资理念、市场生态发生了深刻变化。退市常态化趋势的形成离不开退市规则一系列改革的核心推力。

（二）退市规则改革对市场的影响

1. 对上市公司重整的影响

2024 年 4 月，新“国九条”及相关配套文件出台，对加强监管防范风险，推动资本市场高质量发展进行了一系列具体规制。这将对未来上市公司重整在重整受理、重整效果、重整投资等方面产生影响；同时提高了上市公司维持上市地位的要求，退市常态化成为趋势，但部分退市公司仍具有重整价值及可能，其重整亦应予以关注。

（1）对重整受理的影响。

进一步强化对重整价值的关注。《证监会关于严格执行退市制度的意见》提及“对于不具有重整价值的公司，坚决出清。”进一步强化了对重整价值的关注，实务中应重点梳理和判断企业重整价值。从受理角度，重整价值较低的上市公司通过“双线审批”的难度也进一步加大。

资金占用问题通过重整程序解决的难度更大。2020 年 10 月，国务院出台的《关于进一步提高上市公司质量的意见》提及“上市公司实施破产重整的，应当提出解决资金占用、违规担保问题的切实可行方案”，据此，如提出解决资金占用问题切实可行的方案，有在重整程序中解决的可能。《国务院关于加强监管防范风险推动资本市场高质量发展的若干意见》规定：“构建资本市场防假打假综合惩防体系，严肃整治财务造假、资金占用等重点领域违法违规行为。”《上交所就〈上海证券交易所股票发行上市审核规则〉等 7 项业务规则公开征求意见答记者问》提及：“新增三种规范类退市情形。第一，上市公司内控失效，出现控股股东及其关联方非经营性占用资金，余额达到最近一期经审计净资产绝对值 30% 或者金额超过 2 亿元，被证监会责令改正但未在规定期限内改正的，坚决予以出清。此类公司内控形同虚设，独立性完全丧失，沦为控股股东攫取利益的工具，有必要将其清出市场。通过退市机制设立‘高压线’，也有利于震慑资金占用行为。”上市公司存在非经营性占用资金的监管力度进一步加大，也加大了在重整程序中解决资金占用问题的难度。

在重整价值产业维度更关注聚焦主业，产业投资人与重整上市公司主业协同性高有利于重整可能的判断。《国务院关于加强监管防范风险推动资本市场高质量发展的若干意见》提及：“鼓励上市公司聚焦主业，综合运用并购重组、股权激励等方式提高发展质量”“加强并购重组监管，强化主业相关性，严把注入资产质量关，加大对‘借壳上市’的监管力度，精准打击各类违规‘保壳’行为。”《证监会关于严格执行退市制度的意见》提及：“以产业并购为主线，支持非同一控制下上市公司之间实施同行业、上下游市场化吸收合并”“加强重组监管，强化主业相关性，严把注入资产质量关，防止低效资产注入上市公司；从严监管重组上市，严格落实‘借壳等同 IPO’要求；严格监管风险警示板（ST 股、*ST 股）上市公司并购重组”。由此，在重整价值产业维度认定方面更聚焦主业的上市公司可能更有利于被认定为具有重整价值，产业投资人的产业与拟重整上市公司的主业具备高度协同性也更有利于被认定为具有重整可能。

已经启动预重整的上市公司转入重整的不确定性增加。新“国九条”

及相关配套文件增加了因财务造假、控制权无序争夺的情形导致强制退市，提高主板 A 股（含 A + B 股）上市公司的市值退市指标至 5 亿元，提高了上市公司维持上市地位的要求。前述情形发生的期间不确定，包括可能发生在上市公司预重整期间。如在预重整期间上市公司因触及前述情形而退市，则会对其重整受理产生实质影响，这大大增加了已经启动预重整的上市公司转入重整的不确定性。

（2）对重整效果的影响。

实务中对上市公司重整“成功”的期待往往包括通过重整维持上市公司地位。新“国九条”及相关配套文件增加了因财务造假、内控审计意见、控制权无序争夺的情形导致强制退市，调高营业收入指标至 3 亿元、提高主板 A 股（含 A + B 股）上市公司的市值退市指标至 5 亿元，增加了上市公司维持上市地位的要求。即使危困上市公司通过重整程序实现净资产转正，但如在重整后因触及前述退市指标而退市，依然难以维持上市公司地位。

（3）对重整投资的影响。

与重整企业产业协同性更高的投资人与重整企业更适配。从拟重整上市公司角度看，选择与重整企业产业协同性更高的产业投资人更有可能被认定为具有重整价值。同时，投资人与重整企业产业协同性高，更有可能作为最终的产业投资人。

对重整投资标的的充分尽调应进一步关注。重整投资人投资重整上市公司，往往期待投资标的重整后长期维持上市地位。尤其是 2022 年 3 月之后，重整投资人持股存在法定 12 个月或者 36 个月限售期，作为被投资标的的重整企业在重整后维持上市地位对于重整投资人的重要性更为凸显。新“国九条”及相关配套文件出台后，加大了危困上市公司重整等于“保壳”的难度。尽调判断拟投资标的内控、产业等实际情况进而研判因财务造假、内控审计意见、控制权无序争夺、营业收入指标、市值退市指标等在重整后触及退市的可能性，有利于作出更为理性的投资决策。

或将对重整投资人尤其是产业投资人的重整投资对价方式产生影响。重整价值产业维度更关注聚焦主业，这或将对重整投资人尤其是产业投资人的重整投资对价产生导向，除支付现金对价外，还可能增加其他类型的投资对价。如将与上市公司主营业务具有协同效应的业务资产注入上市公司或者承诺兜底承接重整拟处置资产等。

2024 年 12 月 31 日，最高人民法院、证监会联合发布《关于切实审理好上市公司破产重整案件工作座谈会纪要》（以下简称《纪要》），对上市公司重整的审理原则、管辖、申请和受理、信息披露义务及内幕信息防控、重整计划草案的制定要求、重整计划执行监督、府院联动等问题进行了明确规定。同日，证监会就《上市公司监管指引第 11 号——上市公司破产重整相关事项（征求意见稿）》（以下简称《指引》）公开征求意见。《指引》同样直击各方关注、聚焦问题，从证券监管角度回应上市公司重整涉及的核心事项。《纪要》和《指引》有关上市公司重整的相关内容将在后文详述。

2. 对退市公司重整的影响

通过以上分析，不难看出，越来越多的上市公司由于监管趋严而退市。但公司退市不代表没有重整价值，并不能排除公司本身仍具备产业价值和发展前景。公司退市后，如不及时采取风险化解措施，公司仍将面临大量诉讼、执行措施，难以化解存续债务风险，使得公司情况进一步恶化。因此，对于退市后仍有重整价值的企业，仍有必要通过破产重整方式开展风险化解。我国司法实践中，也不乏退市公司进行破产重整的案例，近年来，吉恩镍业、银鸽投资、盛运环保等退市公司都是通过破产重整方式进行债务风险化解的成功案例。退市公司作为非上市公众公司，其破产重整相较于非公众公司、上市公司的破产重整，既有相同之处，又具有其特点。

（1）退市公司重整案件办理相关规定。

2024 年 12 月 31 日发布的《纪要》对退市公司重整予以关注，明确退市公司破产重整案件办理可以参照上市公司重整相关规定，一定程度上避免退市公司重整质效“弱化”于上市公司；同时由于退市公司为公众公司，强调人民法院需与地方政府、监管机构加强协作，确保案件审理依法有序稳妥推进。

规范退市公司重整案件办理，明确可以参照上市公司重整相关规定。此前对于退市公司重整，主要根据企业破产法以及全国中小企业股份转让系统的相关业务规则等进行，未明确遵循上市公司重整相关规则，与上市公司重整存在较大差异。《纪要》明确人民法院审理退市公司重整案件时，可以参照上市公司重整相关规定，强调要加强信息披露和内幕交易防控，依法严格审查债务清偿方案、出资人权益调整方案、经营方案等重整计划相关内容，对退市公司重整案件的办理提出了严格要求，以切实保障退市公司重整质量。

强调退市公司重整案件办理中法院内部汇报要求以及府院联动机制的运用，确保案件审理依法有序推进。基于退市公司具有公众公司的特性，同样涉及众多中小投资者，《纪要》明确提出受理法院需及时向高级人民法院上报案件办理相关情况，同时强调高级人民法院应当与退市公司住所地人民政府、证监会派出机构和全国中小企业股份转让系统有限责任公司等加强协作，必要时可以专门会商。《纪要》考虑退市公司重整的实际需要，强调法院内部汇报机制以及府院联动机制的有效运用，有助于妥善化解涉众风险以及案件依法有序审理。

在上市公司监管政策趋严的背景下，即便公司退市，也可通过实施破产重整化解风险，退市公司的重整相较于上市公司和非公众公司，具备一定特点。在实操过程中，需结合退市公司的实际情况进行通盘考虑。

（2）退市公司重整实务。

关于破产受理的前置条件。上市公司破产重整受理以最高院及证监会的“双线审批”为前置程序。退市公司破产受理则不适用上述规定，其破产的申请受理主要依据《中华人民共和国企业破产法》的相关规定进行。同时，是否对资金占用和违规担保提出解决方案，也不作为法院受理退市公司破产重整的前置条件。

关于审理方式。不同于上市公司基于法人人格治理的独立性要求均实施单独重整，或与关联公司协调审理。退市公司的审理方式更为多样，除单独重整外，如银鸽投资系采取与下属 6 家子公司协调审理的方式。另外还有采取与关联公司实质合并方式审理的案例，如哈尔滨工大高新技术产业开发股份有限公司重整案、凯迪生态环境科技股份有限公司重整案、安徽盛运环保（集团）股份有限公司重整案。

关于虚假陈述引发的或有负债问题。由于虚假陈述属于重大违法类退市原因之一，因此，相较于上市公司，退市公司更加高发因虚假陈述而引发的股民诉讼涉及的债权与破产程序衔接问题。2021 年 12 月 17 日，北京一中院裁定受理北京信威科技集团股份有限公司破产清算，其在北京金融法院（2022）京 74 民初 1976 号系列案件，是 2022 年 1 月 22 日开始施行《最高人民法院关于审理证券市场虚假陈述侵权民事赔偿案件的若干规定》后，法院审理的首个取消行政前置程序的证券虚假陈述责任纠纷案件。合理预计退市公司破产重整中，虚假陈述诉讼引发的或有负债问题将更加高发。结合之前上市公司的司法实践，包括协鑫集成科技股份有限公司（原上海超日太阳能科技发展有限公司）、恒天海龙股份有限公司都曾因虚假陈述发生股民诉讼，并且均涉及相关债权与重整程序进行衔接的问题。法院认为虚假陈述所形成的债权发生在破产受理日之前的，认定为破产债权，按照重整计划中同类债权的清偿条件安排清偿。

关于转板问题。退市公司只有在转板完成后，股转系统才会正式启动对退市公司的监管，退市公司重整方案的后续实施、推进落地还需在转板完成后才有相应的对接沟通渠道。从国内实践来看，退市公司从终止上市到开始在全国中小企业股份转让系统进行股票转让，用时存在差异，如吉恩镍业历时 61 天、凯迪生态历时 316 天。另外，与上市公司重整期间原则上不停牌不同，根据 2013 年《全国中小企业股份转让系统业务规则（试行）》第 4. 4. 1 条规定，退市公司被法院裁定受理破产重整，应当向全国股份转让系统公司申请股票暂停转让，相关情形消除后恢复转让。

关于出资人权益调整方案。退市公司的出资人权益调整较为灵活，除资本公积转增外，可采取缩股、原出资人权益直接让渡、定向增发等综合方式，包括对原出资人权益无差别调整以及差别调整，具体如表 4 – 1 所示。

表 4－1　　出资人权益调整方案

类型	出资人权益调整方式
原始出资人权益无差别调整	原出资人权益调整为零，100% 股权无偿让渡给重整投资人
	资本公积金转增股本，用于清偿债权人和/或引入重整投资人
	缩股＋资本公积金转增股本，转增股本用于清偿债权人和/或引入重整投资人
原出资人权益差别调整	原出资人权益部分让渡至投资人或用于清偿债权，不同类型的股东（区分控股/非控股、流通/非流通）让渡比例不同
	缩股＋不同类型股东让渡不同比例股权＋资本公积金转增股本
	不同类型的股东（区分控股/非控股、流通/非流通）让渡比例不同＋资本公积金转增股本
	资本公积金转增股本＋不同类型股东区分让渡股权比例＋定向增发股票

退市规则改革是资本市场制度性变革的关键拼图，其通过“劣汰”机制为“优胜”腾挪空间，推动上市公司整体质量提升与投资价值分化，最终实现资本市场的资源配置效率与风险抵御能力双增强。对上市公司而言，退市规则改革是挑战更是机遇，上市公司更应当关注提高公司质量，把握“有限资源更积极流向优质企业”的浪潮。

第二节　上市公司破产重整工具的运用及其市场状况

一、上市公司破产重整工具运用情况

全国上市公司（预）重整基本情况

根据上市公司相关公告数据统计，2024 年共有 29 家上市公司申请/被申请（预）重整（含庭外重组）。其中，6 家上市公司为自行申请（预）重整，23 家上市公司为债权人申请（预）重整，其中 1 家由债权人申请

（预）重整的上市公司的申请人同时为上市公司的控股股东。

2024 年共有 12 家上市公司被裁定受理重整，其中有 2 家上市公司系 2022 年（被）申请（预）重整，于 2024 年被裁定受理重整，即 ST 红太阳（000525）、*ST 花王（603007）；2 家上市公司系 2023 年（被）申请（预）重整，于 2024 年被裁定受理重整，即*ST 中利（002309）、ST 步步高（002251）。

2024 年共有 11 家上市公司被裁定批准重整计划，其中有 2 家上市公司系 2022 年（被）申请（预）重整，于 2024 年被裁定批准重整计划且终结重整程序，即 ST 红太阳（000525）、*ST 花王（603007）；2 家上市公司系 2023 年（被）申请（预）重整，于 2024 年被裁定批准重整计划且终结重整程序，即*ST 中利（002309）、ST 步步高（002251）。

对比前两年上市公司（被）申请（预）重整的数量，2022 年为 21 家，2023 年为 25 家，2024 年为 29 家，数量较前两年有所增加。

对比前两年受理重整的上市公司数量，2022 年为 11 家，2023 年为 16 家，2024 年为 12 家，较上年数量有所减少。

对比前两年上市公司重整计划被法院批准的数量，2022 年为 11 家，2023 年为 15 家，2024 年为 11 家，较上年数量有所减少，如图 4－2 的所示。

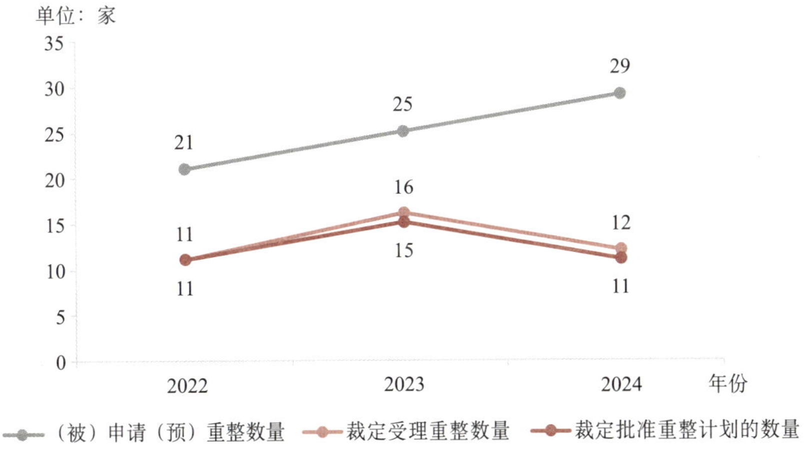

图 4－2　近三年全国上市公司（预）重整情况统计

数据来源：Wind 资讯。

二、上市公司破产重整市场状况

（一）上市公司破产重整概况

1. 上市公司规模情况

2024 年经法院批准重整计划的 11 家上市公司的资产规模情况如图 4－3 所示。从上市公司重整计划（草案）披露的资产情况（协调审理案件仅统计上市公司单体的资产、负债数据）来看，其资产评估价值多分布在 5 亿～60 亿元的区间，有 2 家资产规模超出上述区间，分别为 81.62 亿元、102.89 亿元。

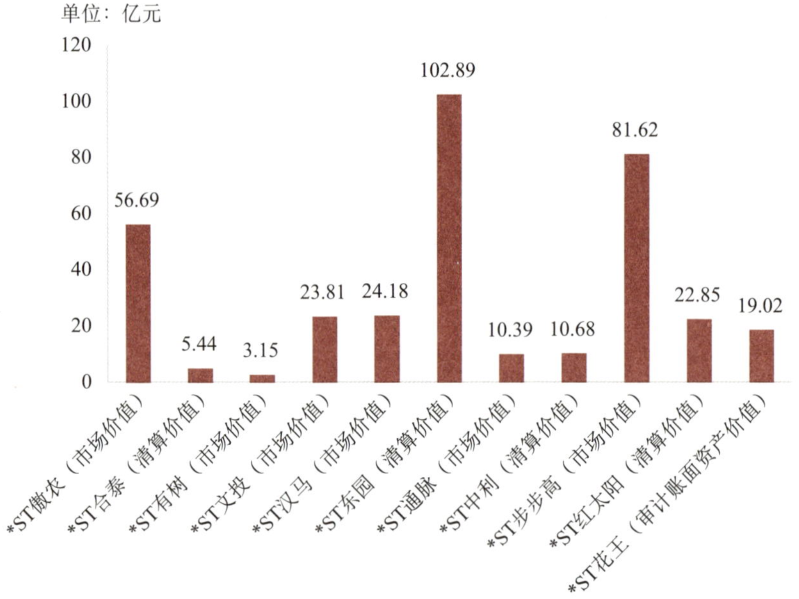

图 4－3　2024 年经法院批准重整计划的 11 家上市公司的资产规模情况

数据来源：Wind 资讯。

2024 年经法院批准重整计划的上市公司的负债规模情况如图 4－4 所示。负债金额（审查确认债权）多分布在 30 亿～100 亿元的区间，有 3 家负债规模超出上述区间，分别为 170.87 亿元、230.21 亿元、291.40 亿元。

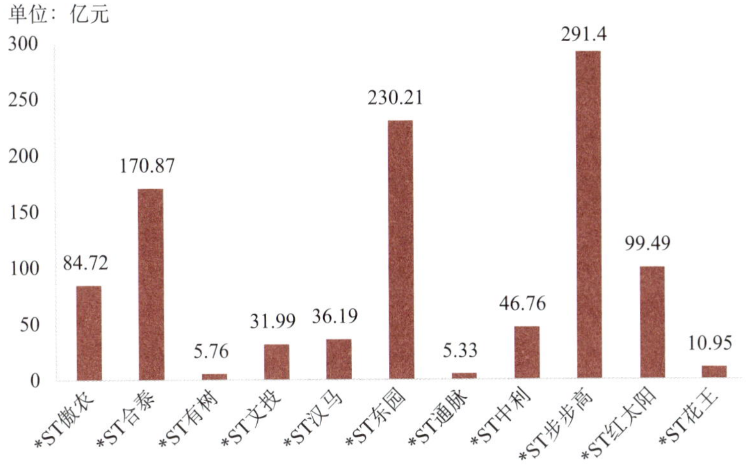

图 4－4　2024 年经法院批准重整计划的上市公司的负债规模情况

数据来源：Wind 资讯。

2. 破产管理人指定情况

从管理人类型上看，清算组担任管理人的占比上升。2023 年经法院裁定批准重整计划的 15 家上市公司中，共有 6 家上市公司以清算组作为管理人，占比 40%；2024 年经法院裁定批准重整计划的 11 家上市公司中，共有 6 家上市公司以清算组作为管理人，占比约 55%，比例相比上年上升，如图 4－5 所示。

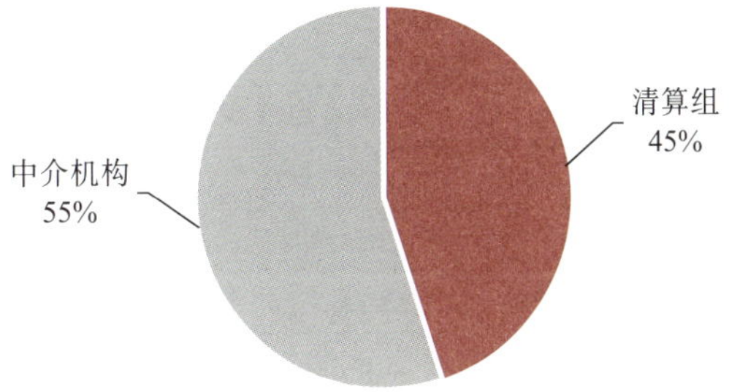

图 4－5　2024 年 11 家经法院批准重整计划的上市公司重整管理人类型占比情况

3. 重整期间管理模式

2023 年经法院裁定批准重整计划的 15 家上市公司中，采用债务人自行管理模式的上市公司共 15 家，占比 100%；2024 年经法院裁定批准重整计划的11家上市公司中，采用债务人在管理人监督下自行管理模式的上市公司共11家，占比仍为100%，如图4－6所示。

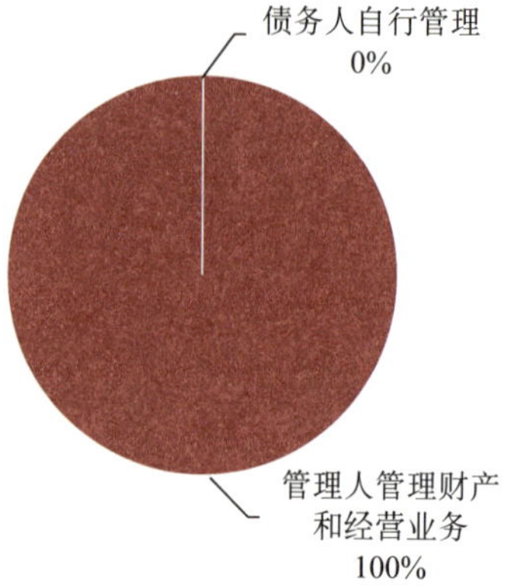

图4－6　2024年11家经法院批准重整计划的上市公司重整期间管理模式占比情况

4. 重整计划执行期限情况

重整计划执行期限情况如表4－2所示。11家上市公司在2024年均完成重整计划的执行，且实际执行天数均少于重整计划规定的执行天数。

表4－2　　重整计划执行期限情况

序号	上市公司	重整计划批准时间	重整计划执行完毕时间	重整计划规定的执行期	实际执行天数
1	*ST傲农	2024/12/9	2024/12/26	23天	17天
2	*ST有树	2024/12/5	2024/12/25	26天	20天
3	*ST文投	2024/11/25	2024/12/20	36天	25天
4	*ST中利	2024/12/11	2024/12/27	3个月	16天
5	*ST步步高	2024/6/30	2024/9/27	6个月	89天
6	*ST红太阳	2024/11/6	2024/12/6	6个月	30天
7	*ST花王	2024/9/9	2024/12/30	3个月	112天
8	*ST汉马	2024/12/11	2024/12/30	20天	19天
9	*ST合泰	2024/12/23	2024/12/31	128天	8天
10	*ST东园	2024/12/24	2024/12/30	8天	6天
11	*ST通脉	2024/12/10	2024/12/30	22天	20天

（二）上市公司重整计划制定状况

1. 出资人权益调整方案制定状况

（1）转增比例的情况。

2024 年度 11 家裁定批准重整计划的上市公司转增比例呈现在 10 转 11.5～24.5 区间范围内。

10 转 10 以内（含 10）的有 0 家，占比 0%；2023 年有 5 家，占比 33.33%；在 10 转 10～15 区间内（含 15）的有 7 家，占比 63.64%；2023 年有 3 家，占比 20%；在 10 转 15～20 区间内（含 20）的有 2 家，占比 18.18%，2023 年有 4 家，占比 26.67%；在 10 转 20 以上的有 2 家，占比 18.18%，2023 年有 3 家，占比 20%。

综合来看，资本公积金转增比例较上年整体有下降趋势，整体向 10 转 20 范围内收拢，其中 10 转 10～15 区间内的数量占比由 2023 年的 20% 上升至 2024 年的 63.64%。

（2）转增股票用途的情况。

11 家上市公司中有 9 家公司转增股票均不向原股东分配，其中 5 家转增股票全部用于引入重整投资人及向债权人抵偿债务；3 家转增股票在前述基础上预留部分用于解决重整遗留问题，包括预留预计债权偿债资源、解决可能存在的资金占用问题、持续引入财务投资人等作用；ST 步步高（002251）的转增股票除引入重整投资人及以股抵债外，部分转增股票按约定用于支付各项重整费用。

其余 2 家公司中，*ST 红太阳（000525）转增股票应向控股股东及关联股东以外的其他股东分配的部分，调整为部分向原股东分配、部分用于引入投资人及抵偿债务；*ST 花王（603007）转增股票应向控股股东以外的其他股东分配的部分，调整为部分向原股东分配、部分用于引入投资人及抵偿债务。

（3）资本公积转增股本后的除权问题。

11 家上市公司中有 6 家（占比 54.55%）公司因转增股票换取对价低于股权登记日市场价值需要被交易所除权，相较于 2023 年被除权的 4 家（占比 26.67%）有所增加。

2. 债权清偿方案制定状况

2024 年重整的 11 家公司债权分类及清偿方案相较于往年存在一定创新，列举如下：

*ST 傲农（603363）普通债权分为其他主体提供财产担保的傲农生物普通债权、养户贷债权、其他普通债权。其他主体提供财产担保的傲农生物普通债权以现金 + 留债的方式综合清偿，超过担保价值部分以股抵债受偿；养户贷债权以现金 + 留债的方式综合清偿；其他普通债权通过现金 + 股票 + 信托的方式综合清偿。

*ST 合泰（002217）作为主债务人或连带债务人并由协调审理范围以外的全资下属企业财产提供抵质押担保或融资租赁的债权，如决定保留该项资产的，参照*ST 合泰（002217）有财产担保债权清偿方案进行留债清偿。

*ST 东园（002310）的有财产担保债权人可以选择行使担保物权，一轮流拍后担保权人可选择以第一次流拍的保留价以物抵债；如未选择行使担保物权或未选择以物抵债等其他情况，对应担保物作为信托底层资产，由信托计划负责处置，债权人按照评估值等额获得特定优先信托受益权份额。

ST 步步高（002251）对非全资子公司提供担保形成的普通债权，由相应的主债务主体继续予以清偿，不占用重整程序的偿债资源，上市公司继续维持原担保方式不变，最终需要承担担保责任时按照重整计划规定的同类债权清偿方案清偿。

*ST 红太阳（000525）普通债权人可选择以现金 + 股票 + 分配资金占用债权方式综合清偿。

（三）上市公司重整投资人招募状况

从投资人招募方式看，2024 年经法院裁定批准重整计划的 11 家上市公司，除*ST 花王（603007）未公开发布招募重整投资人公告外，其他上市公司均系在预重整阶段公开招募重整投资人。公开招募依旧是上市公司重整投资人招募的主流方式。

从招募家数上来看，本年度 11 家通过重整计划的上市公司中，共产生有153家投资人（存在同一个主体参与多个上市公司重整投资的情况）参与了投资活动，其中产业投资人共有28家，财务投资人共有125家。其中，*ST傲农（603363）破产重整案参与的产业投资人数量最多，为5家；*ST有树（300209）破产重整案参与的财务投资人数量最多，为25家[①]。

从投资人主体形式上看，除*ST通脉（603559）在发布的公开招募重整投资人公告中明确本次招募不接受联合体报名外，其余采取公开招募的上市公司均接受联合体报名方式。

从投资风险控制角度，多家投资人均在投资协议中将重整计划执行完毕前/法院裁定批准重整计划前上市公司已确定将被实施退市约定为无违约责任的单方解除权情形，如*ST合泰（002217）、*ST文投（600715）、*ST中利（002309）、*ST仁东（002647）、*ST开元（300338）。

展望2025年，《纪要》规定，拟引入重整投资人的，重整投资人应当具有相应的资源和能力。人民法院在审批重整计划草案时，应重点审查重整计划内容以及重整投资人资格是否符合法律、行政法规、国家产业政策以及上市公司收购等相关规定，必要时可以征求属地证监会派出机构的意见。由此，上市公司重整投资人招募条件将可能更加严格，对于投资人的专业度和实力要求也将进一步提升。

（四）上市公司控制权变更状况

11家上市公司中有5家上市公司的实控人发生了变更，分别为：*ST傲农（603363）、*ST通脉（603559）、*ST中利（002309）、ST红太阳（000525）、*ST花王（603007）；3家上市公司的实控人未发生变更，分别为：*ST汉马（600375）、*ST合泰（002217）、*ST文投（600715），其中*ST文投（600715）虽控股股东发生变化，但穿透后实控人仍为北京国资委，实控权未变更；1家变更为无实控人状态，为ST步步高（002251）；*ST有树（300209）、*ST东园（002310）2家上市公司未披露。

① 《盘点2024年度上市公司重整案件的投资人》，https：//mp. weixin. qq. com/s/Uwgy7AwKYYBDDrG8HedcFw，2025年2月7日最后一次访问。

（五）资金占用和违规担保解决状况

2022 年 3 月 31 日交易所发布的破产重整自律监管指引要求上市公司在（被）申请重整的 5 个交易日内，披露上市公司对非经营性资金占用、违规对外担保等专项自查报告。结合国务院《关于进一步加强上市公司质量的意见》等相关规定，在重整中对违规担保、资金占用问题提出可行的解决方案是上市公司重整成功的重要一环。2024 年 11 家重整成功的上市公司中有 3 家存在资金占用和/或违规担保的情况，具体解决方式列示如下，后文将进一步从上市公司重整成功经验角度对上市公司资金占用和违规担保解决情况进行解析。

1. 资金占用事宜

ST 红太阳（000525）对于资金占用问题，在本次重整程序中，将通过向债权人分配以及重整投资人现金代偿的方式予以解决，在重整计划执行完毕时，若有部分未解决的资金占用，战略投资人将以现金方式兜底解决。同时，财务投资人对前述兜底责任按比例承担连带责任。

*ST 花王（603007）对于资金占用问题，在本次重整中，将通过对控股股东进行权益调整的方式解决。应向控股股东分配的部分股票将按照资本公积转增股票实施日二级市场股票收盘价格向重整投资人转让，处置所得现金用于偿还被占用的资金。如处置所得现金不足以覆盖非经营性资金占用金额，则重整投资人将就差额部分的解决进行兜底；如处置所得现金超出非经营性资金占用金额，重整投资人将进行折价认购，认购金额以非经营性资金占用金额为限，确保不损害中小股东利益。

*ST 中利（002309）对于资金占用问题，在本次重整中，将通过财务投资人代为履行资金占用所需款项全额以现金形式汇入管理人银行账户予以解决。

2. 违规担保事宜

*ST 中利（002309）对于违规担保事宜，在本次重整中，由产业投资人以现金形式就中利集团为承担违规担保债权清偿责任所实际付出的偿债资源对中利集团进行补偿（补偿金额为中利集团实际支付的偿债现金以及偿债股票按照重整计划规定的普通债权以股抵债价格折算为现金后的合计

金额）。

2024 年 12 月 31 日最高院及证监会联合出台的《纪要》规定，控股股东、实际控制人及其他关联方违规占用上市公司资金、利用上市公司为其提供担保的，原则上应当在进入重整程序前完成整改。该规定将加大 2025 年度及之后存在资金占用、违规担保情形上市公司重整的难度。

另外，同样根据《纪要》第 16 条规定，控股股东、实际控制人及其关联方因违法违规行为对上市公司造成损害的，制定重整计划草案时应当根据其过错程度对控股股东及实际控制人支配的原有股权作相应调整。

就该条规定，已有 * ST 三圣（002742）进行实践运用，即基于控股股东、实际控制人及其关联方过错剥夺其已有股份，用于对债权人补充分配，响应、落实《纪要》精神，规范上市公司管理，对过错方追责，净化市场。

三、2024 年度上市公司重整特点总结

（一）上市公司重整难度增大

2024 年，新国九条、并购新规等证券监管规则密集出台，共有 29 家上市公司申请/被申请（预）重整（含庭外重组），数量较前三年继续增加的同时，完成重整（以裁定批准重整计划为基准统计）的上市公司家数为 11 家，对比 2023 年上市公司重整计划被法院批准的 15 家数量，2024 年完成重整的上市公司数量和比例均呈下降趋势。一定程度上说明上市公司重整的难度与不确定性，参与各方可以在上市公司重整筹划、启动以及实施过程中予以关注和反向借鉴。

（二）上市公司重整与重组效应彰显

2024 年度的上市公司重整中尤其彰显了经营方案的重要性，不仅实现通过重整维持上市地位，更加关注引入与上市公司业务协同的重整投资人，在重整计划经营方案部分规定重整后剥离低效资产、注入优质资产，促使上市公司实现长期可持续的高质量发展。

11 家上市公司的经营方案中，有 6 家规定了剥离低效资产或重整后注

入新资产。*ST 傲农（603363）明确规定处置低效无效猪场、退出北方市场。*ST 东园（002310）明确规定重整后收（并）购新能源资产。*ST 合泰（002217）明确规定剥离部分盈利能力较差的手机显示模组业务。*ST 花王（603007）明确规定重整计划执行完毕后择机注入国家鼓励的、监管认可的、具有较好行业前景的新质生产力方向相关资产。*ST 文投（600715）明确规定通过本次重整剥离持续亏损、扭亏无望及长期无法获得投资回报的股权、合伙企业份额，预计无法回收或回收成本过高的债权及投资收益权等；此外还规定引入符合国家产业政策导向、商业模式相对成熟、盈利能力相对较强的“文化＋科技”类优质资产。*ST 有树（300209）明确规定产业投资人承诺在获得上市公司实控权后，将逐步向上市公司注入进口业务，并同时基于其出口业务资源提振上市公司现有出口业务，再择机实现资产置入。11 家上市公司中有 4 家公司的资产剥离采用了破产服务专项信托方式，包括*ST 傲农（603363）、*ST 合泰（002217）、*ST 东园（002310）、*ST 花王（603007）。

（三）重整投资市场更加成熟

一是专业化的上市公司重整投资人更加集中显现；二是随着新“国九条”及配套制度对上市公司监管加强，上市公司“保壳式”重整难度加大，多家上市公司在启动预重整后于 2024 年度发生面值退市/重大违法退市等情形，由此，重整投资人风险控制意识也逐渐增强，重整投资协议中更加关注重整期间以及重整计划执行完毕前上市公司的退市风险，在重整投资协议中约定非因重整投资人原因导致重整失败的情形，包括“双线审批”未通过、法院未受理破产重整、重整计划预计无法按约定时间执行完毕等，重整投资人享有单方解除权。

（四）庭外重组实践有待进一步探索

2024 年度，ST 高鸿（000851）开展了庭外重组程序，委托专业中介机构代理向贵阳市破产管理人协会申请备案庭外重组并提交了相关备案材料，于 2024 年 8 月 14 日完成庭外重组备案。《纪要》对庭外重组程序进行了规定，上市公司与债权人、出资人、重整投资人等利害关系人通过庭外重组谈判，签署或者达成债权调整、引入重整投资人等相关协议的，应当符合本纪要关于重整计划草案制定的要求，并按证监会和证券交易所的规定履行信息披露义务。庭外重组程序的适用以及实践将可能受到进一步关注。

在法院进行登记/立案的预重整与在管理人协会备案的庭外重组，其区别包括但不限于以下几个方面：一是期限方面，相较于预重整，庭外重组更加灵活；二是程序退出上，无须经过法院审查，更加灵活；三是管辖方面更加灵活，由于无须向法院递交申请，因此不受《纪要》“向人民法院提交（预）重整申请时，上市公司住所地应当在该法院辖区内连续存续1年以上”的规制。

第三节　上市公司破产重整成功经验与失败原因分析

踏上重整之路的上市公司，有的重整成功破局实现重生，有的陷入僵局、未能进入重整程序，无法通过重整脱困。通过深入剖析2024年度重整案例，总结其中的成功经验与失败原因，对于未来上市公司重整各项工作的开展具有重要的参考意义。

2024年共有29家上市公司申请/被申请（预）重整，其中7家上市公司重整计划经法院裁定批准且执行完毕，*ST金科（000656）目前仍在重整阶段，*ST嘉寓（300117）启动预重整后撤回重整申请且法院已终结预重整程序，*ST洪涛（002325）启动预重整后触及面值退市，目前法院已裁定不予受理重整；2家公司[①]的预重整申请尚未受理，剩余17家公司仍在预重整期间。2024年内另有3家上市公司公告拟申请（预）重整后触及面值退市情形，导致丧失作为一家上市公司重整的基础，至今仍未进入（预）重整程序。

① 分别为ST旭蓝（000040）、*ST鹏博（600804）。

此外，2022～2023年（被）申请（预）重整的4家上市公司重整计划于2024年被批准且执行完毕。

本节讨论的重整成功案例范围包括2024年度内重整计划获得批准且执行完毕的11家上市公司；重整失败案例范围包括2024年度内由于各类原因导致（预）重整程序无法进入、进入后无法继续推进或已终结（预）重整程序的案例，不包括仍在正常推进的上市公司（预）重整案例。

一、重整成功经验分析

（一）充分发挥府院联动机制优势，提升上市公司挽救效能

归纳2024年度上市公司重整成功的经验，首要之处是充分发挥府院联动机制的优势，打破政府与法院间的信息壁垒，整合行政与司法资源形成合力，有效提升上市公司重整的质效。以*ST花王（603007）为例，府院联动机制在上市公司重整领域的优势充分体现在以下几个方面：

一是联动机制有效处置重整难题。*ST花王（603007）是国内首个进入预重整程序的可转债发行公司，预重整启动之初存在3.29亿元存量未兑付可转债。属地政府在镇江中院决定启动预重整的同时，及时成立清算组并指定其担任预重整临时管理人。各级政府及法院指导临时管理人制定系统性可转债处置方案，通过*ST花王（603007）依规行使“花王转债”提前赎回权，促使债券持有人自发踊跃转股，以市场化方式化解了“可转债”难题，“花王转债”于2024年2月27日顺利完成摘牌，成为全国首例预重整阶段通过“自发转股+提前赎回”方式全面处置可转债问题的上市公司案例。

二是联动机制有力推动投资人与重整方案的确定。在政府及法院的联合推动下，各方就重整方案及投资方案进行多轮磋商和谈判，最终签署《预重整投资协议》及相关补充协议，结合客观情况，迅速达成重整方案，最终顺利完成重整。

三是联动机制有效提升重整效率。2024年9月9日，法院裁定受理重整后，镇江中院、属地政府、管理人、*ST花王（603007）、重整投资人等

各方代表多次座谈会商，高效推进重整程序。2024 年 11 月 15 日，重整计划获得法院批准；2024 年 12 月 30 日，重整计划执行完毕。从重整受理至重整计划批准共计 67 天、重整计划获得批准至执行完毕共计 45 天，联动机制实现了重整程序及执行工作的高效推进。

（二）妥善处置非经营性资金占用等合规问题，依法依规推进上市公司重整各项工作

2024 年重整计划获批的 11 家上市公司中部分在启动预重整时存在合规问题，包括非经营性资金占用及业绩补偿承诺事项问题，以*ST 花王（603007）、ST 红太阳（000525）、*ST 中利（002309）为例，资金占用金额分别为 0.98 亿元、28.84 亿元、18.05 亿元，分别占其最近一期经审计净资产的 29.99%、287.39%、303.24%，非经营性资金占用等合规问题的顺利解决，是上市公司重整程序顺利推进并取得重整成功的另一重要经验。

*ST 花王（603007）在解决资金占用问题上，采取了一系列针对性强的措施。在重整过程中，对控股股东进行权益调整，在资本公积转增股票的过程中，将原本应向控股股东花王集团分配的 148745000 股股票进行了特别安排：其中 20000000 股股票被专项用于解决非经营性资金占用问题，这些股票将按照资本公积转增股票实施日二级市场股票收盘价格向重整投资人转让，所得资金用来偿还控股股东占用的资金。若处置所得现金不足以覆盖非经营性资金占用金额，重整投资人会对差额部分进行兜底；若超出，则重整投资人进行折价认购，认购金额以非经营性资金占用金额为限，以此保障中小股东利益。此外，预重整投资人已向临时管理人银行账户支付了 1.6 亿元的重整意向金，其中 200 万元为代花王集团等额偿还上市公司非经营性资金占用本金及利息。从*ST 花王（603007）的重整过程可以总结出，合理利用权益调整、引入有实力的投资人以及完善的兜底机制，是解决资金占用问题、推动重整成功的重要经验。

ST 红太阳（000525）对于控股股东及其关联方的 28.84 亿元非经营性资金占用问题的解决方案分为两步。首先，约 2.2 亿元占用金额由重整投资人以现金方式代资金占用方偿还。其次，剩余 26.63 亿元通过向享有公司债权金额合计 26.63 亿元的债权人进行分配清偿的方式解决，具体操作

是由债权人在表决重整计划草案时，同步出具《普通债权清偿方式选择确认函》，明确愿意接受公司以资金占用应收债权对其进行清偿，实现应收款项和应付款项的互相抵销，从而解决这部分资金占用问题。ST红太阳（000525）重整成功解决资金占用问题的经验在于合理规划资金来源，让重整投资人代偿一部分资金，同时巧妙利用债权债务抵销的方式，化解了巨额资金占用难题，为公司重整成功扫清障碍。

*ST中利（002309）对于18.05亿元被占用资金采取了多种举措。首先，控股股东将铁岭县中盈房地产开发有限责任公司的股权质押给上市公司，将常熟市中盈房地产开发有限责任公司65%股权的收益权作为还款义务的担保，增加了还款的保障力度。其次，上市公司及子公司分别与相关债权人签署了自法院裁定受理重整日起生效的相关代为履行（豁免）协议，豁免债权金额共计11.13亿元。此外，财务投资人提供现金6.8亿元，代为履行控股股东及关联方对等额非经营性资金占用所产生的清偿义务。通过前述债权人豁免和财务投资人现金出资，其合计金额覆盖非经营性资金占用的金额。从*ST中利（002309）的案例可以看出，通过与债权人达成代偿协议、引入财务投资人兜底等方式，为解决资金占用问题、推进重整工作提供了有力支持，也是其重整成功的重要经验。

（三）深化运用服务信托工具，高效稳妥实现低效资产剥离

破产服务信托已经深度运用在2024年上市公司重整案例中，上市公司重整借助服务信托工具，精准梳理、快速转移，高效稳妥剥离低效资产，助力企业轻装上阵。以2024年重整成功的*ST花王（603007）、*ST傲农（603363）、*ST东园（002310）、*ST合泰（002217）、*ST中利（002309）为例，具体分析如下：

*ST花王（603007）将应收账款、存货等低效资产设立资产持有型信托，受益人为债权人。在债权人通过信托获得全额清偿后，剩余信托财产返还公司，保护中小股东权益。这种设计既隔离了低效资产对主业的拖累，又为债权人提供未来收益可能。通过信托隔离，公司核心资产得以轻装上阵，同时延缓低效资产快速变现带来的价值贬损，提升了债权清偿率。

*ST傲农（603363）在重整程序中由上市公司设立信托资产平台公司

归集拟剥离资产（拟剥离资产即为信托计划底层资产，主要包括上市公司所持子公司股权），以信托资产平台公司100%股权及上市公司对信托资产平台公司及其子公司享有的要求其支付底层资产转让对价的债权作为信托财产设立企业破产服务信托，并由受托人根据受益人大会和管理委员会的决议按照重整计划通过信托资产平台公司管理、处分信托底层资产。

*ST东园（002310）引入中信信托和外贸信托分别设立一号、二号服务信托。一号信托用于核心资产债转股，二号信托承接非核心资产（如PPP项目应收款），通过专业化清收提高处置效率。低效资产处置所得现金优先用于小额普通债权人清偿（8万元以下全额现金清偿），剩余部分通过信托补充分配，提升债权人接受度。信托受托人与重整投资人协同，确保核心资产（如环保工程业务）由产业投资人接管，非核心资产通过信托“以时间换空间”逐步变现，最终成功剥离低效资产约26亿元。

*ST合泰（002217）将应收款项、固定资产等低效资产注入新设平台公司，再以平台公司股权作为信托财产设立服务信托，受益权按比例分配给债权人。信托计划通过资产证券化、租赁等多元化方式盘活低效资产，避免仓促处置损失，同时为债权人提供长期收益预期。

值得注意的是，*ST中利（002309）采取了类似宣言信托的资产处置方案：“为有效恢复和增强中利集团持续经营能力，真正提升企业运营质量，避免低效资产折旧计提造成大额亏损，本次重整，中利集团将对无法产生正向效益、长期停用闲置等可能导致公司经营成本增加、利润持续亏损的低效资产或无效资产予以处置。自重整计划获得苏州中院裁定批准之日起，拟处置资产将由管理人代为管理和处置，中利集团对拟处置资产不再享有控制权、管理权及收益权等一切权利，拟处置资产不再纳入中利集团合并财务报表的合并范围。前述资产处置若有所得现金将直接支付至管理人银行账户，作为普通债权8万元以下债权部分现金清偿的偿债资源（资产处置未完成的不影响中利集团按照重整计划规定的清偿方案向普通债权人支付偿债现金），处置所得将全部优先用于向普通债权人分配。”

宣言信托是委托人将自己的特定财产指定为信托财产，并对外宣言自为委托人及受托人，为特定受益人或特定目的而管理信托财产的信托。*ST

中利（002309）将低效资产由管理人代为管理和处置，通过类似宣言信托机制明确资产权属和管理权限转移，资产移出合并报表，风险隔离效果与信托等同，但省去了设立合同信托的复杂流程。宣言信托由管理人自行担任受托人，无须财产转移登记，显著降低设立成本和时间，开启管理人作为受托人的“宣言信托”案例尝试。

服务信托已成为上市公司重整中解决低效资产问题的关键工具，通过灵活的法律结构和市场化运作，既保障债权人利益，又为企业重生创造空间。

（四）合理管控投资人违约风险，强化违约责任设置及制定备选方案

随着近两年尤其是2024年上市公司重整投资成为市场资金追逐的热点，参与的投资人亦越来越多，良莠不齐，为避免选择投资人出现“偏差”，投资人中选后无法按时付款导致执行失败、重整失败等情况，需要在遴选、招募投资人过程中充分管控风险，对重整投资人的资金实力、融资渠道、可用授信额度、资金来源等方面进行较为深入的尽调与了解，明确重整投资人构成违约的情形以及相应情形下承担的违约责任，尽可能确定备选投资人和备选方案等。

以*ST傲农（603363）重整案为例，在投资人选定环节，漳州中院坚持市场化原则，将能为傲农生物主营业务提供上下游支持，作为产业投资人的遴选条件之一。通过公开招募和遴选，最终成功引入有实力的重整投资人泉发外贸联合体，联合体由14家投资人组成，既有产业协同性的产业投资人，也有资金实力的财务投资人，既为上市公司提供强大资金支持，还能在主营业务上提供产业赋能。另外，为有效降低投资协议签署后投资人无法按时付款继而导致重整失败的风险，多个重整案件中对投资协议中的违约条款进行了强化，并要求投资人之间承担连带/兜底义务。例如*ST东园（002310）要求投资人联合体成员对联合体其他成员的投资义务承担连带/兜底责任、ST步步高（002251）要求联合体牵头投资人承诺对联合体其他成员的投资义务承担连带/兜底责任。

通过前述遴选阶段深入的尽调与了解、投资协议中违约责任及备选机制的设置，确保投资协议签署后相关风险控制在合理范围内，增强上市公

司在面对风险时的应对能力，保障重整工作的稳定性和连续性。

（五）优化设计执行完毕标准，确保重整计划按时执行完毕

2024 年上市公司重整案例中，重整计划执行完毕标准呈现出被拆分为多个可量化、分阶段达成目标的新趋势。如投资款支付方面，过往上市公司重整计划通常要求重整投资人支付全部投资款作为执行完毕标准，而* ST 东园（002310）要求不低于 6 亿元的最低支付金额，降低了执行门槛；在现金及股票等偿债分配方面，多数案例仍沿用现金和股票划转至债权人指定账户或提存至管理人指定账户即视为完成的标准。在破产服务信托搭建方面，* ST 合泰（002217）、* ST 东园（002310）均要求签署信托合同即视为信托计划相关内容执行完毕，* ST 花王（603007）则仅要求重整计划规定的信托计划成立并生效条件满足即可。* ST 中利（002309）重整计划中尽管将信托受益权份额作为重整计划规定的偿债安排以外的额外偿债资源分配给全体债权人，但重整计划执行完毕标准中不涉及信托相关内容。

参考证监会《上市公司监管指引第 11 号——上市公司破产重整相关事项（征求意见稿）》第 10 条要求，执行标准需确保重整计划实施中的重大风险已消除。2024 年上市公司重整执行完毕标准的优化设计体现了市场化与法治化相结合的原则及重整计划执行重大风险已经消除的标准：通过分阶段标准、预重整衔接、信息披露强化等措施缩短执行周期，同时依托新规的“重大不确定性消除”要求，对关键环节，如转增股票登记、投资款支付、信托计划设立等风险进行重点控制，确保执行效率与风险可控并重。未来需进一步关注灵活性与监管刚性的动态平衡，避免因执行标准过度简化导致执行风险失控。

二、重整失败的原因分析

根据对 2024 年上市公司重整的案例进行分析，未能按时进入重整程序甚至重整失败的主要原因可归于以下几类：

（一）合规问题难以按时出清，进入重整程序存在障碍

目前我国上市公司破产重整受理所呈现的特征是“门槛较高”，程序

复杂且耗时较长，需要完成行政及司法的“双线审批”。根据《纪要》规定，申请人向人民法院提出重整申请的，上市公司住所地省级人民政府应当同步向证监会通报情况，并将所出具的维稳预案以及上市公司与债权人、出资人、重整投资人等利害关系人已签署或者达成的有关债权调整、重整投资等协议一并通报。证监会应当就上市公司重整价值等事项向省级人民政府出具意见，并同步通报最高人民法院。因此实践中，法院是否受理上市公司破产重整案件事实上不仅仅是司法审查的范畴，能否取得证监会关于上市公司重整的无异议函也是法院受理的重要前提条件。同时，根据《纪要》要求，控股股东、实际控制人及其他关联方违规占用上市公司资金、利用上市公司为其提供担保的，原则上应当在进入重整程序前完成整改。

本年未被受理重整的上市公司中，多家公司是因为存在违规担保、资金占用等合规问题未按时完成整改导致进入重整程序存在障碍。例如：ST三圣（002742）于2023年6月26日发布了拟申请预重整及重整的公告，并披露了存在非经营性资金占用及违规担保的自查报告，至2024年11月7日，公司才完成相应整改，未能在2024年进入重整程序。类似的案例还有ST聆达（300125）、*ST鹏博（600804）、ST西发（000752）、ST旭蓝（000040）等，其中ST旭蓝（000040）因非经营性资金占用金额巨大尤为值得关注，2024年7月5日，ST旭蓝收到深圳证监局下发的决定书，责令东旭集团及其关联方应在收到决定书之日起六个月内，归还非经营占用资金77.96亿元，否则深交所将对公司股票实施停牌，停牌后两个月内仍未完成整改的，将对公司股票交易实施退市风险警示，此后两个月内仍未完成整改的，深交所将决定终止公司股票上市交易。

合规问题未能按时解决影响监管机构对上市公司重整的态度和重整投资人参与重整的积极性，并进而导致无法满足法院受理重整案件的程序或实体要求，影响了上市公司重整受理进程。

（二）市值管理未能有效实施，申请（预）重整后触及面值退市情形

2024年是退市新规发布之年，年内共有53家上市公司摘牌退市，其中38家系因连续20个交易日股价低于1元而退市即面值退市，占比超过

七成，面值退市成为2024年A股退市的“主力军”。股价低迷的上市公司，往往通过发布利好消息、股东增持、董监高等管理层增持、上市公司自身回购等方式进行市值管理，避免公司股票触及面值退市情形。

拟申请重整或已经申请重整的上市公司，由于自身可能存在较重的债务风险和经营困境，或所处行业处于下行状态，股价往往非常低迷，如市值管理措施未能有效实施，公司股价受市场波动易触及面值退市。上市公司退市后，股票丧失了流通性，其上市地位和“壳资源”也不复存在，其重整价值将大打折扣，甚至导致重整失败。以*ST洪涛（002325）为例，该公司债权人于2024年1月29日向法院申请上市公司重整及预重整，法院于2024年5月28日决定启动预重整。但因*ST洪涛（002325）股票在2024年5月31日至2024年6月28日期间，连续20个交易日收盘价均低于1元，触及面值退市情形，于是法院在2024年7月29日裁定不予受理债权人对*ST洪涛（002325）的重整申请。另外，*ST美尚（300495）于2022年启动预重整程序，但因2024年公司股票触及面值退市而终结预重整程序。*ST柏龙（002776）于2023年被债权人申请重整及预重整，但因2024年公司股票触及面值退市目前仍未进入预重整或重整程序。更有甚者，2024年多家上市公司在公告拟申请（预）重整后触及面值退市情形，因此至今未能进入（预）重整程序，包括ST联络（002280），于2024年5月28日公告称拟向法院申请重整及预重整，但2024年6月公司股票触及面值退市。ST新纶（002341）于2024年6月7日公告称拟向法院申请重整及预重整，但2024年7月公司股票触及面值退市。ST迪马（600565）于2024年5月28日公告称拟向法院申请重整及预重整，但2024年6月公司股票触及面值退市。

值得注意的是，2024年重整成功或仍在预重整阶段的上市公司中，也有多家曾触及面值退市风险。例如，*ST东园（002310）于2024年4月18日公告《2023年度快报》，称公司2023年度净资产预计为负，年报披露后将被实施退市风险警示，公司股价因此触及多个交易日跌停，至2024年5月初，已经连续9个交易日股价低于1元，面临紧迫的面值退市风险。债权人北京朝阳国有资本运营管理有限公司于5月7日向法院申请*ST东园

（002310）重整及预重整，上市公司公告该利好消息后，公司股价得到修复，恢复至1元以上，消除了面值退市风险。东方集团（600811）于2024年6月25日被债权人申请重整及预重整，至2024年7月15日，公司股价已经连续16个交易日低于1元。当日，哈尔滨中院启动东方集团（600811）的预重整程序，利好消息公告后公司股价得到提升，从而避免了面值退市的结果。

（三）存在保壳时间压力的上市公司未能及时完成“双线审批”，继而导致无法按时实现重整计划执行完毕

根据《股票上市规则》，上市公司连续两年经审计的期末净资产为负值，股票将被实施财务类强制退市。2024年度未完成重整的上市公司中，存在一定数量的上市公司2023年度净资产已经为负值，在没有其他保壳措施的情况下，如2024年12月31日前无法被受理重整且实现重整计划执行完毕并扭正净资产，公司股票将被实施退市处理。考虑到预留一定的重整期间和执行期间，因此该类存在保壳时间压力的上市公司需要在特定时间内完成“双线审批”。以*ST嘉寓（300117）为例，其2023年年度末净资产为负值，至2024年11月14日，公司尚未完成“双线审批”，公司投资人认为公司在要求的时间内完成该前置审批程序可行性较低，因此终止投资并解除《重整投资协议》，债权人向法院申请撤回重整申请，且临时管理人经调查发现本次重整已不具备可能性并申请法院终结预重整程序。

另外，*ST开元（300338）、*ST景峰（000908）、*ST吉药（300108）等上市公司2023年年末净资产已经为负值，如无法在2024年12月31日前完成重整扭正净资产，在无其他保壳措施情况下，预计公告2024年年报后，将面临财务类退市的风险。

第四节　新规下上市公司重整特点及操作建议

2024年12月31日，最高人民法院、证监会联合发布《纪要》；同日，

证监会就《指引》公开征求意见。前述两个文件的出台，对上市公司破产重整涉及的重整计划设计、重整投资人引入、信息披露规范等核心事项作出系统性制度安排，体现了司法权与行政监管权的协同治理理念，为上市公司风险化解提供了更为明确的规则指引。

一、新规下上市公司重整特点

在前述新规背景下，上市公司重整既延续了原有制度设计的合理内核，也针对近年市场实践中的突出问题进行了创新性制度安排，呈现出一些新特点：

（一）司法审理与证券监管的协作机制将进一步强化

为促进资本市场的健康发展，与2012年《关于审理上市公司破产重整案件工作座谈会纪要》中司法机关和证券监管的协作机制相比，此次新规出台对于之前的机制进行了强化，使协作更加紧密。

首先，在协同机制方面，上市公司重整申请时，上市公司住所地省级人民政府需出具维稳预案，助力后续重整程序的推进。此外，上市公司住所地省级人民政府应同步向证监会通报相关情况，证监会对上市公司重整价值提出专业意见，最高人民法院在此基础上对重整原因、重整价值、重整预案等进行审查。确保上市公司重整程序的启动既符合司法要求又具备经济合理性，避免不具备重整价值的公司滥用重整程序，实现了各主体在不同环节的优势互补和有序衔接，相较以往规定结合实践对具体申请审查阶段工作推进进行了明晰。

其次，新规为避免企业通过重整损害债权人和投资人利益，对于在重整程序中证券监管部门和人民法院发现相关方存在违法等异常行为时的监管方式作出了规定，强化了监管机构与司法机关的信息共享和会商协调，增加了对违法违规行为的打击力度。同时，通过重大事项的通报机制，法院和证券监管信息共享，也在面临重大事项时提供了共同研判和解决问题的渠道。

此外，协同机制也体现在上市公司重整过程中的其他具体环节。例如，人民法院在审批重整计划草案时，审查要点进一步明确，重点审查重整计划内容以及重整投资人资格是否符合法律、行政法规、国家产业政策以及上市公司收购等相关规定，必要时可以征求属地证监会派出机构的意见。府院联动的进一步加强也为后续上市公司重整工作提供了指导，在工作的各个环节中都应当关注和加强与人民法院及监管部门的同步密切沟通。

（二）更为关注企业的重整价值

新规为判断上市公司是否具有重整价值提供了识别依据，有利于使真正具备重整价值的上市公司通过重整程序化解债务风险、优化资源配置、恢复经营能力。同时，避免实际已无价值的企业想通过重整仅保留“壳”资源，持续占用市场资源，加重整个市场的风险负担，阻碍真正有潜力和竞争力的公司发展。

从规定的内容方面看，《纪要》明确要求证监会应对上市公司是否具有重整价值等事项向省级人民政府出具意见，并同步通报最高人民法院，提供了上市公司重整价值的反向甄别标准，实质上做到了重整申请与前置审批的细化。具体如下：

（1）上市公司因涉及国家安全、公共安全、生态安全、生产安全、公众健康安全等可能被证券交易所终止其股票上市交易的重大违法行为正在被有权机关立案调查或者立案侦查，且尚未结案；

（2）根据相关行政处罚事先告知书、行政处罚决定，人民法院生效裁判认定的事实等情况，上市公司可能被证券交易所终止其股票上市交易；

（3）上市公司因信息披露、规范运作等存在重大缺陷，可能被证券交易所终止其股票上市交易；

（4）其他违反证券监管法律法规，导致上市公司丧失重整价值的情形。

控股股东、实际控制人及其他关联方违规占用上市公司资金、利用上市公司为其提供担保的，原则上应当在进入重整程序前完成整改。

从规定的方式上来看，上述规定采取的是例举并兜底的方式，除对重大违法及因合规问题等可能导致上市公司退市的情形外，还兜底了其他违反证券监管导致上市公司丧失重整价值的情形，就此，需要在实践中予以判断和关注。此外对于资金占用、违规担保事项，《纪要》明确提出原则上应在进入重整程序前完成整改，该规定将加大存在资金占用、违规担保情形上市公司重整的难度。

此外，在重整计划制定方面，要求重整计划草案的经营方案涉及盈利预测要充分考虑宏观经济等因素，突出了对企业未来经营价值的关注。另外，允许引入财务顾问，协助制定重整计划草案、进行重整融资筹划、发表专业意见等，借助专业机构力量挖掘和提升企业重整价值，均体现了新规对于企业重整价值以及重整效果的关注。

（三）引导、规范重整计划草案的制定

首先，在重整计划草案的制定方面，《纪要》要求重整计划草案应当详细、明确，并具有可执行性，经营方案涉及盈利预测的需要客观公允，不得随意夸大；法院审批重整计划草案可征求属地证监会派出机构的意见，以充分论证重整计划草案是否具有可批性。由此，上市公司重整过程中法院与证券监管机构的协同与互动一定程度上将更加紧密。

其次，在债务清偿方案方面，需制定明确、可行的债务清偿方案，不得以明显无法执行或者难以变现的方式清偿债务。包括对信托计划方式偿债、以股抵债清偿引发问题进行规制，即实质判断清偿效果，其中以股抵债的需说明以股抵债价格是否客观公允反映股票市场价值，计算清偿率是否合理，回归清偿效果实质。其中“明显无法执行或者难以变现的方式”之相关要求将使得偿债方案安排受到一定规制；“计算清偿率是否合理”将可能引发各方对于清偿率的进一步关注。

再次，明确实施资本公积金转增所需资本公积金额度的来源，即以最近一期经审计的定期报告为准；在资本公积转增方面，新规限定资本公积转增股本比例不得超过每 10 股转增 15 股，以防股本过度扩张从而大幅度稀释中小股东权益。

最后，在投资人入股方面，重整投资人获得股份的价格不得低于市场参考价的百分之五十（市场参考价为重整投资协议签订日前二十、六十或者一百二十个交易日的公司股票交易日均价之一）。规定以上底线，能够防止对价过低，从而具有利益输送的风险。

（四）重整信息披露和内幕防控要求得到强化

2022 年上海证券交易所、深圳证券交易所分别发布《上海证券交易所上市公司自律监管指引第 13 号——破产重整等事项》《深圳证券交易所上市公司自律监管指引第 14 号——破产重整等事项》，对上市公司信息披露、内幕交易防控等事项作了有关规定，《指引》则进一步明确破产重整信息披露要求，强化内幕交易防控。

首先，进一步明确了破产重整信息披露要求。《指引》明确了上市公司破产重整信息披露主体的范围，要求其按照规定及时、公平地披露或提供涉及上市公司破产重整信息，确保破产重整关键参与者承担起信息披露责任，确保所披露的信息能够如实反映破产重整的实际情况，从而有效保障债权人、投资者等利害关系人的知情权、程序参与权，压实信息披露责任。对此，《指引》起草说明还强调，上市公司申请或者被申请破产重整的，应当对是否存在重大违法强制退市情形、涉及信息披露或者规范运作等方面的重大缺陷、资金占用违规担保情况等进行自查并对外披露；上市公司重整计划涉及盈利预测的，应当客观、审慎，充分说明盈利预测的合理性及可实现性，并应当聘请财务顾问出具专项核查意见。

此外，进一步强化内幕交易防控。为避免破坏市场的公平性，损害其他投资者的利益，《指引》明确列举保密义务主体，全面覆盖参与重整的有关主体，最大限度地减少内幕信息泄露风险，以形成全方位、多层次的信息披露体系。同时，为强化内幕信息保密要求，《指引》还强调，任何单位和个人不得利用重整相关信息从事内幕交易、操纵证券市场等违法活动，以从严防范内幕交易风险。

鉴于上市公司重整程序中外部参与方较多，因此要注重全方位对相关信息进行保密，避免因为主体的增多而泄露内部信息，从而导致在债务风险未被完全化解的情况下，破坏市场交易环境的公平。

（五）重整计划执行质效更受关注

在新规下，上市公司重整将进一步关注重整计划被法院裁定批准之后的执行效果。具体而言：

细化重整计划执行的约束力范围，新规《纪要》第二十二条第一款相比《企业破产法》第九十二条，进一步细化了经过人民法院裁定批准的重整计划约束的主体范围，除原先规定的对债务人和全体债权人的约束外，也体现了对出资人、重整投资人亦有约束，该条规定有利于更好地保障重整计划涉及的各方配合严格完成重整计划的执行。相应的，如任意一方不配合严格执行重整计划，则在《纪要》第二十三条明确了相关责任。

此外，加强对破产重整执行的监督。由于重整计划涉及各方主体众多，执行事项分散，《纪要》第二十三条规定强调了管理人在整个执行程序中的监督者角色，规定管理人在履行法定监督义务的同时，定期向人民法院、债权人报告重整计划执行情况。

最后，规范重整计划执行完毕的标准。《纪要》第二十四条要求重整计划载明的执行完毕标准以及期限应当明确、清晰、合理。《纪要》在加强对重整计划监督的同时，第二十四条规定法院不再对是否执行完毕重整计划而出具裁定书。重整计划的执行以及监督重要性将进一步凸显，也需要做好与股票划转的执行工作程序的衔接。

二、新规下上市公司重整操作建议

在新规背景下，上市公司重整相关主体也应随之调整工作细节，对于新规中涉及的一些主要特点，操作建议分析如下：

（一）建立有效的司法和证券监管的协作机制

新规背景下，在上市公司重整的过程中，应加强与司法机关和证券监管部门的沟通；与此同时证券监管部门和法院在发现上市公司或破产程序参与人存在证券市场违法违规行为时，应根据《纪要》确定的程序相互通报，必要时可启动会商机制。在上市公司重整过程中，应提前制定相关方案，形成有效的协作机制，避免因为沟通不到位而影响重整的进度。具体而言，包括定期召开司法机关和证券监管部门的联席会议，重大案件、疑难案件共同进行研讨，统一适用法律和政策把握尺度；建立联络制度，确定联络专员，负责日常的信息沟通和协调，确保遇到重大紧急情况能够迅速对接；对于重大复杂的证券违法事件，可以成立联合调查组，各自发挥优势开展相关工作等。

（二）根据新规提前自查并评估公司是否具备重整价值

关于企业重整价值识别问题，在未提交正式的重整申请之前，上市公司应做好前期的评估与审查，首先应自查是否存在退市的风险，如有则及时进行整改，同时，公司还需关注退市程序中的监管压力和财务尽调的要求，确保重整后不会出现新的财务造假或会计错误。其次应自查是否存在控股股东资金占用、违规担保以及财务状况等问题，如有则应按照时间要求进行整改。对于财务状况，应检查财务状况，包括营业收入、利润和资产负债率等关键指标，确保这些指标接近监管要求但不超过红线。最后，由于重整程序除化解债务风险以外，也是在为恢复经营能力提供机会，故未来能否持续经营也为是否具备重整价值的重要因素，故应当通过专业机构进行产业价值的专项分析，评估上市公司未来是否具备持续经营能力，包括检查公司的核心业务能力、市场地位等，分析公司是否有潜在的市场需求和竞争力，以及是否存在可以通过重组来改善的经营困境。

（三）合理规范重整方案的制定

新规对于重整方案的制定进行了规范，但是方案的制定者应当着眼于实质，从新规的目的出发，而不应为了顺应或者规避“限制”而做出相关方案。例如，新规规定，入股价格需不低于协议签署日前二十、六十、一百二十交易日均价的百分之五十。虽然规定了底线，但除了关注规定本身外，还应真正掌握该规定的实质目的。设定最低价格限制可以防止重整投资人以过多低于公司真实价值的价格获得股份，确保股份的出售价格贴近其市场价值，从而保护投资人的利益。同时，可以减少内部人操纵价格的可能性，防止相关方利用重整机会进行利益输送的行为。同时，通过这种机制，合理的价格有助于维护上市公司的股价稳定，避免因价格异常波动而引发市场动荡。因此，重整方案的制定者应结合上市公司的真实价值、各方利益平衡等因素综合确定相关方案，并确保重整计划草案的内容详细、明确，具有可执行性。

（四）明确重整计划执行标准，长远考虑重整计划执行效果

重整计划受到法院裁定批准，并不意味着重整的全部结束，也并不意

味着重整成功。要想执行效果好，首先应在重整计划中将执行标准予以明确，将相关重要时间节点予以细化，必要时将需要得到的协助提前沟通并写在重整计划中，避免因为条款模糊而影响执行效果。此外，在重整计划制定的过程中，应提前考虑对重组收益的确认问题，按照规定的时间节点审慎确认重组收益，避免提前虚增利润。

在新规下上市公司重整在司法实践中将发生显著变化。上市公司重整将更注重实质经营能力恢复，聚焦上市公司真正的经营能力、发展能力、创造价值的能力，严格规范信息披露与内幕交易防控，对重整价值判断也更为明确。未来，随着新规的深入实施，上市公司重整将更加规范、高效，在助力企业摆脱困境、优化产业结构、维护资本市场稳定等方面发挥更为关键的作用，持续为经济的高质量发展注入强劲动力。同时，在新规出台后，上市公司重整的相关主体应一边根据新规完善工作流程，一边也应根据市场变化和监管的反馈灵活调整各个方案的细节。

展望 2025 年，在退市常态化和上市公司重整新规的影响下，未来上市公司重整市场化、法治化趋势必将进一步加强，监管部门将进一步完善上市公司破产重整的制度规范，加强重整过程的监督和指导，以提高重整的质量和效率，切实保护投资者合法权益，促进资本市场的稳定健康发展，实现与资本市场的良性互动，维护上市公司债权人及股东等各方合法权益，更好地服务和保障国家经济发展，实现法律效果、社会效果和经济效果的统一。

第五章　通过上市公司并购重组发展新质生产力

在当前经济转型升级的关键时期，新质生产力作为创新驱动发展的核心动力，正成为推动我国经济高质量发展的关键力量。上市公司并购重组作为一种重要的资源配置方式，在政策支持下，已成为发展新质生产力的重要手段。本章将从新质生产力的内涵与特征、发展内容与方式等方面展开分析，并结合2024年多项并购重组政策发布背景下的实践案例，探讨并购重组对新质生产力发展的推动作用。

第一节　新质生产力的定义与发展背景

2023年9月7日，习近平总书记在哈尔滨召开的新时代推动东北全面振兴座谈会上，首次提出了“新质生产力”这一重要概念：“积极培育新能源、新材料、先进制造、电子信息等战略性新兴产业，积极培育未来产业，加快形成新质生产力，增强发展新动能”。次日习近平总书记进一步指出，要“整合科技创新资源，引领发展战略性新兴产业和未来产业，加快形成新质生产力”，此后，新质生产力的概念得到了进一步的推广和深化。

一、新质生产力的定义

（一）新质生产力的内涵

新质生产力是创新起主导作用，摆脱传统经济增长方式和生产力发展路径，具有高科技、高效能、高质量特征，符合新发展理念的先进生产力质态。其由技术革命性突破、生产要素创新性配置、产业深度转型升级而催生，以劳动者、劳动资料、劳动对象及其优化组合的跃升为基本内涵，以全要素生产率大幅提升为核心标志。

（二）新质生产力所涉及的行业

新一代信息技术：包括人工智能、大数据、云计算、物联网、5G 通信、区块链等。

新能源：涵盖太阳能、风能、水能、核能、氢能、新型储能等。

高端装备制造：包括工业机器人、航空航天装备、海洋工程装备、高端数控机床等。

生物技术与创新药：涉及基因编辑、细胞治疗、生物制药、医疗器械等领域。

新材料：包括高性能复合材料、新型半导体材料、超导材料、纳米材料等。

绿色环保产业：涵盖环保设备制造、污染治理、资源循环利用、生态修复等领域。

未来产业：包括脑机接口、量子信息、人形机器人、生成式人工智能、生物制造、未来显示、未来网络等领域。

二、提出发展新质生产力的主要背景

（一）大国博弈的战略需求

在百年未有之大变局下，全球科技竞争日益激烈，大国博弈的焦点集中在新兴技术领域。新质生产力以科技创新为核心驱动力，能够帮助国家在人工智能、生物技术、新能源等关键领域抢占制高点，突破外部技术封锁，提升国家的核心竞争力，从而在国际竞争中赢得战略主动。

（二）高质量发展的必然选择

新质生产力通过高科技、高效能和高质量的生产方式，推动经济从传统的要素驱动向创新驱动转变，提升全要素生产率，满足人民对美好生活的需求，助力经济高质量发展。

（三）科技革命的适应需要

当前，新一轮科技革命和产业变革正在重构全球创新版图和经济结构。新质生产力以颠覆性技术为引领，推动产业迭代升级，促进传统产业的数字化、智能化转型，助力构建现代化产业体系。

（四）绿色经济的转型发展

新质生产力强调绿色可持续发展，通过优化资源配置、减少环境污染，推动传统产业向绿色化、低碳化转型。其发展有助于加快形成绿色生产方式，推动经济社会发展全面绿色转型，实现经济发展与生态保护的良性互动。

三、并购重组将成为发展新质生产力的重要抓手

当前，新质生产力的发展面临两大结构性挑战：其一，传统产业亟须突破技术桎梏，实现高端化、智能化与绿色化转型；其二，新兴产业虽技术迭代迅猛，但普遍面临研发周期长、市场转化难、非上市公司融资难的问题。

并购重组作为资源配置的“加速器”与产业生态的“连接器”，将在破解技术创新壁垒、优化生产要素配置、助力新质生产力发展方面发挥重要作用。后续章节将围绕并购重组服务新质生产力发展、典型案例解构、并购重组市场展望和政策建议展开深度探讨。

第二节　上市公司并购重组服务新质生产力发展的途径与方式

2024 年，新国九条明确提出鼓励上市公司聚焦主业，综合运用并购重组、股权激励等方式提高发展质量。并购六条则从多方面对并购重组市场做出了新解读，包括大力支持上市公司向新质生产力方向转型升级、支持传统产业整合、进一步提升监管包容性、提高支付灵活性与审核效率等。各地也积极响应，上海、深圳、安徽等地纷纷出台并购重组支持举措。

在政策的有力推动下，上市公司并购重组在服务新质生产力发展方面的作用愈发显著。通过整合关键技术、优化产业链布局、推动传统产业转型升级以及支持中小企业创新，上市公司并购重组不仅为自身发展注入了新动力，也为经济高质量发展提供了强大支撑。以下从多个方面探讨上市公司并购重组服务新质生产力发展的具体途径与方式。

一、助力科技企业发展

在科技行业的发展进程中，周期性波动如同一把双刃剑，既带来了挑战，也蕴含着机遇。当行业处于周期底部时，市场环境愈发严峻，许多小型科技公司虽手握前沿技术，却因资金链紧张和市场渠道狭窄而举步维艰。此时，上市公司凭借其雄厚的资金实力和广泛的市场资源，通过并购重组的方式，为这些科技公司开辟出一条全新的发展路径。

（一）整合关键技术与资源

科技行业存在明显的周期波动，当行业处于周期底部时，上市公司可以通过并购重组整合关键技术与优质资源。例如，一些拥有先进技术但缺乏资金或市场渠道的小型科技公司，可能会被大型科技企业并购，从而实现技术与资源的优化配置，加速技术的商业化应用。

以信息技术产业领域为例，2024 年 1 月，新思科技（Synopsys）耗资 350 亿美元收购 ANSYS，成为美国 2024 年度成交价格最高的并购。新思科技（Synopsys）是全球领先的电子设计自动化（EDA）软件和半导体知识产权（IP）供应商，在芯片设计和验证领域具有深厚的技术积累，而 ANSYS 作为全球领先的工程仿真软件公司，在多物理场仿真和系统级分析方面拥有独特优势。此次并购将实现双方技术的深度融合，使新思科技能够将 ANSYS 的先进仿真技术整合到其现有的 EDA 工具链中，从而为客户提供更全面、更高效的芯片设计和验证解决方案。随着芯片设计复杂性的不断提升，系统级验证的重要性日益凸显。ANSYS 的仿真技术将助力新思科技在系统级验证方面取得突破，更好地支持客户确保芯片在实际应用中的性能和可靠性，从而提升客户满意度和市场竞争力。

（二）加速形成优质企业

在“硬科技”领域，并购重组能够加速形成一批创新能力强、引领作用大的优质企业。以半导体行业为例，这一行业产业链复杂且长，从上游的半导体材料、设备制造，到中游的芯片设计、制造，再到下游的封装测试，每一个环节都至关重要。近年来，半导体行业内的并购重组案例层出不穷。

2024 年 1 月 21 日晚，科创板上市公司南芯科技发布公告，拟以现金方式收购珠海昇生微电子有限责任公司 100% 股权，收购对价合计不超过 1.6 亿元。南芯科技是国内领先的模拟和嵌入式芯片设计企业，在智能手机、汽车电子和工业应用等领域均有布局。昇生微则是一家专注于端侧应用处理器芯片及数模混合芯片解决方案的公司，产品广泛应用于可穿戴、消费、工业等领域。通过此次并购，南芯科技能够整合昇生微在嵌入式芯片设计开发领域的技术能力与研发团队，强化自身在嵌入式芯片硬件、IP、算法、软件等方面的技术优势，扩充在端侧处理器领域的产品品类，扩大与客户的合作范围，还能通过供应链资源整合，发挥规模效应，降低原材料采购成本。这一并购案例体现了上市公司通过并购重组加速形成优质企业的过程，符合并购六条中关于支持上市公司通过并购重组优化供应链、增强核心竞争力的政策导向。

2024年12月18日，国产存储芯片龙头兆易创新发布公告，完成了对苏州赛芯电子科技股份有限公司控股权的收购，合计取得其70%股权。苏州赛芯此前曾闯关IPO未果，此次被兆易创新收购后，双方实现了优势互补。兆易创新通过收购进一步增强了模拟芯片团队实力，提升了电池管理相关技术储备，完善了模拟芯片产品矩阵，在存储芯片和模拟芯片领域的竞争力得到进一步提升。此案例展示了上市公司通过并购重组实现技术互补和市场拓展的过程，符合新国九条中关于支持上市公司通过并购重组提升技术水平和市场竞争力的政策导向。

2024年11月22日，汇顶科技发布公告，筹划以发行股份及支付现金的方式购买云英谷的控制权，同时拟发行股份募集配套资金。云英谷在AMOLED与MicroOLED显示驱动芯片方面处于国内领先地位。通过此次收购，双方有望通过客户、渠道等资源整合，实现“1+1>2”的战略协同效应，汇顶科技能够借此拓展在显示驱动芯片领域的业务，提升市场份额和行业影响力。该案例体现了上市公司通过并购重组实现市场拓展和业务多元化的战略，符合并购六条中关于支持上市公司通过并购重组拓展业务领域、提升市场竞争力的政策导向。

二、推动传统行业转型升级

在经济发展的大格局中，传统行业的转型升级是推动产业进步、提升经济活力的关键环节。上市公司凭借其强大的资本运作能力和广泛的资源整合能力，通过产业并购与重组为传统行业的变革注入了强劲动力。

（一）优化产业链供应链

产业并购始终以产业逻辑为导向，聚焦于同行业整合以及上下游企业的并购重组，以此达成转型升级的目标，使产业链供应链更加高效流畅，加快科技成果转化为实际生产力的进程。

以半导体行业为例，2024年，麦捷科技收购安可远和金之川、兆易创新收购苏州赛芯电子科技有限公司等并购重组案例，都属于较为典型的案例。2024年11月7日，深交所重组委审议通过麦捷科技发行股份购买资产项目。该项目是并购六条发布以来通过并购产业链上下游资产实现补链强链的典型案例。此次重组实施后，上市公司麦捷科技将打通从基础原材料到电子元器件生产研发的屏障，实现产业链的垂直整合，降低对外部供应商的依赖，增强供应链的安全性和稳定性。同时，标的资产产品可直接用于上市公司客户的相关产品，补充或替代向现有供应商采购对应产品，实现上市公司自产自用合金磁粉芯，降低原材料采购成本。麦捷科技董事会秘书兼财务总监居济民称，公司此次交易正是对并购六条的积极响应，是基于公司产业链上游的并购，属于强链补链和提升关键技术的产业收购。

（二）开展跨行业与跨境并购

在经济全球化和市场多元化的背景下，符合商业逻辑的跨行业并购和跨境并购成为传统行业寻求突破与拓展的重要途径，助力企业构建全球化布局，开辟新的增长路径。

跨境并购方面，立讯精密收购德国 LeoniAG 案例是 2024 年较为经典的案例，2024 年 9 月，立讯精密宣布以 5. 25 亿欧元（约合 41 亿元人民币）收购 LeoniAG50. 1% 的股权及其全资子公司 LeoniK 的 100% 股权。本次并购旨在提升立讯精密的全球竞争力，巩固立讯在电缆和线束领域的市场地位，同时利用 LeoniAG 的技术优势与自身业务形成互补，增强整体技术实力，并借助其国际化布局加速全球化进程，拓展新的市场空间，此次并购是新国九条“补链强链”政策导向下的典型实践案例。

而在 2024 年，跨行业并购案例也十分吸睛。10 月 8 日，百傲化学宣布斥资 7 亿元，以近 4 倍溢价收购一家以半导体设备制造、技术服务和产品销售为主的企业。百傲化学原本主要从事工业杀菌剂领域业务，此次跨界进入技术壁垒较高的半导体设备领域，是典型的跨行业并购尝试。这一举措有助于百傲化学拓宽业务领域，寻求新的业务增长点，实现公司的多元化发展战略，推动企业从传统化工行业向高端制造业转型升级。该案例符合“传统产业向战略性新兴产业转型”的导向，同时标的公司评估值的高增值率（391. 25%）验证了政策对研发型企业的估值包容性。

同年，A 股科创板上市公司美埃科技和港股上市公司捷芯隆发布公告，宣布美埃科技旗下全资子公司美埃香港控股以自有资金加并购贷款的方式，溢价约25%收购捷芯隆并将其私有化，这也是科创板首个“A吃H”案例。美埃科技通过此次并购，有望借助捷芯隆的技术和市场资源，拓展自身的业务版图，提升在相关领域的市场竞争力，实现国际化布局的进一步拓展，推动企业向更高水平的发展迈进。此次并购受益于政策红利，借助绿色通道大幅缩减并购周期。

三、支持中小企业创新

在当今竞争激烈且瞬息万变的商业环境中，中小企业的创新发展对于提升经济的活力与韧性起着至关重要的作用。而上市公司通过产业并购和重组，正成为支持中小企业创新、推动其迈向新高度的关键力量。

近年来，上市公司通过并购重组助力中小企业创新的实例屡见不鲜。2024年，深市上市公司在并购重组方面动作频频，特别是很多现金非重大类的并购重组项目，为众多中小企业的发展带来了新的机遇。

与此同时，并购重组政策利好频现，新国九条与并购六条通过包容性估值、审核提效、资金支持三大主线，结合交易所和地方政策的区域试点、税收激励、生态协同，构建了全方位的中小企业创新支持体系，为上市公司并购重组助力中小企业发展保驾护航。而上市公司通过产业并购和重组，在助力中小企业实现业务规模扩张的同时，充分挖掘并发挥了中小企业在产业链中的价值与潜力，为中小企业创新提供了强大的动力和广阔的发展空间，这对于整个产业生态的繁荣和经济的可持续发展都具有深远意义。

四、活跃资本市场

在资本市场的宏大版图中，上市公司的产业并购与重组扮演着极为关键的角色，它们是活跃资本市场的有力引擎，不断为市场注入新的活力与机遇。

在科技行业，竞争同样激烈，并购重组也成为了开辟全新发展路径的重要手段。以通信领域为例，2024年12月31日，欣天科技发布公告，其控股子公司东莞艾斯通信科技有限公司拟以自有资金或自筹资金购买东莞鸿爱斯通信科技有限公司47%股权，交易对价为人民币7050万元。东莞鸿爱斯的主要核心射频器件产品为滤波器，目前主要应用于4G、5G等通信网络，还具备爱立信供应商资质。通过此次投资，欣天科技可以进一步优化公司的客户结构，实现技术、产品、市场等多方面的战略协同效应。此次并购不仅让欣天科技在通信行业的市场地位得到巩固和提升，也吸引了众多投资者的目光，为资本市场注入了新的活力，极大地促进了资本市场投融资功能的协调发展，成为通信行业在资本市场活跃表现的典型范例。

半导体行业同样不乏通过并购重组实现突破的典型案例，如光智科技拟收购先导电科100%股权的案例。先导电科此前曾“备战”IPO，估值超过200亿元。光智科技通过此次收购，有望获得先导电科的先进技术和丰富的市场资源，实现技术的升级和业务的拓展，增强自身在半导体领域的竞争力。而先导电科借助光智科技的资本平台，能够快速扩大市场份额，提升品牌知名度。这一并购案例充分展示了半导体行业通过并购重组实现资源整合和优势互补的强大力量，也为资本市场带来了新的投资热点，吸引了大量投资者关注半导体行业的发展，有力地活跃了资本市场。

综上所述，上市公司并购重组作为推动新质生产力发展的重要手段，已经在政策支持、技术升级、产业整合、市场拓展以及中小企业创新等多个方面发挥了显著作用。2024年，国务院和中国证监会出台的一系列政策措施，为上市公司并购重组提供了更加完善的制度环境和政策保障，进一步激发了市场活力，优化了资源配置，加速了传统产业的转型升级和新兴产业的培育壮大。

通过并购重组，上市公司不仅能够快速获取关键技术、优化产业链布局、提升市场竞争力，还能为中小企业提供广阔的发展空间，推动整个产业生态的繁荣。无论是助力科技企业的创新突破，还是推动传统行业的转型升级，抑或是支持中小企业迈向更高水平的发展，上市公司并购重组都展现出强大的生命力和战略价值。

展望未来，随着资本市场改革的持续深化和并购重组制度的不断完善，上市公司并购重组将在服务新质生产力发展方面发挥更为关键的作用。这不仅有助于提升上市公司的核心竞争力和市场影响力，也将为中国经济的高质量发展注入新的动力，推动我国在全球产业链中迈向更高层次。

第三节　上市公司并购重组提升新质生产力的实践与现状

新质生产力是具有高技术、高效能、高质量特征的先进生产力质态，由技术革命性突破、生产要素创新性配置、产业深度转型升级催生，其核心要素是科技创新，是推动高质量发展的内在要求和重要着力点，并购重组则是促进此核心要素实现的重要方式。近年来，特别是在 2024 年，为了推动并购重组更好服务新质生产力发展，监管层持续推动并购重组市场化改革并发布多项支持政策，在此背景下上市公司通过并购重组这一关键手段，在提升新质生产力方面展开了积极的实践，取得了一系列显著成果，呈现出独特的发展状态。本节将基于新旧并购政策对比分析政策调整要点，同时讨论政策红利下的实践现状和典型案例。

一、2024 年政策调整要点分析

2024 年，证监会发布的“并购六条”等政策，旨在深化上市公司并购重组市场改革，推动新质生产力发展。与以往政策相比，新政策更加注重市场化、包容性和灵活性，具体体现在鼓励采用多元化估值方法，丰富支付方式，灵活处理业绩承诺，简化审核流程，强化实质性监管。

（一）允许跨行业并购

明确允许符合商业逻辑的跨界并购，尤其是支持传统产业上市公司通过并购战略性新兴产业实现转型升级。

（二）估值方法多元化

取消对估值方法的单一限制，除了传统的估值方法外，允许采用市场

法、实物期权法等多种估值方法，并综合考虑研发投入、行业可比性等市场化因素，减少行政干预。此前的政策更强调历史成本和账面价值，对新兴行业轻资产公司的估值包容度较低。

（三）丰富支付方式

允许分期支付股份对价、试点配套募资储架发行，并支持股份、可转债、现金等多元支付工具组合，增强交易弹性。

（四）业绩承诺自主协商

取消强制业绩承诺要求，允许交易双方自主决定是否设置业绩承诺，赋予市场更大谈判空间。过去监管机构对业绩承诺的刚性要求可能抑制部分交易的达成。

（五）允许收购未盈利资产

“并购六条”支持对未盈利资产的收购，但也划定了前提条件和大致方向。对未盈利资产的并购需要“有助于补链强链和提升关键技术水平”，同时满足“不影响持续经营能力并设置中小投资者利益保护相关安排”的前提条件。

（六）同业竞争与关联交易容忍度提高

将同业竞争标准从“不得存在”调整为“不导致重大不利影响”，关联交易仅需避免显失公平，如果能够证明同业竞争不会对上市公司的独立性、生产经营和投资者利益产生重大不利影响，就可以进行相关交易，降低了企业并购重组的门槛，提高了企业的并购重组效率。

（七）简化审核流程

对符合条件的上市公司重组简化审核流程、缩短审核时限，提高审核效率。例如，对于一些不涉及重大资产重组、不影响上市公司控制权的并购项目，可以采用简易审核程序，加快审核速度，为企业提供便利。

此外，“小额快速”审核机制得到进一步优化，并放宽适用门槛，这将促进企业的资源整合和产业升级。

（八）优化私募基金参与机制

通过锁定期“反向挂钩”政策（如投资满 5 年的私募基金锁定期缩

短），激励长期资本参与并购重组，促进“募投管退”良性循环。

（九）强化实质监管

严格监管“忽悠式”重组、财务造假、内幕交易等行为，明确对借并购“保壳”或虚增估值的监管红线。例如，盈方微因内幕交易问题终止重组，体现监管零容忍。

二、实践现状

在政策红利背景下，2024 年的 A 股并购重组市场进入“活跃期”，政策端多措并举激发市场活力，一批标志性、高质量的产业并购案例陆续涌现或取得进展。沪深两市全年新增披露并购重组案例合计 128 单，其中沪市 53 单、深市 75 单，与新质生产力相关的并购重组案例合计 72 单（沪市 31 单、深市 41 单），占比达到 56.25%。自 9 月底“并购六条”发布以来，沪深两市上市公司的并购动作均显著增加。

在沪市方面，随着“科创八条”“并购六条”等多项政策出台，市场逐步从观望走向积极行动，并购重组活跃度显著提升。2024 年以来，沪市共新增披露重组案例 53 单，较 2023 年 44 单有一定的增长。从交易类型来看，主要为大股东资产注入及产业并购，占比约 90%。“国九条”发布以来，沪市公司合计新增披露重大资产重组 37 单，相较上一年同期的 26 单，活跃度有所提升。“并购六条”发布后，市场逐步从观望走向行动，新披露项目 15 单，其中 10 月 21 ~27 日一周新增披露 6 单。

2024 年第三、第四两个季度，共有 25 家沪市公司披露并购重组方案或停牌实施重组，合计交易金额超 2400 亿元。如中国船舶拟换股吸并中国重工，整合船舶总装业务，旨在打造更具竞争力的船舶制造企业；华电国际拟购买华电集团多项发电资产，期望借此提升公司控股装机规模及市场竞争力，增厚公司业绩。此外，政策发布以来，不少龙头公司通过非重组交易整合产业资产，进一步增强竞争优势，沪市小步快走类资产收购 75 单，金额合计约 240 亿元。华勤技术接连收购资产完善产业布局，目的是提高核心细分领域的市场占有率与竞争力；中远海能收购多项股权及资产，推进能源化工品物流供应链整合。

在深市，2024 年新增披露重组 75 单，实施完成 22 单，交易金额 446.03 亿元。其中，“并购六条”发布后，深市新增披露重组 41 单，近 7 成（27 单）标的资产有助于上市公司向新质生产力转型升级。产业整合型重组占比达 8 成，这些重组项目或横向拓宽产业维度、提高市场占有率，或纵向打通产业上下游，有效发挥产业协同效应，更好助力公司高质量发展，提升投资价值，增强投资者获得感。

2024 年，在政策支持和市场机遇的双重推动下，北交所并购重组活动显著升温，全年新增并购重组案例合计 3 单，其中与新质生产力相关的案例有 2 单。这表明北交所上市公司正积极借助并购重组实现产业升级与转型，推动新质生产力的发展。展望未来，随着政策的持续支持和市场环境的进一步优化，并购重组有望成为北交所市场保持活力、提升新质生产力的关键手段，助力更多企业在产业升级的浪潮中实现跨越发展。

从细分行业来看，2024 年半导体行业的并购重组表现尤为突出。A 股半导体产业链已有超过 36 家企业披露重大重组事件或进展。2024 年 6 月 23 日，纳芯微公告拟以现金收购麦歌恩 68.28% 的股份，收购对价合计约为 6.83 亿元，同时此次收购不设业绩对赌，转而通过竞业协议锁定核心技术团队，体现了并购政策的包容性；2024 年 6 月 21 日，芯联集成公告拟收购控股子公司芯联越州剩余的 72.33% 股权；7 月 14 日，半导体零部件企业富创精密公告拟收购亦盛精密 100% 股权，从而弥补上市公司非金属零部件技术空白，并将客户延伸至终端晶圆制造厂；同日，电源管理芯片及信号链芯片厂商希荻微公告称，二级全资子公司 HMI 拟以约 1.09 亿元人民币收购韩国芯片设计公司 Zinitix 合计 30.93% 股权；2024 年 9 月 25 日，富乐德公告正在筹划以发行股份及可转换公司债券、现金（如有）等方式收购间接控股股东 FERROTEC 集团下属半导体产业相关资产。此外，还有双成药业、华东重机、思林杰、至正股份等企业通过跨界并购切入半导体领域，这些并购行为有助于推动半导体产业的技术创新和产业升级，提升我国在半导体领域的国际竞争力。

创新药行业同样掀起了并购重组的热潮。2024 年以来，至少有 9 家创新药企并购或者正在并购中。2024 年 12 月 8 日，新诺威发布公告称，深圳证券交易所对公司报送的发行股份购买资产并募集配套资金申请文件进行了核对，认为申请文件齐备，决定予以受理。新诺威拟将以 76 亿元总价收购维生药业、石药上海、恩必普药业手中合计持有的石药百克 100% 股权，通过此次并购重组将优质生物医药资产整合至新诺威，有助于进一步打造领先的创新生物医药平台，增强上市公司的盈利能力和可持续发展能力。此外，亿腾医药反向收购嘉和生物、东北制药收购鼎成肽源、复星医药私有化复宏汉霖等案例，都展示了创新药行业通过并购重组实现资源整合和业务拓展的趋势。

上市公司在并购重组中，积极瞄准关键赛道，推动新质生产力的培育和发展。战略性新兴产业和未来产业作为形成新质生产力的主阵地，受到上市公司的高度关注。以半导体行业为例，光智科技拟收购先导电科 100% 股权，先导电科此前“备战”IPO，估值超过 200 亿元，该交易在估值上依赖市场对标，同时在政策上借力“并购六条”，展现了“关联整合 + 资本运作”的创新路径。光智科技通过此次收购，有望借助先导电科的先进技术和丰富市场资源，实现技术的升级和业务的拓展，增强自身在半导体领域的竞争力。半导体行业作为战略性新兴产业，对经济社会全局和长远发展具有重大引领带动作用，光智科技的这一并购行为，是上市公司抓住历史性机遇，投身锻造新质生产力主战场的生动实践，有助于推动半导体产业的技术创新和产业升级，提升我国在半导体领域的国际竞争力。

在掌握关键核心技术方面，上市公司也通过并购重组取得了实质性进展。发展新质生产力，必须加强科技创新特别是原创性、颠覆性科技创新，把关键核心技术掌握在自己手中。随着对未盈利资产并购的政策放宽，上市公司能够将目光投向具有较高技术含量和创新能力的研发型企业。捷捷微电重组标的捷捷南通科技，具备芯片设计、晶圆制造一站式服务能力，掌握 IGBT 等关键核心技术。通过重组交易，捷捷微电巩固了以 IDM 为主的业务模式，高效整合设计端、晶圆制造端与封测端的生产资源，减少对外依赖，提升了产品安全性和可靠性，具有显著协同效应。这一案例充分体现了上市公司通过并购重组，推动关键核心技术的突破、前沿科技创新成果的转化和落地应用，为提升新质生产力提供了有力支撑。

产业链“强身健体”也是上市公司并购重组提升新质生产力的重要实践方向。当前，外部环境日趋复杂多变，完善现代化产业体系，提升产业链供应链的韧性和安全水平具有重要意义。麦捷科技发行股份购买资产项目是“并购六条”发布以来通过并购产业链上下游资产实现补链强链的典型案例。重组实施后，麦捷科技将打通从基础原材料到电子元器件生产研发的屏障，降低对外部供应商的依赖，增强供应链的安全性和稳定性，同时实现上市公司自产自用合金磁粉芯，降低原材料采购成本。这种通过并购重组优化产业链一体化水平的做法，有助于构建更加安全可靠的供应链体系，提升产业链整体竞争力，为新质生产力的发展提供了坚实的产业基础。

然而，在上市公司并购重组提升新质生产力的过程中，也面临一些挑战。一方面，并购重组涉及复杂的资产整合、人员融合和文化融合等问题，若处理不当，可能导致并购效果不佳，无法充分发挥新质生产力的优势。另一方面，新质生产力的发展需要大量的资金投入和持续的技术创新，对于部分上市公司来说，如何在并购重组后保证足够的资金支持和技术研发能力，是需要解决的重要问题。

三、经典案例分析

在当前经济转型升级的背景下，新质生产力成为推动经济高质量发展的关键力量。近年来，特别是2024年以来，上市公司通过并购重组在提升新质生产力方面取得了积极的实践成果，展现出良好的发展态势。虽然发展过程中也面临一些挑战，但上市公司、监管部门和市场各方均在共同努力，不断完善并购重组机制，加强资源整合与技术创新，推动新质生产力的持续发展，为我国经济的高质量发展注入新的动力。

本节聚焦于上市公司通过并购重组提升新质生产力的典型案例，深入分析其背景、并购目的、成效和意义，旨在为其他企业的强链补链、转型升级提供参考和借鉴。

（一）横向并购＋创新交易模式：思瑞浦收购创芯微

1. 重组背景与目的

2024 年 10 月，思瑞浦以 10.6 亿元收购创芯微 100% 股权，其中核心团队及员工持股平台获得的对价中 18868.62 万元以现金方式支付，剩余 38338.95 万元以可转换公司债券的方式支付，其余交易对方均以现金对价支付。创芯微专注于电池管理芯片领域，其产品应用于锂电池保护、电池管理等领域。

思瑞浦通过并购创芯微，能够有效拓宽公司技术与产品布局，加快在电池管理及电源管理芯片领域的布局，提升公司业务规模，增强持续经营能力与市场竞争力，加速向综合性模拟芯片厂商迈进。此次收购旨在提升思瑞浦提供洁净室全方位解决方案的能力，满足市场对一体化解决方案的需求。

2. 重组的成效与意义

（1）技术融合与产品布局优化。

收购完成后，思瑞浦可以将创芯微所在电池管理芯片领域的技术融入自身业务体系，进一步完善了在电源管理芯片领域的产品布局。双方技术的深度融合，有助于思瑞浦开发出更具竞争力的模拟芯片解决方案，满足市场对多样化、高性能芯片产品的需求，提升公司在集成电路行业的技术话语权。

（2）市场拓展与协同发展。

创芯微的客户资源和市场渠道为思瑞浦开辟了新的市场空间。思瑞浦借助创芯微在消费电子、新能源汽车等领域的客户基础，能够快速切入这些市场，获取更多业务机会，提升市场份额。同时，双方在市场推广、销售渠道等方面的协同合作，实现了资源的高效利用，进一步增强了思瑞浦在集成电路市场的竞争力。

（3）创新交易模式与政策相契合。

在交易过程中，思瑞浦采用了差异化估值和多样性支付方式。差异化定价策略充分考虑了不同股东对公司的贡献程度、预期收益等因素，平衡了各方利益诉求，确保标的整体估值在思瑞浦可接受范围内，体现了并购交易的灵活性与合理性，与并购六条中鼓励创新交易估值方式、提升市场活力的理念高度契合。在支付方式上，思瑞浦采用发行可转换公司债券及支付现金相结合的方式，既缓解了自身的现金购买压力，降低了资金流动性风险，又加深了创芯微管理团队和上市公司之间的利益绑定，有效熨平了二级市场股价波动对交易的影响。这一创新支付模式在沪市尚属首例，是对并购六条中鼓励多元化支付工具运用的积极实践，为集成电路行业乃至整个资本市场的并购交易提供了创新范例。

（4）行业示范与战略引领。

思瑞浦收购创芯微的成功案例，为欲并购其他新质生产力的企业提供了宝贵的借鉴经验。通过此次收购，思瑞浦实现了技术、市场和业务的多重突破，为行业内企业通过并购实现资源整合、技术创新和战略升级树立了标杆。同时，这一案例也充分体现了并购六条政策在推动企业合理并购、优化资源配置方面的积极作用，有望引领更多企业在政策支持下，通过并购实现与“芯”并行。

（二）重组估值超高溢价：华亚智能收购冠鸿智能

1. 重组背景与目的

2024 年 7 月，华亚智能拟通过发行股份及支付现金的方式购买蒯海波、徐军、徐飞、刘世严持有的冠鸿智能 51% 股权，交易作价为 4.06 亿元，其中现金支付 1.22 亿元、股份支付 2.84 亿元。冠鸿智能主要从事生产物流智能化方案的设计与优化，以及相关智能装备系统的研发、制造、集成和销售。

华亚智能从事高端精密金属结构件业务，冠鸿智能的原材料中的金属零部件存在向华亚智能采购的可行性，双方属于上下游关系。通过此次收购，华亚智能可以快速进入智能装备业务领域，客户资源和产品结构将得到进一步的丰富与提升，核心竞争能力和抗风险能力也将进一步增强。

2. 重组的成效与意义

（1）市场竞争力提升与协同发展。

冠鸿智能的客户网络为华亚智能打开了新能源汽车和锂电池市场的大门。华亚智能借助这一优势，能够快速获取更多业务机会，在新市场中提升市场份额，增强行业影响力。双方在业务上的协同效应得以充分发挥，实现了资源共享与优势互补，进一步巩固了华亚智能在制造业市场的地位。

（2）财务改善与战略价值体现。

从财务数据来看，此次并购成效显著。以2023年为例，并购后华亚智能的资产总额从15.31亿元增长至27.31亿元，营业收入从4.61亿元增加至8亿元，归母净利润从8807.75万元提升至1.31亿元。财务状况的明显改善，不仅增强了企业的抗风险能力，更体现了此次并购的战略价值，为企业未来的持续发展奠定了坚实的财务基础。

（3）政策支持与市场示范效应。

华亚智能以4.06亿元收购冠鸿智能51%股权，评估增值率高达1468.47%，面对这一高溢价收购，深交所进行了严格审查，提出诸如是否存在突击签单抬价、延长验收周期拉高估值等关键问题，旨在保障交易合法合规以及投资者利益。华亚智能通过翔实论证冠鸿智能的核心价值与战略意义，最终获得监管认可，交易顺利通过。这一过程既体现了监管机构对企业合理并购的支持，也彰显了并购六条中提高重组估值包容度的政策导向，为其他企业在高溢价收购及应对监管审查方面提供了宝贵范例。在评估方法上，采用收益法预测冠鸿智能未来销售收入增长率达40%，毛利率33.2%且无营运资金增加额，监管机构认可了这种评估方法的灵活性，同时对冠鸿智能高达3063.63%的无形资产增值率（源于账外无形资产）也予以认可，体现了对企业实际情况和行业特点的尊重，与并购六条政策高度呼应。

（三）垂直整合、强链补链：麦捷科技收购安可远、金之川

1. 重组背景与目的

2024年10月29日，麦捷科技发布公告，计划通过发行股份及现金方式，收购安可远100%股权和金之川20%少数股权，交易总额18020万元，溢价率分别为41.59%、9.8%。2025年1月15日，安可远的股权过户完成。2025年1月17日，金之川的股权过户完成。

该项目是“并购六条”发布以来通过并购产业链上下游资产实现补链强链的典型案例。重组实施后，麦捷科技将打通从基础原材料到电子元器

件生产研发的屏障，实现产业链的垂直整合，降低对外部供应商的依赖，增强供应链的安全性和稳定性。同时，标的资产产品可直接用于上市公司客户的相关产品，补充或替代向现有供应商采购对应产品，实现上市公司自产自用合金磁粉芯，降低原材料采购成本。

2. 重组的成效与意义

（1）产业链整合。

垂直整合提升供应链稳定性及成本控制能力：麦捷科技通过收购安可远，实现了向产业链上游的延伸。安可远是国内能够规模化生产全系列铁硅合金软磁粉芯的主要厂家之一，其产品是麦捷科技磁性元器件的关键原材料。通过此次收购，麦捷科技可实现“磁粉芯→磁性元器件”的垂直整合，降低原材料采购成本，同时减少供应链波动风险，强化内部协同效应。

业务协同构筑一体化解决方案体系：收购完成后，麦捷科技能够为客户提供从磁粉芯到磁性器件的一体化解决方案，进一步提高产品的稳定性和竞争力。同时，金之川作为麦捷科技的重要子公司，其业务与麦捷科技的主营产品高度互补，通过进一步整合金之川的股权，麦捷科技能够更好地实现业务协同和资源调配，提升整体运营效率。

（2）把握核心技术协同与提升市场拓展能力。

掌握核心材料技术、增强联合研发能力：安可远在金属软磁粉芯的包覆技术等方面具有独特优势，其产品在磁芯损耗和饱和磁感应强度等关键性能指标上已与国内外知名厂商持平。麦捷科技通过此次收购，可以在安可远现有技术的基础上增加研发投入，开发性能更优越、更稳定的金属软磁粉芯，加速高端磁性元器件的研发。同时，金之川在大功率电感和通信类变压器等领域也拥有成熟的技术和产品，与麦捷科技的技术体系形成良好的互补，能够协同开发适配新能源汽车、储能系统的定制化电子元件。

推动市场拓展与新业务布局：安可远的金属软磁粉芯在高功率领域具有广阔的应用前景（如 AI 服务器、新能源汽车等），随着相关新兴行业的快速发展，其市场需求将进一步增加。麦捷科技通过整合安可远的技术和产能，能够更好地满足市场对高性能磁性材料的需求，拓展在数据中心、服务器、新能源车等高端市场的份额。此外，金之川在物联网领域的经验也将帮助麦捷科技快速拓展相关市场。

（3）政策支持与市场示范效应。

政策支持：近年来，国家出台了一系列政策支持电子信息产业的发展，鼓励企业通过并购重组等方式实现资源整合和产业升级。麦捷科技的此次并购符合国家政策导向，有助于提升我国电子元器件产业的整体竞争力。

市场示范效应：麦捷科技的并购行为在行业内具有一定的示范效应。随着科技的不断发展，企业之间的并购重组将成为行业集中度提升的重要推动力量。麦捷科技通过此次并购，展示了其在产业链整合和技术升级方面的战略布局，为其他企业提供了有益的借鉴。

（四）促进国家航空装备资源整合：中航电测收购成飞集团

1. 交易背景与目的

2024 年 7 月 11 日，中航电测公告，拟发行股份购买成飞集团 100% 股权的事项获得深交所并购重组委员会审核通过，2025 年 1 月 6 日，成飞集团正式成为中航电测全资子公司，标志着收购完成。该案例涉及交易金额高达 174 亿元，是深市试点注册制以来交易金额最高、规模最大的重组项目。该交易显著提高上市公司资产质量的同时，交易对方航空工业集团得以借力资本市场进一步提升国家航空工业资产证券化率，实现国家航空装备体系建设的资源再整合、发展再提速。

此次交易目的主要有三：第一，践行国家战略，借助上市公司资本运作，为航空装备建设提供资源与制度保障，拓宽融资渠道，提升航空产品制造水平。第二，推动核心企业高质量发展，航空工业成飞作为重点优势企业，在制造领域经验丰富、技术领先，通过上市公司治理及激励机制，实现产业与资本融合发展。第三，增强上市公司盈利能力，提升股东投资回报。航空工业成飞盈利能力强，交易使上市公司新增相关业务实现转型升级，增强抗风险能力与持续盈利能力。

2. 重组的成效与意义

（1）航空装备优质资产整合。

产业链延伸与整合：中航电测原有业务集中在智能测控领域，而成飞集团是航空装备整机及部附件研制生产的龙头企业。收购完成后，中航电测新增了航空装备整机及部附件研制生产业务，实现了从零部件到整机的全产业链覆盖，进一步聚焦于航空主业。

资源与能力互补：中航电测在智能测控技术方面具有深厚积累，而成飞集团在航空制造领域拥有强大实力。双方的合作能够实现技术与制造能力的强强联合，例如中航电测的传感器和数据控制系统可以与成飞的航空制造能力产生协同效应，提升战斗机和无人机的作战能力。

运营效率提升：中航电测将借助成飞集团的生产能力，优化生产流程，降低生产成本，提高运营效率。同时，成飞集团的加入也将为中航电测带来更强大的资金支持，进一步提升公司的抗风险能力。

（2）技术资源整合和研发能效提升。

技术资源整合与创新平台共享：成飞集团拥有 3 个国家级平台、8 个省部级平台、6 个企业级科技创新平台，并建立院士（专家）创新工作站。收购完成后，中航电测可以共享这些研发资源，提升自身的研发能力。同时，双方的技术团队可以进行深度合作，加速技术创新和产品研发。

前沿技术研发与突破：成飞集团在航空装备领域具有领先的技术水平，其研发的歼－20 等先进战斗机代表了我国航空工业的顶尖水平。中航电测通过收购成飞集团，能够参与到更前沿的航空技术研发中，如第六代战机的研发，进一步提升我国航空工业的整体技术水平。

研发效率与创新能力提升：整合后的中航电测形成了从零部件到整机的全产业链覆盖，显著提升了研发效率。同时，双方的技术互补和协同创新能够激发更多的创新灵感，加速新技术、新产品的研发和应用。

（3）市场扩展及推动产业发展。

市场扩展：随着国防现代化建设的加速推进以及航空产业的蓬勃发展，对先进航空武器装备的需求持续增长。中航电测并购成飞集团后，将充分受益于这一市场趋势，为未来的业务拓展奠定了坚实基础。

产业链延伸与多元化发展：通过整合成飞集团的优势资源，中航电测将实现从航空零部件到整机制造的全方位覆盖，极大地丰富了公司的产品线和业务领域。这不仅有助于公司进一步巩固在航空产业中的地位，还将推动整个航空产业链的快速发展。

（4）符合国家战略。

国家战略支持：航空工业作为国家战略性产业，对国防现代化建设至关重要。成飞集团作为我国重要的航空装备研制基地，承担了多项国家重大航空装备项目。此次中航电测收购成飞集团，不仅有助于提升我国航空工业的整体实力，更好地保障国家航空装备建设任务，还能在国防现代化加速推进的背景下，满足对先进航空武器装备的持续增长需求，进一步增强我国航空装备的自主保障能力，为国家国防建设提供更有力的支持。

政策导向契合：近年来，国家大力推进国企改革，鼓励国有控股公司将优质资产注入上市公司，以提升国有资本的运营效率和市场竞争力。此次中航电测收购成飞集团，正是航空工业集团落实国企改革政策的重要举措，显著提升了航空工业集团的资产证券化水平，符合国家关于提高央企资产证券化率的政策导向。同时，国家也鼓励企业通过并购重组实现资源整合和产业升级，中航电测收购成飞集团后，将推动我国航空工业向高端化、智能化、数字化方向发展，进一步优化国有经济布局，增强航空工业的核心竞争力。

（五）无业绩承诺的横向并购：纳芯微收购麦歌恩

1. 重组背景与目的

2024 年 6 月 23 日，纳芯微公告拟以 7.93 亿元收购麦歌恩 79.31% 股权，交易对价包括现金支付和并购贷款。2024 年 10 月 14 日，纳芯微调整收购方案，计划以 3.17 亿元收购剩余 20.69% 股权，实现对麦歌恩 100% 控股。2024 年 12 月，纳芯微完成麦歌恩工商变更登记，全资控股麦歌恩，整合工作全面展开。

纳芯微作为国内领先的模拟及混合信号芯片设计企业，一直致力于在传感器、信号链、电源管理等领域提供创新的芯片解决方案。通过收购麦歌恩，纳芯微能够进一步完善其在磁传感器领域的产品布局，提升在模拟及混合信号芯片领域的综合竞争力。麦歌恩在磁传感器领域拥有深厚的技术积累和丰富的研发经验，其产品在性能、功耗、集成度等方面具有显著优势，且在消费电子、工业、新能源汽车等领域拥有广泛的客户资源和市场渠道。此次收购将使纳芯微快速切入磁传感器市场，提升市场份额，为未来的发展奠定坚实基础。

2. 重组的成效与意义

上市公司一直围绕下游核心应用场景不断丰富产品品类，本次交易是公司基于聚焦主业发展做出的并购决策，有利于整合双方的产品、技术、市场及客户、供应链等资源，在磁传感器领域发挥协同效应，符合公司发展愿景与长期战略规划。本次交易的成效和意义如下：

（1）取消业绩承诺，体现政策包容性。

该交易原交易方案中，麦歌恩转让方承诺 2024～2026 年累计净利润达 1.66 亿元，但调整后的方案取消了这一条款。此外，补充协议约定麦歌恩创始人方骏应签署竞业协议等限制条款，且公司通过向麦歌恩核心团队分期支付其财产份额转让价款。此次交易中，纳芯微通过取消业绩承诺释放整合灵活性，同时以竞业协议锁定核心资源，体现了公司对技术并购深层逻辑的精准把握和“并购六条”对业绩承诺事项的包容性。

（2）聚焦主业发展，增加产品和服务多样性。

在磁传感器方向，公司推出了符合汽车电子应用的磁线性电流传感器，已大规模发货；车规级的磁开关、磁轮速传感器等方向研发进展顺利，客户端已完成送样测试。麦歌恩则长期专注于开关位置检测的磁开关业务、模拟量信号检测的电流/线性霍尔业务及角度编码检测的磁编码业务。本次交易事项有助于丰富公司在磁传感器领域的产品品类，进一步提高公司在磁传感器领域的销售规模和市场份额，提升公司在磁传感器领域的竞争力。本次交易完成后，公司将成为少数同时具备位置、速度、开关、电流等多品类磁传感器产品和业务布局的公司之一，涵盖了磁传感器大部分产品品类和应用场景，可广泛应用于手机终端、无人机、机器人、智能家居、工业控制、安防、光伏储能、新能源汽车等领域。

（3）整合研发资源，不断提高技术开发能力。

作为国内最早一批专注磁传感器产品的公司，麦歌恩积累了丰富的产品迭代及技术开发经验，具备经验丰富的研发团队，核心团队来自霍尼韦尔（Honeywell）、迈凌（MaxLinear）、美满电子（Marvell）等传感器和半导体头部企业。麦歌恩储备有多项平面霍尔、垂直霍尔、磁阻效应、聚磁技术、电磁感应等技术，在磁编码器、角度传感器方向，高压、高可靠性产品方向及磁类传感器的基础性研发方向具有较强的技术优势。本次交易完成后，公司将积极整合双方的研发资源，发挥双方的技术优势，完善公司磁传感 IP 技术积累，并结合公司在汽车和泛能源领域的应用和质量管理的优势，进一步拓展公司在汽车和泛能源领域磁传感类产品品类和市场应用。

（4）市场与客户协同，提升整体品牌与市场占有率。

麦歌恩在磁传感下游汽车电子、消费电子及工业驱动等领域积累了广泛的客户基础，在磁传感器领域具有较强的业务互补性和延展性，同时与公司其他信号链、电源管理芯片产品互补，围绕客户应用可以形成更具竞争力的解决方案，为客户提供更高的价值。本次交易完成后，公司和麦歌恩将充分发挥各自的市场和客户优势，促进市场与客户协同，助力公司优质客户资源间的销售推广，提升公司整体品牌与市场覆盖度和占有率。

（5）强化供应链协同，发挥规模成本优势。

麦歌恩主要的晶圆代工及封测服务提供商与公司主要供应商存在重合。本次交易完成后，公司与标的公司可以通过整合供应链强化采购协同合作，以发挥规模效应，提升公司对上游供应商的议价能力，进一步提升公司原材料采购成本优势，稳步提升公司的整体盈利能力。

（六）科创板首单“A 控 A”并购：迈瑞医疗收购惠泰医疗

1. 重组背景与目的

2024 年 4 月，迈瑞医疗以 66 亿元自有资金收购惠泰医疗的控制权，成为科创板首单“A 控 A”案例。从收购后的业绩表现来看，2024 年前三季度，惠泰医疗的归母净利润增速达 30.97%，呈现快速增长态势，形成了良好的产业整合范本。

医疗器械行业具有细分子行业多、迭代周期长、单一产品市场有限等特点，企业持续增长需要通过品类拓展来实现。迈瑞医疗作为国内医疗器械龙头企业，一直致力于通过并购快速进入新领域，填补产品线空白。惠泰医疗是我国电生理领域国产龙头企业及心血管领域国产领先企业，主营业务为电生理、冠脉通路及外周血管介入等产品的研发、生产和销售。其在电生理领域拥有深厚的技术储备与丰富的产品矩阵，全球可及市场空间超过100亿美元，国内市场空间超过100亿元人民币。此次交易将显著提升迈瑞医疗在心血管领域的市场竞争力及业务布局。

此外，监管部门鼓励科创公司通过并购重组优化资源配置、赋能科技创新。此次迈瑞医疗收购惠泰医疗是科创板首单“A控A”案例，体现了监管层对上市公司通过资本市场开展高质量产业并购的支持态度。

2. 重组的成效与意义

（1）快速切入心血管领域，完善产品矩阵。

迈瑞医疗通过收购惠泰医疗，成功进入心血管领域相关赛道，填补了其在电生理、冠脉通路及外周血管介入等高值耗材领域的空白。这一举措不仅丰富了迈瑞医疗的产品矩阵，还为其在全球医疗器械市场中的进一步拓展奠定了坚实基础。

（2）技术资源整合、加速新产品研发。

迈瑞医疗在研发方面具有强大的实力，而惠泰医疗在心血管领域拥有领先的技术创新能力。通过整合，双方将充分发挥在研发方面的协同潜力，赋能惠泰医疗加强产品创新和系统集成能力。

此外，迈瑞医疗将为惠泰医疗提供研发资源支持，助力其在心血管领域的新产品研发和升级换代。同时，双方的技术互补将加速新产品从实验室到市场的转化过程。

（3）提升市场开拓能力，加速国产替代。

提升市场竞争力：迈瑞医疗拥有强大的研发平台和全球市场覆盖能力，而惠泰医疗在心血管领域具有领先的技术储备和产品线。通过双方的协同合作，迈瑞医疗可以进一步提升其在心血管领域的研发和生产能力，优化产品性能，从而在全球市场中占据更有利的位置。

推动公司全球布局：惠泰医疗的海外业务收入占比仅为11%，海外市场潜力巨大。迈瑞医疗在全球190多个国家和地区拥有广泛的营销网络，其产品在欧美等高端市场不断取得突破。通过整合迈瑞的全球资源，惠泰医疗有望加速海外市场的拓展，提升其产品的国际竞争力。

加速国产替代进程：心血管医疗器械市场目前仍主要由外资品牌主导，

外资厂商在电生理领域的市场份额超过 85%。惠泰医疗作为国内龙头企业，通过与迈瑞医疗的合作，有望借助迈瑞的研发实力和市场资源，加速高端产品的国产化进程，提升国产产品在国内市场的份额。

（4）行业示范效应。

此次收购是科创板首单“A 控 A”案例，体现了监管层对上市公司通过资本市场开展高质量产业并购的支持态度。这一案例为其他科创板上市公司提供了可借鉴的经验，有助于推动医疗器械行业的进一步整合和发展。

（七）科创板首单“A 并 H”案例：美埃科技收购捷芯隆

1. 重组背景与目的

2024 年 10 月，美埃科技拟通过私有化方式收购港股上市公司捷芯隆 100% 股权，其中以现金方式（并购贷占现金作价的 60%）收购 68.39% 股权，以发行股份方式收购 31.61% 股权。此次收购是美埃科技完善产业链、加速布局境外业务的重要举措。捷芯隆作为中国和东南亚的洁净室墙壁和天花板系统供应商，与美埃科技的洁净设备形成有效搭配。收购完成后，美埃科技将具备“风机过滤单元配套 + 整机设备 + 墙壁 + 天花板系统”等的洁净室全方位解决方案的技术实力和集成能力，进一步提升在半导体洁净装备及耗材领域的竞争力。同时，借助捷芯隆在东南亚的市场基础，美埃科技能够加速拓展境外业务，提升国际市场份额。

随着半导体、生物制药等高端制造领域对洁净室技术的需求持续增长，洁净室解决方案需要上下游产品的协同配合。美埃科技主营风机过滤单元（FFU）及过滤器，而捷芯隆专注于洁净室墙壁和天花板系统，两者产品同属洁净室核心环节，且业务互补性强。此次收购旨在提升美埃科技提供洁净室全方位解决方案的能力，满足市场对一体化解决方案的需求。

2. 重组的成效与意义

（1）产业链纵向整合。

收购完成后，美埃科技将具备“风机过滤单元配套 + 整机设备 + 墙壁 + 天花板系统”等的洁净室全方位解决方案的技术实力和集成能力，进一步完善了其在洁净室系统领域的产业链布局，实现了从单一的空气净化设备及耗材供应商向综合洁净室系统解决方案提供商的转型升级，提升了公司在洁净室系统领域的市场竞争力。

（2）技术协同与市场拓展。

美埃科技和捷芯隆在洁净室领域具有各自的技术优势和市场资源。通过收购，双方可以实现技术协同，共同研发和创新，提升产品性能和质量。同时，借助捷芯隆在东南亚的市场基础，美埃科技能够加速拓展境外业务，提升国际市场份额，进一步扩大公司在全球洁净室市场的影响力。

（3）政策支持与市场示范效应。

国家政策鼓励上市公司通过并购增强企业竞争力的背景下，此次收购受益于政策红利，借助科创板“硬科技”绿色通道（该制度属于中国证监会于2024年6月发布的“科创板八条”）从披露到完成仅3个月，大幅缩短跨境并购周期。

美埃科技通过收购捷芯隆，进一步完善了产业链上下游布局，响应了国家“补链强链”的政策要求。同时，作为科创板首单“A并H”的并购案例，美埃科技收购捷芯隆为国内企业通过并购实现产业链整合和国际化发展提供了有益的借鉴和示范效应。

（八）“A控H”并购：亚信安全现金收购亚信科技控制权

1. 重组背景与目的

2024年11月，亚信安全完成现金收购亚信科技控制权，亚信安全作为科创板上市公司，通过收购港股亚信科技，成为科创板首单“A收H”重大资产重组案例，展现了政策对跨境整合的支持。通过此次收购，亚信安全将构建起从通信网络底层架构安全到上层应用安全的全方位防护体系，实现了网络安全与通信技术的深度融合，填补国内在该领域技术自主可控的关键环节空白，降低了对国外安全通信技术的依赖，保障了国家关键信息基础设施的安全。同时，凭借亚信科技与各大通信运营商长期稳定的合作关系，亚信安全直接将自身安全产品和服务嵌入运营商业务流程，减少了中间销售环节，降低了市场拓展成本，大幅提升了市场占有率和品牌影响力。

亚信安全在网络安全领域已深耕多年，凭借先进的威胁检测技术、安全防护体系以及专业的安全服务团队，在企业级安全市场占据了一席之地，尤其在金融、政府等关键行业拥有众多客户。亚信科技则是通信软件和信息技术服务领域的佼佼者，长期为全球各大通信运营商提供核心网络建设、运营支撑系统以及数字化转型解决方案，在通信技术的研发、应用和服务方面积累了深厚的技术底蕴和丰富的行业经验。

此次，亚信安全收购亚信科技旨在整合双方的优势资源，填补在通信技术与安全融合领域的技术和市场空白，同时将亚信科技在通信软件和服务方面的技术能力与自身的安全技术相结合，打造出更具针对性和创新性的安全通信产品和解决方案，完善产品矩阵，进一步提升在企业级市场，特别是通信运营商相关安全业务的竞争力，实现从单纯的网络安全提供商向融合通信安全服务综合供应商的战略拓展。

2. 重组的成效与意义

（1）产品线延伸与增强。

亚信安全对亚信科技的业务整合，将进一步推动公司打造“懂网、懂云、懂安全”的能力体系，提升“云网安”融合能力，实现产品线的延伸及增强，提升公司整体解决方案实力，同时双方有望在电信运营商等多个关键信息基础设施行业实现协同发展。

（2）技术与业务相融合。

亚信安全在云安全、终端安全、身份安全、威胁情报等细分赛道与核心能力方面具备领先优势，而亚信科技拥有云网、数智、IT 三大产品体系，具备 5G、云计算、大数据、AI、物联网等先进技术能力。双方可在多个领域联合研发，融合彼此技术特长，形成面向数字化转型、数据要素市场建设的更具适应性和完整性的综合解决方案。

（3）稳固现有市场地位，助力提升业务开拓能力。

近年来亚信安全已同步构建起完整的全行业市场营销体系，尤其在电信、金融领域已具备领先效应，而亚信科技聚焦战略行业，在能源、交通等细分行业已具备一定的优势，双方协同可进一步巩固电信行业地位，并向金融、能源等垂直领域延伸。同时，亚信科技正从国内市场向国际市场拓展，而亚信安全的技术能力可为其海外业务提供安全支撑，加速全球化布局。

（4）行业示范。

亚信安全收购亚信科技作为网络安全与通信技术融合的典型案例，为行业内其他企业提供了宝贵的借鉴经验。此次并购展示了在新兴技术驱动下，不同领域企业通过资源整合实现业务拓展与技术融合的可行性和有效性，推动了整个行业向融合创新的方向发展。众多网络安全企业和通信技术企业开始关注并探索类似的合作模式，促进了行业内的技术交流与合作，加速了安全通信技术的创新和应用。

（九）产业链垂直整合未盈利公司：赛力斯收购龙盛新能源

1. 重组背景与目的

2024 年 4 月，赛力斯拟发行股份收购龙盛新能源 100% 股权，交易价格为 81. 64 亿元，2025 年 2 月，该申请获证监会注册批复。

近年来中国新能源汽车产业呈现强劲增长趋势，迎来关键历史机遇期。推进汽车产业高质量发展需要培育以科技创新为核心的新质生产力，从而推动中国新能源车企突破性、跃升式发展。龙盛新能源的超级工厂作为智能电动汽车数字化工厂，采用“四位一体”智能制造架构，拥有先进的智能终端，实现高度自动化生产，充分体现了高科技、高效能、高质量的新质生产力鲜明特征。

在此背景下，赛力斯的产品也持续向高端化、智能化方向演变升级，对公司工厂的生产条件也提出更高需求。受限于公司现有的产线布局，对其进行升级改造难以达到超级工厂同样的水平，且升级改造成本较高。本次收购有助于上市公司提升新质生产力，满足长期高质量发展需求，持续转型升级。

2. 重组的成效与意义

（1）强化生产端控制权与供应链安全。

赛力斯通过此次并购将完全拥有超级工厂的所有权，消除租赁模式下的不确定性，确保生产计划、技术迭代和质量管理自主可控，同时能够更好地整合供应链资源，提升对生产环节的控制力，进一步优化生产流程，提高生产效率。

（2）掌握核心技术，推动研发创新。

龙盛新能源的超级工厂采用“四位一体”智能制造架构，配备超3000台机器人，实现关键工序100%自动化，并拥有完善的质量监测追溯系统。通过此次并购，赛力斯获得先进的智能制造技术和物联网平台，同时整合龙盛新能源的技术资源，助力公司加速智能电动汽车的研发与制造技术创新，推动产业升级。

（3）推动当地现代制造业集群体系建设。

本次收购积极响应推动重庆市“33618”现代制造业集群体系建设，发挥智能电动整车链主领航作用，集约集聚共创行业优质生态，助力重庆市智能网联新能源汽车万亿级主导产业集群的发展。

第四节　上市公司通过并购重组发展新质生产力的展望和建议

一、对并购重组未来趋势的展望

在全球经济格局深度调整与中国经济结构转型升级的双重驱动下，并购重组正从“规模扩张”向“价值创造”深度转型，随着新“国九条”、并购六条以及《关于加强上市公司监管的意见（试行）》等政策的出台，上市公司并购重组迎来了新的发展机遇。这些政策为上市公司通过并购重组发展新质生产力提供了有力支持，也为资本市场的健康发展注入了新的活力。本节将从产业领域、监管政策、买卖方实操方式、中介机构专业度和参与度等方面，对上市公司通过并购重组发展新质生产力的未来趋势进行展望，旨在为相关企业和市场参与者提供一些有价值的参考和启示。

1. 新兴产业为主导，传统行业参与度提升

新兴和未来产业具有高科技、高效能、高质量的特征，符合新发展理念，是推动经济高质量发展的关键力量。随着产业和金融政策的支持，上

市公司并购重组将聚焦于战略性新兴产业和未来产业。

与此同时，存量市场竞争加剧、技术迭代压力、政策支持的驱动下，传统行业对资源整合和转型升级的需求愈发迫切。并购重组作为能够实现此需求的重要和有效方式，将更加受到传统行业企业的青睐，此类企业的参与度将逐步提升。

此外，在市场愈发多元化的趋势下，上市公司为了拓展业务领域、寻求新的增长点，跨行业并购和跨境并购将逐渐增多。例如，科技企业可能会跨界并购金融、医疗等领域的公司，实现业务多元化发展；国内企业可能会通过跨境并购获取海外先进技术、品牌和市场渠道，提升国际竞争力。

2. 政策支持与风险管理并行，构建并购重组市场新生态

监管层将继续出台一系列支持并购重组的政策，优化重组条件、丰富支付方式、设立产业并购基金等，为上市公司提供更加有利的政策环境。例如，可能会进一步放宽对并购重组的限制条件，简化审批流程，提高并购重组的效率；鼓励金融机构为并购重组提供融资支持，创新融资工具和产品。

在鼓励并购重组的同时，监管层将更加注重保护中小投资者的合法权益，进一步完善中小投资者表决机制、信息披露要求、业绩承诺与补偿机制等，确保中小投资者能够充分了解并购重组的相关信息，参与决策过程，并在并购重组后获得应有的收益保障。

同时，监管层将加强对并购重组市场的监管力度，严厉打击违法违规行为，维护市场秩序。同时，将更加注重风险防控，建立完善的风险预警机制和应对措施，防范并购重组过程中可能出现的市场风险、信用风险、操作风险等。例如，加强对并购重组方案的审核，要求上市公司充分披露交易风险；加强对并购重组后的整合过程的监管，确保交易双方能够实现协同发展。

3. 交易双方聚焦战略协同与交易模式创新

买方在并购重组中将更加注重战略规划，明确并购目标和方向。将根据自身发展战略和市场需求，选择与自身业务具有协同效应、能够提升核心竞争力的标的资产进行并购。例如，科技企业围绕核心技术产业链进行

布局，通过并购相关企业提升技术水平和市场份额；传统企业通过并购新兴产业的企业实现转型升级，拓展业务领域。

对于卖方而言，将更加注重自身价值的提升，通过技术创新、业务拓展等方式提高企业竞争力和市场价值。同时，卖方也将更加积极地寻求与高赋能的上市公司进行整合，借助上市公司的平台优势实现快速发展。例如，未盈利但具有技术突破潜力的科技企业可能会通过与上市公司合并，获得资金支持和市场资源，加速技术研发和商业化进程。

同时，在政策支持下，买卖双方将积极探索创新重组模式，如混合所有制并购、产业基金参与、换股吸收合并等。这些模式将有助于降低并购成本、提高并购效率、实现资源整合和协同发展。例如，混合所有制并购可以结合不同所有制企业的优势，提升企业竞争力；产业基金参与可以为并购重组提供资金支持和专业投资管理服务，降低并购风险。

4. 加速提升中介机构专业服务能力

并购重组市场的复杂性和专业性在不断提升，对中介机构的行业研究、方案设计、宏观政策解读、资本市场趋势、资源整合与协同合作等方面的要求也将随之提高，这将推动中介机构加快提升自身专业服务能力。在这个跑马圈地的时代，综合实力更强的中介机构将有更多的机会参与上市公司并购重组项目，同时能够发挥自身在市场资源、专业知识、风险管理等方面的优势，为交易双方提供更加优质的服务。

与此同时，以新兴产业为主导的并购重组市场，将要求各中介机构之间加强协同合作，形成一个紧密配合、高效运作的团队，通过整合各方资源和优势，以确保并购重组项目的顺利推进和成功实施。例如，财务顾问、证券公司、律师事务所、会计师事务所可以共同组成联合项目团队，为上市公司提供并购重组的全流程服务，并提高服务的质量和效率。

5. 人工智能等新兴技术推升并购重组质效

随着数字化技术的不断发展，大数据、人工智能、区块链等技术将在并购重组中得到广泛应用，这也将体现出并购重组推动新质生产力发展的同时，新质生产力也将以技术创新的方式反哺并购重组市场。例如，通过大数据分析，中介机构可以更准确地评估标的资产的价值和风险；利用人工智能技术，可以提高尽职调查的效率和准确性；区块链技术可以确保交易信息的真实性和不可篡改性，提高交易的透明度和可信度。

二、对并购重组政策优化的相关建议

在当今资本市场的格局中，并购重组作为资本市场优化资源配置的核心引擎，是推动产业结构升级、培育新质生产力的关键抓手。新“国九条”明确指出，并购重组是推动经济高质量发展的关键环节，强调要加大改革力度，通过多种举措活跃并购重组市场，进一步激发市场活力和企业竞争力。在此背景下，中国证监会发布《关于加强上市公司监管的意见（试行）》，提出的“完善市场化并购重组机制”工作要求。同时，并购六条进一步明确了相关要求和鼓励方向，为上市公司并购重组提供了更为明确的政策指引。

深刻领会“新国九条”和“并购六条”的精神实质，结合上市公司并购重组的实践情况，我们提出如下并购重组制度创新及技术赋能的建议，仅供参考。

（一）优化业绩承诺相关细则，降低收购方的交易风险

建议进一步优化业绩承诺条款的相关细则，将锁定期缩减比例与代表标的资产核心竞争力的指标（发明专利授权率、研发投入占比等）绑定。例如，可在协议中约定“若标的承诺年份内未实现核心技术突破，则转股价格下调一定比例”等。

（二）建立全市场的小额快速审核机制

目前沪深交易所已针对主板及科创板、创业板上市公司建立成熟的“小额快速”并购重组审核机制（如适用条件为近12个月累计交易金额≤5亿元，或累计发股比例≤5%且金额≤10亿元），通过简化问询环节、压缩审核周期至20个工作日，显著提升中小规模产业整合效率。建议北交所同步建立小额快速审核机制，该机制将有助于北交所上市公司更加便捷地进行并购重组，提升市场效率，促进企业的发展壮大。通过小额快速审核机制，北交所可以更好地适应市场变化，满足上市公司的发展需求，推动

资本市场的健康发展。

（三）加强中介机构立体化服务体系建设

1. 精简申报材料

在确保披露信息完整性和准确性的前提下，尽可能减少申报所需提交的材料。例如，对于一些已经在其他监管机构备案或公开披露的信息，可以允许财务顾问机构通过引用或链接的方式提交，避免重复提交相同的材料，以提高申报效率。

2. 完善并购服务体系

当前上市公司并购重组市场呈现分层化需求特征：一方面，中小市值企业亟需专业化、定制化的并购重组咨询服务；另一方面，券商服务资源集中于头部项目。专业财务顾问机构凭借区域网络布局和细分领域专业优势，有能力满足中小上市公司多样化的并购重组需求，建议开通证券投资咨询机构的财务顾问备案通道，以充分发挥各方积极性，激发并购重组市场活力，更好地满足不同类型上市公司的并购重组需求，推动资本市场更好地服务新质生产力的发展。

3. 推动建立联合服务机制

鼓励财务顾问机构与律师事务所、会计师事务所组建“并购服务联合体”，共享脱敏尽调底稿，降低重复尽调成本。

对跨行业并购项目，支持联合体提供从技术评估到法律合规的一站式服务。

（四）完善产业基金参与并购重组的机制

1. 优化备案与退出机制，提升交易灵活性

（1）优化备案流程。

简化并购基金的备案流程，减少不必要的备案材料和手续，提高备案效率。例如，可以建立并购基金备案的快速通道，对于符合一定条件的并购基金，如参与新兴产业并购、有良好历史业绩等，可以简化备案程序。

（2）创新退出工具。

在推广组合支付工具的同时，支持私募基金在标的完成技术里程碑（如创新药 NDA 获批）后按比例提前解锁股份。

试点“业绩对赌股权置换”机制，若标的未达承诺业绩，可按约定比例置换为上市公司股权，缓解基金退出压力。

2. 强化资金来源支持，降低融资成本

一是鼓励银行开发“技术估值抵押贷款”，允许以专利池、技术里程碑预期收益作为抵押物，解决轻资产标的融资难题；二是对战略性跨境并购项目，提供低息贷款。

（五）引入信息化技术手段，提升并购重组效率

1. 建立信息库及自动化数据分析系统

建立并购重组信息库，收集并整理上市公司并购重组的相关信息，包括交易双方的基本情况、交易标的的详细信息、交易方案的具体内容、交易进程的实时动态等。例如，可以要求上市公司在并购重组过程中，定期向监管层报送相关信息，监管层对这些信息进行分类整理和存储。

利用大数据分析和挖掘技术，对并购重组信息库中的数据进行深入分析，发现市场趋势、行业特点、交易风险等，例如，通过数据分析，了解不同行业并购重组的活跃度、成功率、交易规模等指标，为监管政策的制定和调整提供依据。同时，利用人工智能大模型挖掘并购潜在需求、被并购方的并购价值、并购方及被并购方的需求匹配，提升并购重组市场效率。

2. 智能化风险预警与防控

建立并购重组风险预警机制，通过对信息库中数据的实时监测和分析，及时发现潜在的风险因素，并采取相应的防控措施，提升监管部门对并购重组市场的风险管控质效。例如，可以设定风险预警指标，当交易出现异常情况时，系统自动发出预警信号，提醒监管层给予关注。

第六章　上市公司杠杆收购与整合退出

在全球化和资本流动日益加速的背景下，企业之间的竞争愈发激烈，为了在市场中占据有利地位，许多公司选择通过并购（Mergers & Acquisitions，M&A）来实现规模经济、资源整合和技术升级。对于收购上市公司而言，往往需要更广泛的资源和更强的融资能力作为支撑，设计执行更为复杂的交易结构，例如，杠杆收购（Leveraged Buyout，LBO）。

杠杆收购作为一种特殊类型的并购形式，其核心是以较低比例的自有资金完成对目标公司的控制权转移。杠杆收购不仅是一种快速扩张的方式，也是优化产业结构的有效手段。然而，这种高杠杆的操作方式也带来了显著的风险，包括高额债务负担以及可能面临的财务不稳定性。因此，在实施杠杆收购之后，如何有效地进行并购整合成为决定交易成败的关键因素之一。成功的并购整合需要深入理解双方企业的文化差异、管理模式以及业务流程，并在此基础上制定出切实可行的战略规划，确保新旧业务之间能够产生协同效应，从而提升整体竞争力并创造更大的股东价值。

本章节内容将结合实际案例深入研究杠杆收购与并购整合对企业长远发展的影响。通过对这一主题的研究，希望能够为市场关注者提供有价值的参考。同时，本研究也将关注中国资本市场特有的监管环境和发展趋势，以便更好地服务于本土企业的成长需求。

第一节　上市公司杠杆收购的国际经验

一、杠杆收购发展历程简述

（一）全球杠杆收购的发展阶段

杠杆收购自 20 世纪 80 年代开始在美国迅速发展，并经历了多个周期。第一阶段（20 世纪 80 年代）私募股权基金如 KKR、黑石集团（Blackstone）等崛起，杠杆收购成为资本市场热点，代表性案例包括 1988 年 KKR 对 RJR Nabisco 的收购。第二阶段（20 世纪 90 年代）由于高杠杆带来的财务风险暴露，以及美国政府对垃圾债券市场的监管加强，杠杆收购市场经历短暂衰退。第三阶段（21 世纪初至金融危机前）随着资本市场复苏，杠杆收购再次迎来黄金期，大量私募股权基金涌入市场，2007 年杠杆收购交易总额创下历史新高。第四阶段（2008 年金融危机后）金融危机暴露了杠杆收购的高风险性，全球杠杆收购市场大幅萎缩，直到 2010 年后市场才逐步复苏。第五阶段（2015 年至今）：杠杆收购呈现多元化趋势，高新技术、医疗健康等新兴领域成为重点，并购规模不断扩大。

（二）主要国家杠杆收购的演变

美国是杠杆收购的发源地和最成熟市场，经历了从野蛮增长到规范化发展的过程，其特点是金融体系完善、资本市场发达，私募股权基金和投资银行在市场中扮演重要角色。欧洲的杠杆收购在 90 年代快速发展，英国、法国、德国是主要市场。亚洲市场起步较晚，但增长迅速。中国的杠杆收购受政策影响较大，监管机构对杠杆收购的态度较为谨慎。

（三）杠杆收购市场的现状与趋势

近年来，全球杠杆收购市场持续增长，交易规模和数量均保持较高水平。科技、医疗、消费品等行业成为主要投资方向。此外，随着利率上升和监管加强，杠杆收购的融资成本上升，市场风险也随之增加。未来，杠杆收购市场可能会向更加精细化、稳健化发展，同时跨境并购交易也将成为重要趋势。

二、国际经典案例分析

杠杆收购在全球资本市场中扮演着重要角色，许多成功的收购案例展现了杠杆收购如何优化企业治理、提升企业价值，而失败案例则暴露了杠杆收购在财务、管理及市场层面的潜在风险。本节选取具有代表性的成功及失败案例，深入分析其交易背景、融资结构、并购后整合及市场影响，以总结国际杠杆收购的经验与教训。

（一）成功案例研究

1. KKR 收购 Envision Healthcare（2018 年，美国）

（1）交易背景。

Envision Healthcare 成立于 1953 年，总部位于美国科罗拉多州，是一家综合医疗服务公司，专注于急诊医疗、麻醉服务、医院管理以及医务人员的外包服务。2018 年，KKR 以 99 亿美元收购了 Envision Healthcare，其中包括了债务融资，成为美国医疗行业整合浪潮中的标志性案例。

此次交易的背景是美国医疗行业在向集中化、专业化方向发展的过程中，私募股权基金看到了医疗服务公司能够带来的回报，尤其是在医疗行业的整合过程中，运营效率的提升和资本优化空间巨大。在该交易中，KKR 不仅看中了 Envision Healthcare 的市场领导地位，还考虑到美国医疗行业政策的变化，尤其是医保扩展对行业结构的影响，以及未来医疗服务领域的整合趋势，预计收购后的公司能从规模化运营和政策趋势中受益。

（2）融资结构。

本次收购采用了典型的杠杆收购（LBO）模式。KKR 以 30 亿美元的股权资本发起收购，其余资金通过债务融资方式获得，具体融资结构包括高级贷款、定期贷款和高收益债券。首先，高级贷款（Senior Loan）由多个投资银行牵头安排，贷款条件较为优越，利率较低，且优先偿还，通常具有较低的风险。这部分贷款为收购提供了基础资金支持。其次，定期贷款（Term Loan）的利率相对较高，偿还期限较短，通常在5～7年，风险和成本也较高。最后，为了弥补股权资本和高级贷款之间的资金缺口，KKR发行了高收益债券（High－Yield Bonds）。这部分债务的风险较大，吸引的是那些风险偏好较高的投资者，且利率较高。

值得注意的是，KKR利用Envision Healthcare的部分资产作为债务担保，这种做法增强了融资结构的可行性，并降低了KKR的资金投入风险。

这一融资模式呈现出较高的杠杆比率，预计通过未来几年的运营优化，能够产生足够的现金流来偿还相关债务。然而，这种高杠杆融资也意味着企业在运营中面临更大的财务压力，尤其是在应对行业变化和政策调整时。

（3）并购后整合。

在收购完成后，KKR实施了一系列旨在提高企业运营效率和财务稳定性的整合措施。首先，为了提高资源配置效率，KKR引入了精益管理和数字化工具，特别是在急诊医疗和麻醉服务等高需求领域，通过优化资源分配，提升了医疗资源的使用效率。KKR还对Envision Healthcare的服务流程进行了重新设计，重点通过整合IT系统和自动化技术，提高了服务质量与响应速度。这一举措帮助公司减少了运营中的冗余环节，增强了客户满意度和市场适应性。KKR通过剥离非核心资产和业务重组，集中资源在急救医疗和麻醉等核心领域，进一步推动公司的竞争力发展。通过这一战略，Envision Healthcare得以专注于高增长领域，从而提升其市场份额。然而，尽管这些整合措施在提升运营效率和市场竞争力方面取得了一定进展，但由于杠杆收购带来的高负债压力，短期内仍未能完全消除因收购而产生的财务风险。高杠杆融资让企业在应对不断变化的市场环境和行业政策时，面临巨大的偿债压力和运营挑战。

（4）市场影响与挑战。

虽然KKR通过一系列的业务整合和成本优化提升了Envision Healthcare的运营效率，但该收购案也暴露了高杠杆收购中的潜在财务风险。特别是在美国医保政策的调整以及行业竞争加剧的背景下，Envision Healthcare面临着盈利能力下降的压力。随着美国政府对医保支付政策的调整，以及医疗行业改革的深入，Envision Healthcare 未能完全适应这一变化，尤其是在其承担的债务负担日益加重的情况下，经营状况日益困难。2022 年，Envision Healthcare 因高额的债务和持续的经营压力向法院申请了破产重整。这一结果表明，即使在收购初期，企业的财务状况和运营改善看起来较为乐观，但在实际操作过程中，高杠杆融资可能带来不可忽视的财务危机和市场风险。

2. 黑石收购 Ancestry. com（2020 年，美国）

（1）交易背景。

Ancestry. com 成立于 1983 年，最初专注于出版家谱相关书籍和数据库，随后随着互联网的发展，转型为全球领先的在线家谱和 DNA 测试服务提供商。该公司利用庞大的家谱数据库和基因检测技术，为用户提供家族历史探索、遗传健康分析等服务。截至 2020 年，Ancestry. com 已积累超过 180 亿条历史记录，并拥有超过 300 万人的 DNA 数据库，在全球范围内拥有数百万名订阅用户。

2020 年，美国私募股权巨头黑石集团以 47 亿美元的价格收购了 Ancestry. com，此次交易由黑石的私募股权基金 Blackstone Capital Partners Ⅷ进行。这笔交易发生在全球对基因检测和个性化健康管理需求快速增长的背景下。随着消费者对基因组学的认知度提高，市场对 DNA 测试的需求也在增加。此外，COVID－19 疫情进一步加速了消费者对健康数据和遗传分析的兴趣，使得 Ancestry. com 具备了更大的市场潜力。黑石集团作为全球领先的投资机构，之所以选择收购 Ancestry. com，主要基于三大核心考量：①稳定的订阅收入模式，Ancestry. com 依赖订阅服务获取持续现金流，具备较高的盈利确定性；②数据和技术驱动的业务模式，其庞大的家谱数据库和基因分析能力形成了较强的竞争壁垒；③可拓展的国际市场，黑石希望借助资本和管理资源，进一步推动 Ancestry. com 在国际市场的增长，尤其是亚洲和欧洲市场。

（2）融资结构。

本次交易采用了典型的杠杆收购（LBO）模式，黑石集团主要依靠债务融资作为收购资金来源，并辅以部分股权资本支持。黑石在此次交易中的融资结构经过精心设计，以确保资金使用的高效性和可持续性。黑石集团获得了高级贷款，由多家投资银行和机构投资者提供。这类贷款的利率较低，并且由于具备优先偿还权，债权人承担的风险较小，因此是杠杆收购中常见的融资工具。

黑石还采用了定期贷款，这类贷款通常具有7～8年的较长期限，适用于像Ancestry. com这样现金流稳定的企业。定期贷款能够提供较为灵活的资本结构安排，使企业能够在未来几年内进行业务扩展和债务管理。除了银行贷款，黑石集团还通过发行高收益债券来补充资金缺口。这类债券的利率相对较高，吸引了寻求高回报的机构投资者。尽管高收益债券的融资成本较高，但其融资规模较大，且无须提供抵押物，有助于提高整体资金的灵活性。黑石在交易中还利用了目标公司资产抵押融资，即将Ancestry. com的现有资产（包括其庞大的家谱数据库和知识产权）作为贷款抵押品，以降低融资成本。这种融资方式不仅提高了黑石获取资金的能力，还降低了自身的资本投入风险，使杠杆收购效益最大化。

（3）并购后整合。

在完成收购后，黑石集团实施了一系列战略整合措施，以提升Ancestry. com的市场价值和竞争力。首先，数字化升级与技术创新成为整合的重点之一。黑石加大对人工智能（AI）和大数据分析的投入，优化Ancestry. com的基因分析算法，提高数据处理效率和个性化推荐能力。利用云计算技术提升平台的可扩展性，使更多用户能够快速访问和分析自己的家谱和遗传数据。这些技术创新不仅增强了Ancestry. com的核心竞争力，也提升了用户体验，增加了客户黏性。

市场扩张与国际化布局是黑石推动增长的重要策略。在收购后，黑石积极推动Ancestry. com进入新的国际市场，特别是亚洲和欧洲市场。通过与当地医疗和基因检测机构合作，推进DNA测试产品的本地化，以吸引更多非英语国家的用户。黑石利用自身在全球市场的资源网络，扩大品牌影响力，进一步提高Ancestry. com在国际市场的渗透率。

强化数据隐私与合规管理成为收购后整合的关键环节。由于Ancestry. com处理的是高度敏感的基因数据，隐私保护和合规性问题备受关注。

黑石加强了数据安全措施，确保公司符合 GDPR（欧盟《通用数据保护条例》）等国际隐私法规，同时提升用户对数据透明度的信任度。通过优化数据加密技术和严格的访问控制，黑石有效降低了数据泄露风险，确保 Ancestry. com 在全球范围内能够顺利运营。

在商业模式方面，黑石集团优化了 Ancestry. com 的订阅模式，推出更加多元化的订阅计划，以满足不同消费者的需求。为入门级用户提供低成本的家谱探索服务，同时为高级用户提供更精准的基因健康分析。此外，黑石旗下拥有众多生命科学和医疗健康领域的投资组合，例如 Precision Medicine Group（精准医疗集团）和 Medline（医疗器械供应商），这些企业在基因检测、医疗数据分析等方面具有丰富的经验。通过资源整合，黑石能够帮助 Ancestry. com 进一步拓展基因检测在健康管理领域的应用，例如精准医疗、遗传病筛查等，从而增强其市场竞争力。

（4）市场影响。

本次收购被认为是私募股权基金在科技和数据驱动行业中成功应用杠杆收购的典型案例。Ancestry. com 在黑石的管理下保持了稳定增长，并进一步巩固了其在全球基因检测市场的领导地位。从市场反应来看，此次交易证明了数据驱动型企业对私募股权基金的吸引力。黑石集团通过收购 Ancestry. com，成功进入快速增长的基因检测市场，并利用其管理经验推动企业数字化升级，提高盈利能力。该案例还反映出私募股权基金如何在科技和医疗健康交叉领域寻找投资机会，并通过运营优化和资本杠杆化实现价值增值。然而，也有部分市场分析人士指出，Ancestry. com 在数据隐私和政策合规方面仍然面临挑战。随着全球对个人基因数据保护法规的日益严格，黑石需要持续加强数据合规性管理，以降低潜在的法律和监管风险。随着 DNA 测试市场竞争加剧，Ancestry. com 需要不断创新，以维持其市场领先地位。

3. 安踏体育收购亚玛芬体育（2019 年，芬兰）

（1）交易背景。

安踏体育（ANTA）是中国领先的体育用品公司，近年来积极推进国际化布局，以实现品牌全球化、多元化发展。2019 年，安踏体育联合私募股权基金方源资本（FountainVest）、腾讯（Tencent）及 Lululemon 创始人 Chip Wilson 组成投资财团，以46亿欧元的价格收购了芬兰知名运动品牌集团亚玛芬体育（Amer Sports）。

亚玛芬体育旗下拥有多个世界级运动品牌，包括户外运动品牌 Salomon、高端户外装备品牌始祖鸟、网球和篮球装备品牌 Wilson、高尔夫品牌 TaylorMade 以及滑雪设备品牌 Atomic 等，业务覆盖全球多个市场。此次收购是中国企业在国际体育用品市场上最大规模的并购交易之一，标志着安踏体育迈出了重要的全球化战略步伐。亚玛芬体育在欧洲和北美市场具有较强的品牌影响力，并在高端专业运动装备领域占据领先地位。然而，由于运营成本较高、亚洲市场拓展受限，企业增长潜力未能完全释放。安踏体育看准这一机会，希望通过自身在中国市场的渠道优势和本土化运营经验，加速亚玛芬体育的增长，使其品牌矩阵更加完善，形成从大众运动到高端专业运动品牌的全面布局。

（2）融资结构。

本次交易采用了典型的杠杆收购（LBO）模式，安踏体育与投资财团共同出资约20亿欧元，占总交易额的约43%，其余部分主要通过银行贷款及债务融资完成。财团成员各自承担不同的出资比例，其中安踏体育作为主要统筹方，承担了较大部分的股权投资。杠杆融资部分主要由欧洲和亚洲的商业银行提供，包括定期贷款和循环贷款等多种融资工具。由于亚玛芬体育本身具备良好的盈利能力，财团利用其现有资产（包括品牌价值、库存和经营现金流）作为杠杆融资的支撑，提高了融资的可行性，并降低了收购方的资金投入风险。

此次融资方案的设计既保证了收购交易的顺利完成，又确保了收购后企业仍具备足够的运营资金，以支持品牌整合和市场扩张。这种高杠杆收购模式的成功应用，也展现了安踏体育及其投资财团在资本运作上的成熟度。

（3）并购后整合。

收购完成后，安踏体育采取了一系列整合措施，以最大化本次并购的协同效应，并提升亚玛芬体育的市场竞争力。

优化品牌组合与市场定位。安踏体育通过重新梳理亚玛芬体育旗下品牌，使其品牌矩阵更加清晰，针对不同细分市场进行精准定位。Salomon 持续专注于越野跑和户外运动市场，始祖鸟作为高端户外品牌，进一步强化高端市场定位，而 Wilson 则保持其在网球、篮球等球类运动中的领先地位。

拓展中国及亚洲市场。安踏利用自身在中国市场的渠道资源，将亚玛芬体育旗下品牌引入中国，加速市场拓展。始祖鸟在中国开设更多线下门店，并通过社交媒体和电商平台提升品牌影响力。安踏还推动亚玛芬体育与中国本土运动员及户外运动社区建立合作，提高品牌的本地化认知度。

加强数字营销与供应链管理。安踏集团推动亚玛芬体育加大对电商渠道的投入，优化线上销售体系，并运用数字化技术提升营销效果。通过大数据分析消费者行为，为不同市场制定精准的产品推广策略。安踏体育还整合供应链资源，优化生产和物流流程，以提高运营效率、降低成本，增强整体盈利能力。

（4）市场影响。

本次收购被认为是中国企业在全球化战略中成功运用杠杆收购的典范。通过此次交易，安踏体育一跃成为全球第三大体育用品公司，仅次于耐克（Nike）和阿迪达斯（Adidas）。在全球竞争日益激烈的体育用品行业中，安踏凭借本次并购显著提升了自身的国际市场份额，并成功进入高端户外运动市场。在整合完成后的几年内，亚玛芬体育旗下多个品牌在全球范围内的销售额实现增长。尤其在中国市场，始祖鸟和 Salomon 迅速占据高端户外运动装备市场的重要位置，与国内外知名品牌展开竞争。Wilson 作为国际知名的球类运动品牌，也借助安踏的资源在亚洲市场取得更大的发展空间。本次收购也增强了安踏体育在资本市场的竞争力。收购完成后，安踏体育的品牌价值和国际影响力得到提升，股价在 2019 年至 2021 年间稳步上升，投资者对其全球化战略的认可度提高。

（二）失败案例警示——Cerberus 收购 Steelcase 失败案（2019 年，美国）

（1）交易背景。

Steelcase 是全球领先的办公家具制造商，成立于 1912 年，总部位于美国密歇根州。公司主要提供创新的办公空间解决方案，涵盖办公桌椅、会议室设备、协作空间及智能办公系统等产品。

Steelcase 在全球范围内拥有广泛的客户基础，其产品广泛应用于企业、教育机构、政府部门及医疗机构等多个行业。2019 年，美国私募股权基金 Cerberus Capital Management 试图通过杠杆收购（LBO）方式收购 Steelcase，计划通过成本优化、供应链整合和业务调整等方式提升公司盈利能力。然而，该收购最终未能完成，成为杠杆收购失败的典型案例。这一交易失败反映了市场环境变化、融资挑战以及管理层阻力等多重因素对杠杆收购成功的影响。

（2）融资结构。

Cerberus 计划采用高杠杆模式，融资主要依赖银行贷款和高收益债券。然而，由于 Steelcase 受全球办公环境变化（如远程办公兴起）影响，市场前景不确定，投资银行和债权人对该交易的风险持谨慎态度，导致融资计划受阻。

（3）并购失败的原因。

①市场环境变化：2019 年，全球办公家具行业受到企业办公模式转变的冲击，远程办公和混合办公模式的兴起使传统办公空间需求减少，Steelcase 的未来盈利能力受到质疑。随着科技公司、初创企业和跨国企业逐步调整办公模式，传统办公家具的市场需求增速放缓，企业采购意愿下降。美国经济增长放缓，市场对办公家具行业的前景持悲观态度，导致投资者对 Steelcase 的收购案信心不足。

②融资困难：杠杆收购的核心在于通过债务融资完成交易，并利用被收购企业的稳定现金流偿还债务。然而，Steelcase 由于市场环境的不确定性，投资银行和债权人对该交易的风险较为谨慎，融资计划受阻。多家投资银行对 Steelcase 未来的现金流预测持保守态度，认为企业可能无法提供足够的现金流来支持高杠杆收购模式。另外由于办公家具行业受宏观经济和企业投资支出影响较大，市场对 Steelcase 的未来盈利能力存疑，导致投资者对高收益债券的需求下降，融资难度加大。

③管理团队反对：Steelcase 的管理层对 Cerberus 的收购计划持强烈反

对态度，主要是担忧高杠杆模式可能对公司的长期发展带来不利影响。其中，企业文化冲突是双方矛盾的核心。Steelcase 作为一家长期专注于办公家具创新的企业，强调可持续发展和长期市场布局，而 Cerberus 作为私募股权基金，通常采用短期盈利策略，意图在数年内通过资本运作退出。管理层认为，Cerberus 过于注重短期利润最大化的策略可能会与 Steelcase 现有的长期发展目标相冲突，影响企业的品牌价值和市场竞争力。

④市场影响：该失败案例表明，杠杆收购的成功不仅依赖于融资能力，还需要充分考虑市场趋势、公司基本面及管理层的战略构想及意愿。高杠杆交易在行业变革期容易受到融资市场收紧和经营风险的双重冲击，进而导致交易失败。Cerberus 的失败案例对私募股权市场带来了警示，尤其是在行业增长放缓或变革期，投资者更需谨慎评估杠杆收购的可行性。办公家具行业的波动性较高，过度依赖债务融资的杠杆模式可能面临较大的市场风险。

三、杠杆收购的风险因素

（一）财务风险

杠杆收购的核心特点是高负债，高杠杆比率会使企业面临沉重的债务压力，影响流动性和财务灵活性。在利率上升或融资市场收紧的情况下，企业可能难以按计划偿还债务，甚至面临违约风险。高负债模式通常涉及多种融资工具，复杂的债务结构可能增加企业的资本成本，并对财务管理提出更高要求。如果目标公司的盈利能力无法支撑债务偿还，信用评级可能下降，导致后续融资成本进一步上升。如果目标公司未能如期提升盈利能力或受到外部不利因素影响，资金链可能出现紧张，最终可能导致企业破产或被迫出售资产。

（二）经营风险

杠杆收购的成功不仅取决于财务安排，还依赖于并购后的经营管理。收购方需要在短时间内提升企业的盈利能力，若整合过程中管理不善，可能导致经营状况恶化，甚至影响整个收购计划的成败。企业整合是杠杆收购后的关键环节，品牌、管理体系、运营模式等方面的差异可能影响整合效果。

如果企业文化和管理风格存在较大差距，可能会导致员工流失、业务协同困难，并影响客户和供应商关系。目标公司可能需要进行业务整合，但在短期内调整过快，可能带来运营的不确定性。同时，杠杆收购往往伴随管理层更替，若缺乏合理的过渡安排，可能引发决策效率下降，甚至导致核心团队流失，影响企业的战略执行能力。

（三）市场风险

杠杆收购的成败受市场环境的影响较大，市场环境的不确定性可能给目标公司带来额外挑战，影响并购的最终成效。经济周期变化直接影响企业的盈利能力。对于周期性行业，如能源、房地产等，市场需求波动较大，杠杆收购模式可能加剧企业的财务风险。政策与监管因素也是杠杆收购不可忽视的风险点。各国政府对高杠杆交易和私募股权投资的监管日趋严格，例如加强反垄断审查、限制过度举债、提高资本市场准入门槛等。部分国家对涉及敏感行业的外资并购采取更为严格的审查制度，可能影响私募基金的收购策略。

行业竞争的激烈程度直接关系到目标企业的市场地位。在竞争加剧的市场环境下，即使通过杠杆收购获得资金支持，目标公司仍然可能面临增长压力。如果未能精准把握市场趋势或快速适应行业变化，可能导致市场份额下降，甚至影响投资回报。对于技术创新型企业，行业迭代速度较快，收购方需要持续投入资源以保持企业的竞争优势，否则可能因市场变化而陷入被动局面。

第二节　中国上市公司杠杆收购的制度性障碍与突破

随着企业融资限制的逐步放宽，杠杆收购在我国资本市场发挥着越来越重要的作用。在万科与宝能系之间的控制权争夺（以下简称“宝万之争”）中，前海人寿及其一致行动人（以下简称“宝能系”）复合使用保险资金、融资融券及收益互换等券商渠道、银行理财计划、股权质押、债券融资等多重杠杆工具相互嵌套以放大融资杠杆并有效融资以实现对万科股权的收购。

根据新华社发布的数据①，宝能系共耗资 430 亿元收购万科约 25% 的股份，成为第一大股东，430 亿元中包含自有资金 62 亿元，保险资金 105 亿元，券商资金 78 亿元，银行理财资金 185 亿元、宝能系采用多重工具参与收购，包括保险账户，券商资产管理计划、有限合伙基金、嵌套的结构化资产管理计划等。每一层架构均为资产管理计划等主体，每一层杠杆比例均不超过 1∶2，但是通过嵌套组合、股票质押再融资等金融杠杆工具，最终实现了约 4.2 倍的杠杆比率。

“宝万之争”宝能资金链如图 6－1 所示。

然而，宝万之争也展示了杠杆工具相互嵌套所带来的潜在市场风险及监管挑战。相比于一般杠杆收购，上市公司杠杆收购涉及的市场和利益主体的范围更加广，也更凸显杠杆收购的特殊性。近年来我国资本市场日益繁荣，新型融资工具更是层出不穷，上市公司杠杆收购在资本市场的表现令人瞩目，也引发了监管部门的高度关注。其中，杠杆收购所使用的资金来源和收购后计划等均是监管机构关心的主要内容。例如，2015 年宝能系收购万科、2016 年龙薇传媒收购万家文化等。

至此，杠杆收购的风险和监管成为市场和监管关注的重点问题。杠杆收购过程中潜在的监管空白、信息披露缺失及市场风险值得全面思考研究。本研究拟对我国上市公司杠杆收购中存在的问题及面临的规制困境进行分析，并提出相应的破解对策，以期为规范上市公司杠杆收购行为、加强投资者权益保护、维护资本市场正常秩序提供参考。

---

① 《起底宝能系资金链》，新华网，http://news.xinhuanet.com/2016-07/08/c_129126201.htm。

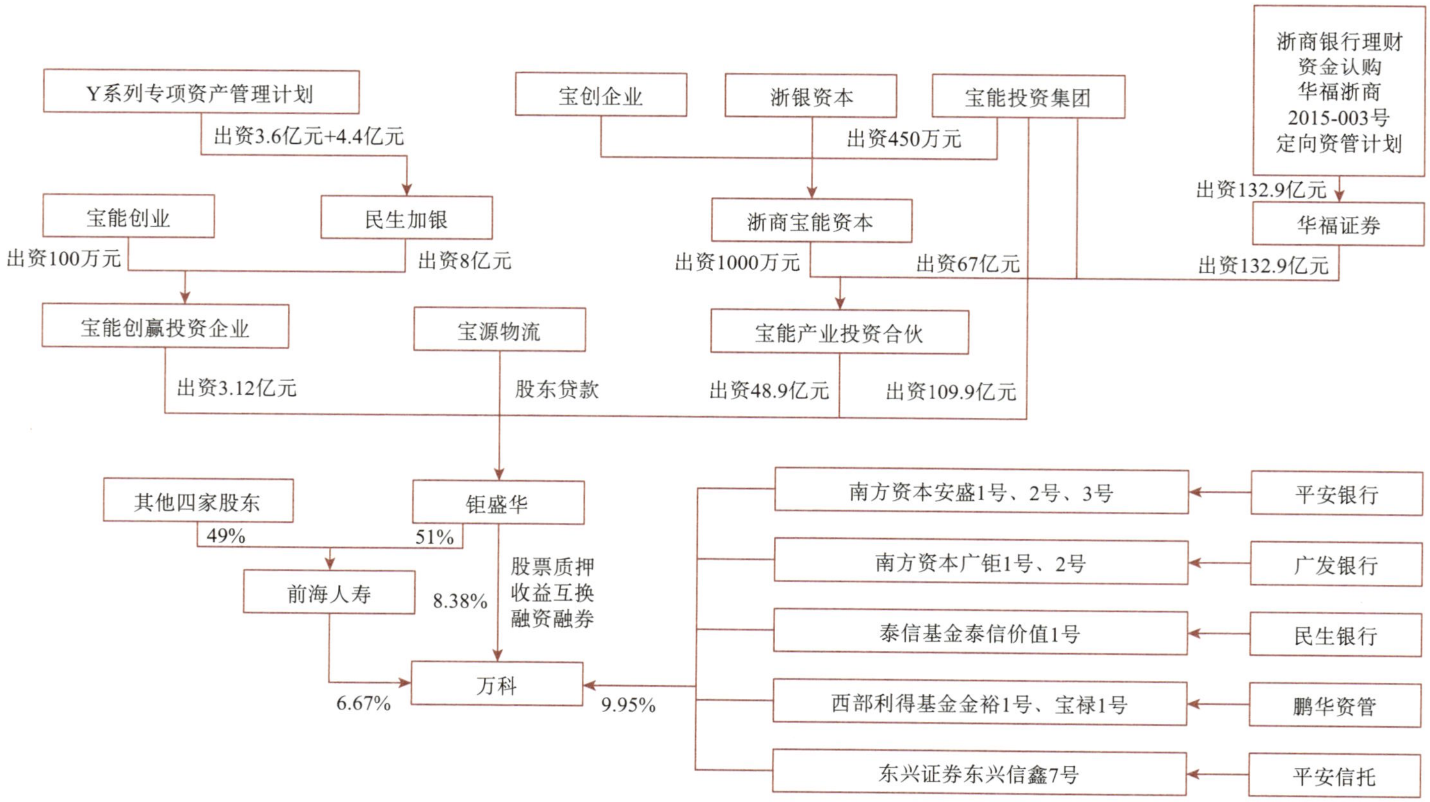

图 6-1　“宝万之争”宝能资金链

数据来源：中国财富管理 50 人论坛、清华大学国家金融研究院联合课题组：《规范杠杆收购，促进经济结构调整——基于“宝万之争”视角的杠杆收购研究》。

一、几类典型的杠杆收购现象

杠杆收购（Leverage Buyout，LBO）的金融学定义是以债务为主要融资方式实现的收购交易[①]。杠杆收购的自有资金一般占30%左右，债务占到融资结构的60%以上。

杠杆收购是公司收购中的一种特殊形式，通过信贷融通资本，运用财务杠杆提高负债比例，以较少的资本投入融得较多资金，对目标企业进行收购、重组，并以目标企业的未来利润和现金流偿还负债[②]。

一方面，杠杆收购帮助拥有较好的现金流预期和资产基础的公司实现较高的回报收益。一般来说，杠杆收购会涉及组合使用多种融资工具进行相互嵌套，以起到放大财务杠杆、有效融资的目的[③]。

另一方面，从传统的融资工具类型来看，杠杆收购涉及的主要的融资工具及其相应的风险不一，如图6－2所示。但总体而言，杠杆收购所带来的风险与寻常融资方式相比较高。与此同时，债务工具在资本结构等级当中的风险等级越低，借出方所要求的各种抵押和担保也越多，比如银行借出方对于公司财务比率的要求也更严格[④]。

图6－2中各种类型的融资方式并不是相互排斥的，两种或者多种融资方式同时使用在上市公司融资实务中也非常常见。

我国主要的并购融资工具包括现金支付、股份支付、债权支付、资产支付、衍生工具支付和混合支付方式等六大类，基本上也形成了低、中、高风险层级的并购融资工具。与此同时，近年来并购市场蓬勃发展，出现了并购基金、资产管理计划、可交换债等许多新型并购融资工具[⑤]。

---

① ［美］罗森鲍姆、珀尔：《投资银行：估值、杠杆收购、兼并与收购》，刘振山、曹建海译，机械工业出版社2014年版。

② 刘凯：《杠杆收购的本土化研究》，西南政法大学学报，2007年第3期。

③ 林海涛：《我国上市公司管理层收购的实证研究——兼论对国有企业改革的意义》，《经济学家》，2005年第1期。

④ 汪恒：《商业银行并购贷款风险控制的理论与实践》，《金融论坛》，2009年第7期。

⑤ 中国财富管理50人论坛、清华大学国家金融研究院联合课题组：《规范杠杆收购，促进经济结构调整——基于“宝万之争”视角的杠杆收购研究》。

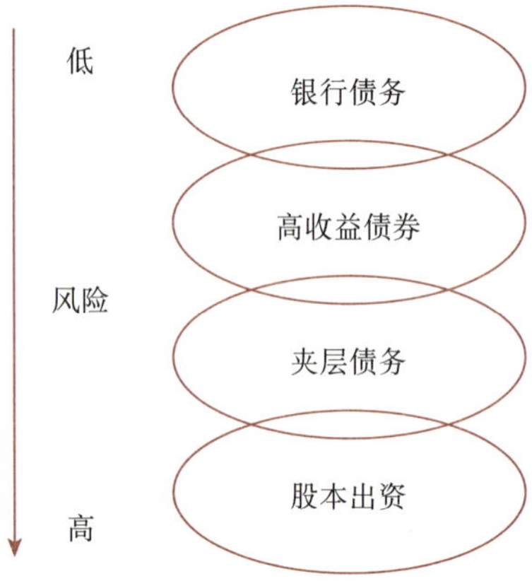

图 6 – 2　杠杆收购主要融资方式及其风险程度

（一）缺乏资产支持的银行并购贷款

并购贷款是我国杠杆收购金融工具中唯一有针对性制度规范的业务品种，为基于银行中介功能的债务融资业务。

然而，我国并购贷款相关规定在很长一段时间内并不完善。2008 年 12 月，银监会才正式颁布有关并购贷款的指引，但相关业务的开展受到了严格的约束和限制。2015 年 2 月，《商业银行并购贷款风险管理指引（2015 年修订）》印发，相关修订包括将并购贷款期限从五年延长至七年，将并购贷款占并购交易价款的比例从 50% 提高到 60%。由于具体配套政策的不完备，银行并购贷款在实际运作中存在许多问题、企业在争取银行授信时也存在很大难度。

与此同时，我国杠杆收购融得的资金往往缺乏足够的资产和其他信用支持，借款方以拟收购上市公司之股权作为质押物担保融资的情况非常常见。此类股权质押安排将并购贷款借贷方的还款能力与拟收购公司的股价直接挂钩，潜藏较大的风险传导链条①。

例如，2016 年 11 月，天津汇泽丰企业管理有限公司（以下简称“汇泽丰”）使用银行借款、举债 25 亿元收购福建浔兴拉链科技股份有限公司

① 艾大力、王斌：《论大股东股权质押与上市公司财务：影响机理与市场反应》，《北京工商大学学报》（社会科学版），2012 年第 4 期。

（以下简称“浔兴股份”）25%的股权及公司控制权。

2016年11月14日，汇泽丰与资金提供方祺佑投资和农业银行唐山开平支行签订《一般委托贷款合同》，此次向农业银行的借款金额不超过25亿元，年利率4.5%，期限为4年。此外，汇泽丰还将其持有的全部浔兴股份质押给了第三方祺佑投资合伙企业（有限合伙）[①]，为汇泽丰提供收购融资。上述并购贷款中银行仅具有中介功能，而25亿元的高额借贷并无可靠的底层资产作为支撑。

再如，2016年4月，苏州正悦投资管理有限公司（以下简称“苏州正悦”）用15亿元银行借款杠杆收购浙江尤夫高新纤维股份有限公司（以下简称“尤夫股份”）。苏州正悦这项作价18.96亿元的收购案中有15亿元为借款，这笔资金系浙江三花钱江汽车部件集团有限公司通过委托上海银行崇明支行发放，月息1.5%，年化利率高达18%。

作为担保，苏州正悦也同样以间接持有的尤夫股份全部股份作为借款质押，进一步加杠杆，杠杆倍数约为4.79倍[②]。监管层旋即下发问询函。苏州正悦后将“短周期、高利率”的融资置换为“长周期、低利率”的融资。在苏州正悦披露的回复函中，出资方更换为上海贵衡建筑工程有限公司，借款利息也降低到年化利率12%。

还有，2016年12月，西藏龙薇文化传媒有限公司（以下简称龙薇传媒）拟以6000万元借贷撬动30.6亿元收购万家文化29.14%的股权以借壳上市。上述30.6亿元资金由三部分构成：第一部分，龙薇传媒向股东借款6000万元，利息等资金成本获豁免；第二部分，龙薇传媒向西藏银必信资产管理有限公司借款15亿元，年化利率为10%；第三部分，龙薇传媒通过股权质押的形式向金融机构融资14.9亿元，年化利率约为6%。该并购融资结构用6000万元撬动30.6亿元的股权收购，杠杆高达50倍，而这一切的担保全部来自公司发起人的个人信用。上交所连发17道问询函追问杠杆

---

① 《浔兴股份收购价之链四机构突击入股“抬轿”》，每经网，http：//www.nbd.com.cn/articles/2017-07-12/1126979.html。

② 《杠杆收购尤夫股份一年80后东家欲套现13亿走人》，证券时报网，http：//www.stcn.com/2017/0510/13342676.shtml。

收购的资金来源。迫于监管压力，万家文化的实际控制权最终以近五折的价格落入另一买家之手①。

可以看出，一般杠杆收购中使用的银行并购贷款存在缺乏足够的信用支撑的问题。

（二）通过股权质押的质押融资

股权质押是权利质押的一种，通常股权质押进行融资需“打折”，折扣率因行业、企业等情况不同，通常在3～6折，以抵押1000万元市值的股权为例，若质押率为40%，则可以拿到400万元的贷款。随着股价的变动，股权质押有可能出现无法偿付本金等风险。因此，提供融资的金融机构对质押个股设有质押率、预警线、平仓线等。

预警线和平仓线多为160（140）或者150（130），若一只股票股价现为10元，质押率为4折，预警线为150，平仓线为130，预警价为10×0.4×1.5=6元，即股价下跌40%预警，平仓价为10×0.4×1.3=5.2元，即股价下跌48%平仓。上市公司股东的股权用于质押融资时，如果公司股价一直下跌，触及预警线后，质押方会要求股东“补仓”，如果不能及时提供更多的抵押担保，当股价跌至低于平仓价时，质押方有权对其进行强行平仓。市场上一部分并购资金实际上来源于股权质押，这部分资金就必须承受股价的波动带来的还款压力。

例如，2016年下半年，陕西宝光真空电器股份有限公司（以下简称“宝光股份”）的第二大股东西藏锋泓投资管理有限公司（以下简称“西藏锋泓”）通过大宗交易、司法竞拍等方式大量持有公司股份，成为持股20%以上的股东，争夺控制权的意图明显。据披露，西藏锋泓及其一致行动人合计持有公司股份4933.9万股，占公司总股本的20.92%，累计已质押的股份数量为4413.61万股。然而，由于证券市场走势持续下行，西藏锋泓补充质押了564.61万股公司股票并将质押比例提升至97.45%为收购融资提供担保。最后，由于公司控制权的股权争夺日益复杂、胶着不下，

① 《赵薇杠杆收购破灭后续：万家文化被证监会立案调查》，搜狐网，http：//www.sohu.com/a/127414838_153486。

西藏锋泓单方面宣布终止其股权增持计划[①]。

与西藏锋泓类似，焦作万方的举牌方嘉益投资也曾被迫补充质押。而被迫补充质押，以保其二级市场股权收购融资。

再如，2017 年 5 月 15 日，嘉益（天津）投资管理有限公司（以下简称“嘉益投资”）也出于市场波动，将 560 万股股份补充质押给华泰证券。此前，嘉益投资自 2016 年 11 月开始持续买入焦作万方铝业股份有限公司（以下简称“焦作万方”）股票至 15.64%，接近焦作万方第一大股东持股比例（16.41%）。嘉益投资为收购融资，其股权质押比例一度达到了 86%[②]。

无论是收购过程中利用股权质押融资，抑或收购之后加杠杆，股价单边下行已成为股权质押融资所有参与主体面临的最大风险。

（三）并购基金“私募股权基金 + 上市公司”的模式

“私募股权基金 + 上市公司”的运作模式在我国资本市场已不陌生，主要方式是上市公司通过设立并购基金，引入资金方作为有限合伙人进行收购活动。一般而言，并购基金既可引入私募股权基金作为普通合伙人，也可以自身担任普通合伙人[③]。从本质上说，使用并购基金收购的目的在于获得控制权并控制目标公司，对其发展战略产生绝对的影响力，从而实现较高的投资回报率。“私募股权基金 + 上市公司”模式在我国已经较为成熟。

例如，硅谷天堂资产管理集团股份有限公司与湖南大康国际农业食品股份有限公司（曾用名湖南大康牧业股份有限公司，股票代号 002505）2011 年发起成立的中国第一家“上市公司 + 私募股权基金”模式并购基金——天堂硅谷大康股权投资合伙企业[④]。但是，由于并购基金采用合伙制，因

---

① 《股价腰斩宝光股份二股东“爽约”增持》，新华网，http：//news. xinhuanet. com/finance/2017 - 06/27/c_ 1121215411. htm。

② 《嘉益投资自曝高杠杆焦作万方两大阵营对决?》，中国证券网，http：//company. cnstock. com/company/scp_ gsxw/201702/4027568. htm。

③ 黄亚玲等：《我国私募股权基金监管刍议》，《证券市场导报》，2010 年第 4 期。

④ 方正证券：《详解清华系、安邦系、复星系、硅谷天堂系的并购资本模式》，金融界，https：//www. chinaventure. com. cn/cmsmodel/news/detail/309976. shtml。

而更容易引入更复杂的资管结构和融资方式，从而增加公司治理和监管层面的不确定性。

首先，以并购基金“私募股权基金 + 上市公司”的模式的杠杆收购存在披露信息无法穿透的问题。通过资管计划以及私募股权基金的合伙制度的层层安排，实际出资人的真实身份往往能够轻易隐匿；若非监管机构发布问询函给予特别关注，则普通投资者难以辨别其身份。

例如，2015 年 11 月，广州蕙富骐骥投资合伙企业（有限合伙）（以下简称“蕙富骐骥”）斥资 6 亿元收购四川汇源光通信股份有限公司（以下简称汇源通信）20.68% 股权，成为汇源通信的控股股东。根据公告，蕙富骐骥的出资人为广州汇垠澳丰股权投资基金管理有限公司（以下简称“汇垠澳丰”）及平安汇通广州汇垠澳丰 6 号专项资产管理计划（以下简称汇垠澳丰 6 号）。

汇垠澳丰担任蕙富骐骥的普通合伙人和执行事务合伙人，系蕙富骐骥有限合伙人的投资顾问，其出资额仅为 100 万元，占出资总额的 0.17%；汇垠澳丰 6 号出资 6 亿元，占出资总额的 99.83%。汇源通信出资结构如图 6－3 所示。然而，公告并未披露汇垠澳丰 6 号的资金结构及实际出资方。

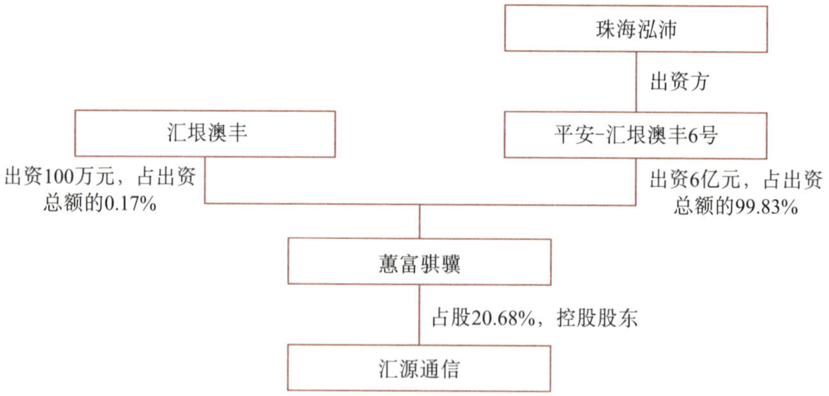

图 6－3　汇源通信出资结构

2017 年 2 月 6 日，珠海横琴泓沛股权投资基金（以下简称“珠海泓沛”）要求召开汇源通信合伙人大会、撤换蕙富骐骥的普通合伙人汇垠澳丰，但汇垠澳丰就珠海泓沛召开会议的主体适格问题提出质疑。汇垠澳丰认为珠海泓沛不具有合伙人身份无权提请召开上述会议。珠海泓沛转而以汇垠澳丰 6 号合伙人名义提议召开合伙人大会，蕙富骐骥的出资安排这才浮出水面，蕙富骐骥的出资方是由普通合伙人汇垠澳丰和有限合伙人汇垠澳丰 6 号资管计划构成的，而珠海泓沛正是该资管计划的实际出资方。此时，珠海泓沛汇垠澳丰 6 号实际出资人的身份才得到披露，其罢免汇垠澳丰的议案实质为实际出资方要求撤换普通合伙人。

此外，在汇源通信的三级杠杆结构中，汇垠澳丰虽仅出资 100 万元就撬动 6 亿元收购资金，但必须承受 6 亿元杠杆资金的潜在成本，包括有限合伙人提出的基本收益率要求、信任成本等。而在次级结构中，资管计划不同级别份额认购者的收益要求等均会回溯至上一级杠杆结构，由此对充当主级普通合伙人、控股股东的汇垠澳丰形成压力。

其次，“私募股权基金 + 上市公司”的模式允许实际控制人通过对信托基金等机构的控制实现高杠杆收购，容易造成内部人控制情形下的高风险投资行为，若无相应的监管措施将会给并购市场带来潜在风险。

例如，2017 年年初，上海领资股权投资基金合伙企业（有限合伙）（以下简称“领资投资”）斥资超过 8 亿元按照月均一次的频率先后 3 次举牌上海新黄浦置业股份有限公司（以下简称“新黄浦”），意在撼动新黄浦控制权。3 次举牌合计耗资超过 15. 52 亿元，全部来源于领资投资的合伙人。该合伙企业包括 3 名合伙人，认缴总额为 30. 01 亿元，实缴 20. 01 亿元。其中，普通合伙人杭州领达资产管理有限公司（下称“领达资产”）实缴 100 万元。有限合伙人几经变更，从单一有限合伙人王丁辉（融信租赁实控人、董事长），再到厦门信托，最后变成厦门信托与云南信托双有限合伙人。

在二级市场增持新黄浦不到 20% 的股份穿透披露后，王丁辉系领达资产实际控制人，亦即领资投资的实际控制人，而领资投资的公司实缴出资为 100 万元，王丁辉通过有限合伙人的信托渠道连番举牌新黄浦，成功实现以小博大。但是，高杠杆所带来的投资风险也同步提高。据相关报道，新黄浦杠杆收购一度浮亏 4 亿元，引发市场和监管层高度关注①。

---

① 《领资投资举牌亏 4 亿多 新黄浦又要把弄潮儿拍死在沙滩上?》，凤凰财经，http: //finance. ifeng. com/a/20170601/15422720_ 0. shtml。

（四）险资举牌：万能险为自由资金+高杠杆举牌模式

在险资进行的杠杆收购中，杠杆资金存在相互嵌套的现象，一旦存在大面积债务违约，则引发系统性风险的可能性较高。宝能系通过前海人寿以收购万科股权，就是典型案例。与此同时，以万能险为代表的险资在二级市场投资具有资金体量大、收购周期短的特点，举牌收购往往出其不意，也增加了二级市场异常交易监管的压力。

例如，2016 年 11 月，安邦资产管理有限责任公司（以下简称“安邦”）大举买入中国建筑股份有限公司（以下简称“中国建筑”）的股票。安邦运用“安邦资产－共赢 3 号集合资产管理产品”买入中国建筑普通股总计约 30 亿股，占中国建筑普通股总股本的近 10%。安邦在 5 个工作日内二度举牌累计斥资约 232 亿元收购中国建筑，其时间之快、资金规模之巨令人咋舌①。根据简式权益变动报告书可推算出，安邦的增持均价约为 7.74 元/股，累计耗资约 232 亿元。

（五）资管计划：多重嵌套低调持股模式

资管计划也是杠杆收购融资的常用方式之一。典型形式包括银行互相购买理财产品、银行借道信托发放信托贷款或转让信贷资产、银行委外投资、定向通道业务等②。例如，在宝万之争中，宝能采用了资产管理计划、嵌套式资产管理计划等方式，运用多重金融杠杆工具，撬动大量资金用以达到收购目的；上文提到的汇源通信现控股股东蕙富骐骥背后资金便涉及合伙企业、资管计划等嵌套叠加。

此外，顺威股份实控人蒋九明的入主过程亦是资管计划的撬动效应。广东顺威精密塑料股份有限公司（以下简称“顺威股份”）的实际控制人变更案例中体现的资本链条的杠杆放大效应也值得监管机构特别关注。2016 年 4 月，蒋九明与顺威股份原控股股东签署控制权受让协议（29%），初期约定的对价为 17.28 亿元，后改为 20.15 亿元。此次入主方案由“中山证券汇融 1 号集合资产管理计划”具体执行，该计划设置优先级与劣后

---

① 《短短七天 安邦二度举牌中国建筑》，华尔街见闻，https：//wallstreetcn.com/articles/275557。

② 刘燕、楼建波：《企业并购中的资管计划——以 SPV 为中心的法律分析框架》，《清华法学》，2016 年第 6 期。

级，两者配比为2∶1。优先级部分由中山证券负责筹措，劣后级部分由蒋九明自筹。在蒋九明逐步取得顺威股份控制权的同时，独立第三方自然人文菁华同样通过资管计划“西部利得增盈1号资产管理计划”，受让顺威股份25.06%股权，总代价14.94亿元。该资管计划优先级与劣后级资金配比亦为2∶1。

假设蒋九明与文菁华负责的劣后级资金均系自有资金，则上述收购或入股过程的杠杆倍数为3倍，一旦劣后级资金存在其他的融资安排，杠杆倍数将更大。因此，通过层层的多重杠杆堆叠，杠杆倍数将进一步放大。监管部门应对此类复合资产计划的杠杆放大效应予以特别关注①。部分上市公司收购方资金来源以及杠杆情况如表6－1所示。

表6－1　部分上市公司收购方资金来源以及杠杆情况

股票代码	以下简称	收购方	收购金额	资金来源
002098	浔兴股份	汇泽丰	25亿元	向农业银行的借款金额不超过25亿元
002427	尤夫股份	苏州正悦	18.96亿元	自有资金与筹措资金之比为1∶3.79
000633	ST合金	通海投资	8.09亿元	自有资金与筹措资金之比为1∶3.05
002569	步森股份	星河世界	10.12亿元	自有资金与筹措资金之比为1∶1.08
600069	银鸽投资	鳌迎投资	31.58亿元	1年+1年+1年+1年的信托计划

资料来源：作者根据公开资料整理。

综合而言，我国现行的杠杆收购资金主要来源于股权质押融资以及大资管下的各类资金，组织方式呈现来源多样、分布零散、层次模糊及结构不透明等特点。这与类似美国壳公司式的多层、集中、清晰的杠杆收购资金组织形态存在巨大差异。目前除银行并购贷款外，其他资金来源用于杠杆收购尚未受到专门的金融法规约束。

二、杠杆收购资金组织之结构化资管模式

2018年以前，在针对上市公司发起的杠杆收购中，众多新型金融工具

① 《穿透杠杆收购：看看这些撬动数十亿规模的上市公司收购案》，证券时报网，http：//www.stcn.com/2017/0425/13303917.shtml。

中券商和基金（子）公司的资管计划更受市场主体青睐。宝万股权之争中宝万双方均选择结构化资管计划作为收购融资工具，其本质上更类似于一种股票担保交易机制，能够将“收购”“融资”“融资担保”三种功能有机结合起来，是一种理想的杠杆收购机制。

（一）结构化资管模式的交易结构

结构化资管计划是由集合资管计划发展衍生出来的一种特殊资管计划，其“结构化”主要体现在根据委托人群体的收益、风险偏好不同，区分出至少两类具有收益风险承担比例或大小不同的计划份额，由不同层级的投资者认购，最常见的是“优先—劣后”的二元安排。

2012 年至 2018 年间我国资管行业在“放松管制、加强监管”的政策导向下迅速发展，本质为理财产品的资管计划在市场需求的诱导下逐渐被异化为融资工具，“优先—劣后”二元结构化资管计划便是其中典型。

结构化资管计划中劣后级资金委托人通过对优先级资金委托人给予一定的风险补偿或保本保收益的担保安排，获得资管计划控制权、表决权的让渡，管理人则沦为听从指令的工具人。结构化资管计划具有天然的嵌套属性，其通常以银行作为主要的资金提供方，信托、证券、保险、基金、基金子公司等作为通道，各类机构化信托、资管计划嵌套其中，形成了结构化资管模式。当劣后级委托人的目的不在于短期理财收益，而在于控制、收购目标公司时，结构化资管计划即变成了杠杆融资工具。

“大资管时代”在资管业务兴盛发展的同时，也逐渐显示出资管产品从理财产品异化为融资产品的现象。结构化资管产品出现在企业并购融资中的事例也频频出现，其中最引发关注的莫过于 2015 年下半年发生的宝万股权之争。宝能系利用资管计划层层嵌套，撬起了房地产行业巨头万科。

结构化资管层层嵌套，股权信息不透明，容易掩盖目标公司真正的实际控制人，带来公司治理风险。此外，结构化资管计划基于本身的二元结构化分级特质，往往被用来层层嵌套，导致外人很难直接在作为并购主体的资管计划层面确定实际控制权人。

结构化资管计划模式如图 6 – 4 所示，由于资金缺乏有效监控，即便采取穿透监管原则也会存在客观上无法穿透的情况。因此多层嵌套和通道业务直接导致了资管资金的流向不明，降低了资金利用的透明度，也提升了监管层对资金流向的监管难度。

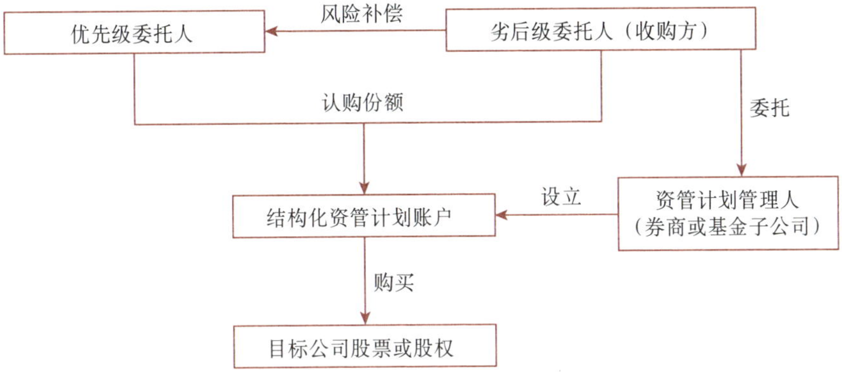

图 6－4　结构化资管模式

（二）结构化资管模式存在的法律障碍

资管计划的功能异化与其"受人委托、代人理财"的本质相背而行，引发了公司治理、金融监管的诸多问题，如掩盖实际控制人、诱发系统性金融风险等。我国监管部门也意识到了这一"异化"现象的不适，2018 年 4 月出台的《关于规范金融机构资产管理业务的指导意见》（以下简称"《资管新规》"）明确"禁止刚性兑付""禁止多层加杠杆""禁止资管产品结构化分级"等。这一系列禁止性规定是对资管业务乱象的全面整治，促使我国的资管业务重回委托理财产品之本源，也意味着结构化资管计划作为最好用最便捷的杠杆融资工具的时代结束。

1. 《资管新规》对保本保收益性条款的绝对禁止

一直以来，优先级委托人往往承担投资风险的能力小，追求保本保收益的稳定投资回报，使结构化资管计划成为了其实现目的的一个便利通道和类借贷工具。《资管新规》明确规定分级资产管理产品不得直接或间接对优先级份额认购者提供保本保收益安排。

此条规定对整个结构化资管计划的影响十分重要，甚至几乎是直接决定结构化资管计划是否还能够继续作为一种企业配资工具。因为一切配资都天然地具有保本保收益的属性。

2.《资管新规》对分级产品控制权转委托的限制

同时，《资管新规》第21条第3款绝对禁止公募产品和开放式私募产品进行份额分级，为封闭式私募分级产品保留了一丝生存空间，但是《资管新规》同时又对分级资管产品管理人的自主权进行了强调，绝对禁止了管理人将资管产品的控制权转委托给劣后级委托人。根据风险与收益相匹配的原理，这就意味着劣后级委托人无法通过替优先级委托人承担一部分风险的方式获得控制权。

3.《资管新规》对资管产品杠杆比例的严格限制

此次《资管新规》对分级（结构化）资管产品的分级比例进行了严格控制，也是为了抑制此前存在的层层嵌套加杠杆的现象，减少高杠杆滋生的金融系统风险。从投资标的性质看，为收购目的而设立的资管计划属于权益类私募产品可以分级。但是按照资管新规的监管思路，优先级份额和劣后级份额的比例不能超过1倍，如此一来，劣后级委托人最多只能撬起2倍于自身资金的优先级资金。同时，《资管新规》要求权益类资管产品投资于同一家上市公司股票或同一家非上市公司股权（单一标的）的金额不能超过计划总份额的50%。故综合计算起来，单层结构化权益私募产品几乎失去了杠杆效果。

上述规定将改变结构化资管计划的生态，几乎是意味着结构化资管计划作为杠杆收购工具的时代已然结束。

2018年4月27日监管部门出台《资管新规》，对结构化资管产品的杠杆率、嵌套层数、产品分级等均作出了新的规定，意在对资管业务乱象进行了大力整治，促使我国资管业务回归“理财本源”，对整个资管行业造成了重大冲击。

同时，我国证券市场也发生了巨大的制度变革，2020年3月新《证券法》的出台使得千呼万唤的证券发行注册制终于在我国实施落地，意味着我国证券市场尤其是公司债券市场走向市场化，有了更广阔的发展空间。

三、杠杆收购资金组织之壳公司模式

目前监管部门对优先—劣后的结构化资管计划的禁止态度，在相当程度上抑制了杠杆收购的发展。然而，在我国目前融资渠道有限且之前便捷有效的结构化资管模式遭受监管部门严厉打压的现实条件下，有必要提出新的杠杆资金组织方式以此减少对杠杆收购的不利影响，同时这也为解决企业在并购交易中饥渴迫切的资金需求提供了一种有效方式。

任何一项制度的产生和运行都与背后的经济、法律、政策等因素息息相关，壳公司模式在美国运行流畅且广受欢迎，自然也离不开美国良好的信用体系和完善的法律制度的支持。我国法律制度建设与美国仍存在一定差距，美国壳公司模式在我国的本土化势必会遭遇一些法律障碍或问题。但障碍和问题都是能够逐步解决的，近些年，政府部门已经试行推出中小企业私募债、并购重组私募债，这为高收益债券市场的推出已经打下了一定的基础。

（一）壳公司模式的交易架构

壳公司模式是典型的杠杆收购资金组织模式，出现于20世纪80年代，直接促使美国兴起第四次的并购浪潮。该模式中的融资安排在交易结构上主要有两个新的特征：一是收购方不直接出面收购，而是会设立一个空壳公司代替其融资收购；二是以并购债券为代表的高收益债券（俗称“垃圾债券”）成为主要的融资工具，也成为促进美国杠杆收购市场繁荣的关键因素。

具体而言，收购方并不直接去收购目标公司，而是首先会成立一家特意为收购目的存在的公司，因该类公司仅为收购目的而存在，并无实际的经营业务和资产，故实际为空壳公司，在本研究中称为壳公司。收购方控股壳公司，以壳公司作为融资主体和收购主体去完成杠杆收购。这样做便于风险控制，避免因收购失败而影响收购方利益；紧接着，由投资银行等金融机构提供一笔短期贷款，收购方先利用这笔短期贷款购买目标公司的股权（股票）；然后，收购成功后进行再融资，以壳公司的名义进行银行贷款或者发行债券（以目标企业或目标企业资产作担保）来偿还短期贷款；最后，将这家壳公司与目标公司合并，将因收购而产生的负债转移到目标公司名下，再通过对合并后的公司予以重新业务改造、经营，提高经营收入并削减成本、偿还债务。壳公司模式如图6-5所示。

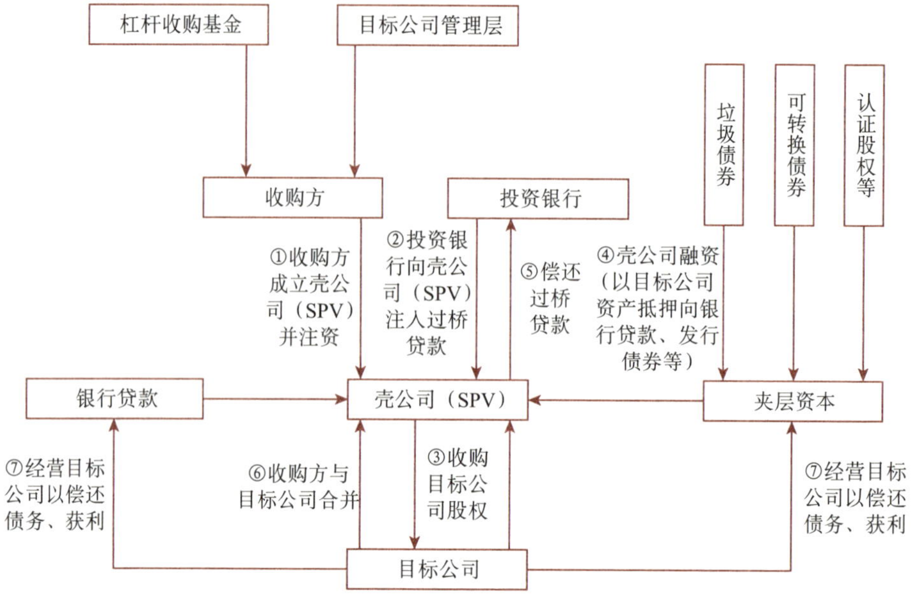

图6－5　壳公司模式

（二）壳公司模式的制度优势

1. 壳公司法人地位明晰

杠杆收购中的收购主体一般包括各类投资公司、私募股权基金、目标公司管理层等，其中最为典型的是由私募股权基金充当收购方。但这类股权收购基金在法律上又缺乏明确的法人资格，其不能直接充当上市公司的股东，故有必要借助设立特殊目的壳公司来进行收购。

首先，壳公司的法律主体地位明确，具有法人资格。为收购目的存在的壳公司虽然自身并无实际的经营业务，但其作为法律确认的证券市场交易主体，包括对于所持股票的表决权。相比而言，因资管计划等理财产品本身缺乏明确的法律主体地位，不属于《中华人民共和国民法总则》规定的民事主体，其无法以自身名义去办理抵押、质押等担保手续，实际运作中的一些交易环节必须借助其他机构作为通道来完成。

2. 壳公司有助于控制并购贷款风险

同时，设立壳公司对于银行控制并购贷款风险也具有帮助。2015 年，《商业银行并购贷款风险指引》（以下简称“指引”）允许并购方通过专门设立全资或控股子公司（即本文中的壳公司）进行并购。《指引》如此规定的意图旨在通过设立壳公司作为并购的形式主体，将目标企业的资产和业务与并购方自身的资产和业务隔离区分开来，以使得并购贷款发放银行对于目标企业拥有较好的控制。

一旦发生相关风险事件，商业银行可以有效地行使对子公司以及目标企业的控制，如商业银行可在并购贷款合同条款的设定中，附加对于壳公司的控制性或约束性条款，通过执行被区隔的资产获得还款。

3. 壳公司模式下杠杆资金配置集中有序并便于监管

宝万股权之争中宝能系组织的杠杆局表明，现行我国企业杠杆资金融资现状呈现资金来源多样、零散分布的特点，以结构化资管计划为中心的杠杆组织体系层层套叠、结构不透明，难以监管和持续，它对于市场各方参与主体以及监管者都制造了威胁或压力。

宝能系的结构化资管计划模式与壳公司收购模式在资金筹集方面有异曲同工之处，但问题在于，宝能系并未将所有的融入资金都安排在一个计划中，而是设立了太多的资管计划，以至于为这些计划提供优先级资金的机构投资者（如银行理财、信托计划等）也无法判断自己究竟与谁绑在了同一辆战车上。

在仅为收购目的存在的壳公司中，杠杆风险得到集中，便于交易各方知晓及监管层的监管。同时壳公司作为杠杆收购交易中的收购主体，具有明确的法人地位，以自身名义直接购买目标上市公司的股票，对于持有股票的公司可以主张权利并不受背后资金来源的影响。如此一来，收购对象十分明确，实际控制人和最终受益人就易于识别，风险得到控制。

四、壳公司模式本土化之债券融资制度障碍及突破

在壳公司收购模式下，杠杆资金来源的配置结构，一边是目标公司，一边是壳公司下的各种资金组织方式，通过持有壳公司发行受偿优先顺位不同的债券来参与杠杆收购。

广义上，债券可以分为投资级债券和非投资级（又称“高收益”）债

券。高收益并购债券是指信用等级在投资级以下的债券，至今未在我国债券市场出现过。壳公司基于自身特质，其发行的并购债券自然属于高收益债券。高收益债券在我国需采用非公开方式发行。

壳公司本身作为债券发行人，最核心的特点即在于其本身并无实际的经营业务及相应的营业资产或稳定的收入来源，投资主体往往也不会为其提供资产抵押或保证。故无实际经营业务、低信用评级的主体特征让壳公司在发行并购债券时即面临着一系列问题。

（一）壳公司发行并购债券面临的制度障碍

1. 壳公司难以满足债券发行主体资格

首先，壳公司的低主体信用评级难以成为债券发行主体。尽管目前我国公司法及相关法律中并未对以特殊目的存在的壳公司设置法律障碍。但根据目前我国对已经出现的并购债券品种制定的发行规则来看，法律对发行主体资格的信用评级要求较高，发行主体行业限制也较明显。有关研究数据表明，近些年在我国发行的公司债券信用评级主要是 AA 级以上。故壳公司在我国债券市场上基本无生存空间。

其次，壳公司由于无实体经营业务，我国法律也并未对壳公司作出具体的行业属性分类，故壳公司极可能不满足我国监管部门对债券发行主体的行业限制要求。《证券法》与《公司债券发行与交易管理办法》规定的发行人资质条件基本上是针对有实际经营业务的实体公司而言的。《并购重组私募债券试点办法》也明确要重点支持符合国家政策导向的重点行业公司发行并购重组私募债。目前性质上最类似于美国版垃圾债的中小企业私募债券，《中小企业私募债券管理办法》明确将金融和房地产类企业排除在发行主体范围外。非金融企业债务融资工具的发行主体范围仅限于非金融企业，仅为特殊收购目的存在的壳公司不属于该范围内。

2. 壳公司发行并购债券利率受限

2013 年以来，我国债券市场先后出现了中小企业私募债、并购重组私募债、中期票据这几类并购债券。上述债券品种的募集资金投向范围均包含直接用于支付目标公司股权（股票），但均非美国债券市场上的“垃圾债”（即高收益债券）。尽管我国债券市场在分业监管格局下，上述并购债券品种的发行条件有所不同，但整体而言均呈现债券发行利率限制严格的特征。如中小企业私募债，法律对其设置了严格的利率上限——低于同期银行贷款基准利率的3倍，对并购重组私募债券法律也规定利率不得高于同期银行贷款利率的4倍。因此一直以来我国债券市场上并未出现过像美国债券市场上的高收益债券。

3. 壳公司发行的并购债券流通性受限

债券非公开发行对象依据证监会《公司债券发行与交易管理办法》而认定的合格投资者，可区分为四大类，包含机构投资者、金融产品、社会公益基金、个人投资者。其中，机构投资者中的银行、保险类金融机构是我国债券市场的主要投资者。结合法律文件及实际发行状况，商业银行、保险公司和基金公司等机构投资者目前一般要求债券发行主体的评级为AA级以上。

例如，《保险资金运用管理办法》第八条规定保险资金投资的债券，应当达到保险监管部门认可的信用评级机构评定的且符合规定要求的信用级别。《全国社会保障基金投资管理暂行办法》对企业债券的信用等级有强制性要求，即信用等级必须在投资级以上。《基本养老保险基金投资管理办法》第三十四条也规定养老基金限投资信用等级在投资级以上的企业（公司）债。

（二）壳公司并购债券发行问题的突破

1. 允许特定收购目的壳公司发行高收益债券

首先，以特殊目的存在的壳公司在我国《公司法》中并未出现，但实际上壳公司的存在已被认可。由于我国许多交易活动中都比较重视公司的经营范围及行业属性，故应对以收购为目的存在的壳公司给予一个明确的性质定位。

其次，我国对于并购债券可采取差异化的发展思路，即对于投资级并购债券和高收益并购债券分别制定法律规则予以规制。

投资级并购债券适用于符合经济结构调整和产业升级政策要求的重点行业中，处于主导和领先地位、并购行为得到国家政策支持的大型优质企业。

高收益并购债券适用于并购基金、特殊目的公司等发行主体。应该放松发行条件、拓宽发债主体范围，探索投资控股类企业（壳公司）发行高收益债券（并购债券）。可以考虑针对杠杆收购下的资金组织，在相关立法中给予并购壳公司一个例外处理。

2. 放开利率限制，发展高收益并购债券

壳公司信用发行的并购债券属于违约风险极高的高收益债券。这类债券之所以能够吸引投资者，是因为其具有比一般信用债券更高的收益率。债券发行人会通过设置高利率或降低发行价格作为信用风险补偿，以此来吸引投资者。因此相较于一般的投资级债券其具有更高的预期收益。但目前在我国并不能发行与高风险相适应的高利率（高收益）债券，其收益与对应的高风险难以匹配。债券监管部门对债券利率的管制，并未给予公司发行类似美国高收益债券的发行空间，这将极大抑制我国杠杆收购活动的开展。

自 2013 年 7 月 20 日起，我国已经全面放开金融机构贷款利率管制，放开了商业银行和农村合作金融机构等存款利率上限。但一直以来，我国监管部门对债券市场上债券的发行利率管制仍未完全放开，管制比较严格。因此，应对并购类私募债券给予自由定价的空间，在一定程度上放开对发行利率“一刀切”似的限制，让合格投资者与私募债券发行人自由博弈，为高收益类并购债券提供生存土壤。

3. 扩大的高收益债券投资者范围

在美国，公司发行的高收益债券的投资主体较为多元，包括保险公司、养老基金、对冲基金，还有专门的高收益债券基金。美国对机构投资者并未给予太多的投资限制，而是选择尽情发挥市场资源配置功能，让投资人可以根据风险偏好特点对接发债主体，这样高收益债券的市场流动性也相对较高。从美国高收益债券市场的发展历程来看，拥有大量、多层级的投资需求是高收益债券市场发展的重要基础。但回看我国，目前法律针对保险资金、社保、养老基金等投资于公司债券的相关规定中，均对投资债券有一定的信用级别要求，即只能投资于信用等级高的债券品种，这使得壳公司发行的并购债券产品缺乏投资对象。由于监管部门对投资主体进行限制，导致私募债券发行对象范围在形式上很广，但在实际上也相对局限，导致市场上高收益债券难以销售出去。

为此，本研究认为应借鉴美国高收益债券发展经验，加强培育合格投资者。适度放宽对合格机构投资者的投资限制要求。例如放宽对保险公司、券商、基金、资管公司等合格机构投资者的投资限制，允许其购买低信用等级并购债券，对其违约风险的控制可以通过控制资金配置比例来实现。或者发展专项投资基金作为高收益债券的合格投资者，以此丰富高收益债券市场。

4. 针对并购债券的信用评级予以特别规制

壳公司发行并购债券融资主要是靠信用发行，融资量通常巨大，壳公司本身又无资产或经营收入用于担保，往往也难以通过外部担保等方式进行债券增信，故壳公司发行的并购债券信用违约风险尤其高。壳公司发行并购债券若无信息披露和信用评级的特殊要求可能对现有的信用风险体系造成巨大冲击。

从美国高收益债券市场发展的历史经验看，美国法律规定发行高收益债券必须进行信用评级并予以公示，否则不能发行，且对高收益债券另行规定了更为严格的评级标准。

本研究认为对高收益债券需要特别规范，建立强制信用评级制度。这有助于促进我国债券信用评级市场的良好发展。因为强制信用评级制度可以为监管部门风险监测提供参考，也有助于提高信用评级机构执业水平，进而提高我国信用评级整体公信力，还将有助于投资者，特别是中小投资者识别高收益债券风险，增强高收益债券投资决策的科学性。

第三节　并购中国上市公司后的整合策略与方法

并购上市公司后的整合工作至关重要。有效的整合能够实现协同效应，提升企业绩效，增强市场竞争力。若整合不当，可能导致并购失败，造成资源浪费。以美国在线（AOL）与时代华纳（Time Warner）的并购案为例，2000 年这两家公司合并，堪称当时全球最大的并购交易。然而，由于双方在业务模式、企业文化等方面存在巨大差异，整合过程困难重重，最终未能实现预期的协同效应，导致公司业绩下滑，市值大幅缩水。这一案例充分证明，并购后的整合工作直接关系到并购的成败。

一、上市公司并购整合的理论基础

（一）并购相关理论

1. 协同效应理论

协同效应是指两个或多个企业合并后，整体价值大于合并前各企业价值之和，即实现“1 + 1 > 2”的效果。协同效应主要包括经营协同、财务协同和管理协同等方面。

经营协同效应主要源于企业在生产、营销、采购等环节的规模经济和范围经济。如两家同行业的上市公司合并后，可共享生产设备、技术研发成果，提高生产效率，降低研发成本。在营销方面，整合销售渠道和品牌资源，能够扩大市场份额，提高产品的市场覆盖率。以海尔收购通用家电为例，海尔借助通用家电在北美市场的销售渠道和品牌知名度，迅速打开了北美市场，提升了自身产品在国际市场的销量。

财务协同效应体现在企业通过并购实现资金的优化配置、降低融资成本等方面。并购后的企业可以整合财务资源，提高资金使用效率。利用内部资金市场，将资金从低回报项目转移到高回报项目，实现资源的有效配置。此外，企业规模扩大在融资时更具优势，能够以更低的成本获取资金。

管理协同效应则是指并购双方在管理理念、管理经验和管理能力等方面的互补与共享。如果一家企业拥有先进的管理模式和高效的管理团队，通过并购，先进的管理模式可以应用到被收购企业，从而提高整体运营效率。联想收购 IBM 个人电脑业务后，联想借鉴 IBM 在技术研发、质量管理和国际化运营等方面的先进管理经验，实现了业务的快速发展。

2. 交易成本理论

交易成本理论①由科斯提出，其认为企业的存在是为了降低市场交易成本。当市场交易成本高于企业内部组织成本时，企业会选择通过内部化交易来降低成本。

企业并购可以降低市场交易中的搜寻成本、谈判成本和监督成本等。在市场交易中，企业寻找合适的供应商、合作伙伴或销售渠道需要耗费大量的时间和精力，这就是搜寻成本。通过并购，企业可以将相关业务内部化，从而降低搜寻成本。在与供应商、客户等进行交易时，需要进行谈判、签订合同，并监督合同的执行，这会产生谈判成本和监督成本。并购后，企业内部的交易可以简化流程，降低交易成本。

纵向并购可以通过整合产业链上下游企业，实现生产和交易的一体化，减少交易成本。一家汽车制造企业收购零部件供应商，不仅可以确保零部件的稳定供应，还能避免市场价格波动等风险，同时降低了采购过程中的交易成本。

（二）整合关键要素

1. 战略整合

战略整合是并购整合的首要任务，它决定了未来的发展方向和战略布局。收购方需要对自身和被收购方的战略目标、市场定位、业务范围等全面分析，制定统一的战略方向。

以吉利收购沃尔沃为例，吉利的战略目标是通过收购沃尔沃来提升自身的技术水平和品牌形象。沃尔沃在安全技术、汽车制造工艺等方面具有世界领先水平，吉利在国内市场拥有一定的市场份额和成本优势。战略整合过程中，吉利保持沃尔沃品牌的独立性，同时加强双方在技术研发、生产制造和市场拓展等方面的合作。沃尔沃的先进技术为吉利产品的升级提供了支持，吉利的国内市场渠道也为沃尔沃在中国市场的发展创造了有利条件。通过战略整合，吉利实现了技术与市场的有机结合，提升了自身在全球汽车市场的竞争力。

---

① Coase R H. *The Nature of the Firm*（1937）［J］. WILLIANSON，OE；WINTER，SG，1993.

2. 财务整合

财务整合是收购整合的核心环节，它直接关系到企业的财务状况和运营效率。财务整合的内容主要包括财务制度统一、资金管理、预算管理和财务人员整合等方面。

统一财务制度是财务整合的基础，确保并购双方在财务核算、财务报告、资金审批等方面遵循统一的标准和规范。这有助于提高财务信息的准确性。在资金管理方面，整合双方的资金资源，建立统一的资金管理体系，实现资金的集中调配和合理使用，提高资金使用效率，降低资金成本。

预算管理是财务整合的重要手段，通过制定统一的预算目标和预算编制方法，对企业的各项经营活动进行有效的规划和控制。合理的预算管理可以确保企业资源的合理配置，提高企业的经营效益。

在财务人员整合方面，根据企业的财务战略和业务需求，对并购双方的财务人员进行优化配置，明确职责分工，提高财务团队的整体素质和工作效率。

3. 人力资源整合

人力资源整合是收购整合中最具挑战性的任务之一，它涉及人员安置、薪酬体系融合、员工培训与发展等。

在人员安置方面，收购方需要根据企业的战略规划和业务需求，对并购双方的员工进行合理的调配和安置。对于关键岗位和核心人才，要采取积极的挽留措施，确保他们能够继续为企业服务。

薪酬体系融合是人力资源整合的关键环节，它直接关系到员工的切身利益和工作积极性。收购方需要综合考虑行业标准、企业规模、员工绩效等因素，制定统一的薪酬体系。

员工培训与发展是提升员工素质和能力的重要手段，也是人力资源整合的重要内容。收购方应根据企业的战略目标和员工的实际需求，制订个性化的培训计划，为员工提供职业发展规划和晋升机会，帮助员工提升自身的专业技能和综合素质，实现个人与企业的共同发展。

4. 企业文化整合

企业文化整合是收购整合的深层次任务，它对并购的成功起着至关重要的作用。企业文化是企业的灵魂，它体现了企业的价值观、经营理念和行为准则。

文化整合的方式主要有文化融合、文化移植和文化创新等。文化融合是指在尊重双方企业文化的基础上，寻找文化的共同点和互补点，将双方的优秀文化元素进行融合，形成新的企业文化。文化移植是指将收购方的企业文化直接应用到被收购方。文化创新则是在并购双方企业文化的基础上，结合企业的发展战略和市场环境，创造出全新的企业文化。

首先，良好的企业文化整合可以增强员工的认同感和归属感，提高员工的工作积极性和忠诚度。当员工认同企业的文化价值观时，他们会更加愿意为企业的发展贡献自己的力量。其次，企业文化整合有助于促进企业内部的沟通与协作，提高团队的凝聚力和执行力。最后，企业文化整合能够提升企业的品牌形象和市场竞争力。优秀的企业文化可以向外界传递企业的良好形象和价值观，增强客户、合作伙伴和社会公众对企业的认可和信任。

二、成功收购整合案例分析

（一）美的集团收购小天鹅①

1. 并购背景与动机

美的集团创立于 1968 年，总部位于广东佛山，为全球领先的生活电器和智能制造服务提供商。其产品线丰富，涵盖空调、冰箱、洗衣机、微波炉、小家电等多个领域，销售网络遍布全球 200 多个国家和地区。美的秉持着“科技尽善，生活尽美”的企业愿景，坚持创新驱动发展。

小天鹅股份有限公司成立于 1958 年，总部位于江苏无锡，是中国最早的洗衣机生产企业之一。小天鹅专注于洗衣机及相关产品的研发、生产和销售。其洗衣机以高效、节能、环保的特点，在市场上占据重要地位。

美的收购小天鹅主要基于以下战略动机：

---

① 汪文武：《并购重组的问题分析——美的集团并购小天鹅》，现代商业，2022 年第 1 期。

（1）实现协同效应：美的与小天鹅在产品线、市场和渠道等方面具有高度互补性。美的在空调、小家电等领域优势显著，小天鹅则在洗衣机领域表现突出。通过并购，双方可以共享研发、生产、销售等资源，实现优势互补，提高经营效率。

（2）扩大市场份额：在收购前，家电市场竞争异常激烈，各企业纷纷通过并购等方式扩大市场份额。小天鹅在洗衣机市场拥有较高的品牌知名度和市场份额，美的收购小天鹅后，能够进一步巩固和扩大在白色家电领域的市场地位。

2. 整合策略与实施

（1）战略整合：美的将小天鹅定位为其高端洗衣机品牌。美的充分发挥自身在智能家居领域的技术优势，与小天鹅在洗衣机技术上的优势相结合，共同推进智能家居战略的实施。双方合作研发智能洗衣机，实现洗衣机与其他家电设备的互联互通。

（2）财务整合：美的统一了与小天鹅的财务管理制度，包括财务核算、资金管理、预算管理等方面。在资金管理上，实现了资金的集中调配，提高了资金使用效率。通过整合双方的财务资源，优化了资本结构，降低了融资成本。美的利用自身的资金优势，为小天鹅的发展提供了充足的资金支持，同时加强了对小天鹅财务风险的管控。

（3）人力资源整合：在人员安置上，美的妥善安排了小天鹅的员工，尽量减少人员流失。对于关键岗位和核心人才，提供了具有竞争力的薪酬待遇和职业发展机会，以留住人才。

（4）文化整合：美的尊重小天鹅的企业文化，采取文化融合的方式，寻找双方企业文化的共同点，将美的的创新、高效与小天鹅的专注、品质相结合，形成了新的企业文化。

3. 整合效果评估

（1）财务绩效提升：美的营业额和净利润均实现了较大幅度增长。2018～2020 年，美的营业收入从 2618.00 亿元增长到 2857.09 亿元，净利润从 202.31 亿元增长到 272.23 亿元。

（2）市场份额扩大：2019 年，美的洗衣机线上线下市场份额皆有所提升，2020 年洗衣机板块线上份额达 33.6%，同比提升 2.4 个百分点。美的家电全网销售全品类排名第一，线上线下销售渠道相协同，进一步巩固了美的在市场中的领先地位。

(3) 创新能力增强：创新型产品的研发数量增加，专利申请数量大幅上升，高学历人员也有所增加，核心竞争力得到增强，为企业的可持续发展提供了有力支撑。

(二) 中集集团横向并购整合①

1. 并购历程与目标

中国国际海运集装箱（集团）股份有限公司成立于 1980 年，是一家为全球市场提供“现代化交通运输装备和服务”的企业集团。1986 年，中集集团因经营不善濒临破产，但在 1996 年获得“世界集装箱产业之王”的宝座。

中集集团的并购历程主要分为三个阶段：

(1) 集装箱领域并购（1993～1996 年）：1993 年，中集收购了大连集装箱公司 51% 的股权，在华北地区设立生产基地。1994 年，投入约 3400 万元人民币，收购南通顺达集装箱股份有限公司 61.8% 的股权。1995 年，中集集团与中国国际海运集装箱（香港）有限公司、佛罗伦集团有限公司、上海罗南农工商总公司和德国格拉夫有限公司签订合资经营上海中集冷藏箱有限公司的协议，中集集团持 52% 的权益。

同年，对广东省新会大利集装箱厂实施整体并购，并在 1996 年 4 月将 40% 的股权转让给 4 家外商，中集集团仍拥有 60% 的股份。1995 年，中集集团与中国国际海运集装箱（香港）有限公司合资设立深圳南方中集集装箱制造有限公司，中集集团持有 75% 的股权。通过这一系列并购，中集在华北、华南、华东三大区域建立了生产基地，形成了从制造、维修、零部件供应、租赁到堆存的一站式全链服务体系。

(2) 道路车辆运输领域并购（1997～2003 年）：1997 年以来，随着集装箱需求增长速度放缓，世界集装箱市场供过于求的矛盾更加突出。中集

---

① 吴小蕾、沈建平：《中集集团并购扩张启示录》，华东科技，2001 年第 10 期。

集团抓住行业整合的机遇，开始在道路车辆运输领域进行并购。1998 年，中集集团与韩国现代精工株式会社、山东经济技术开发区管理委员会、中国国际海运集装箱（香港）有限公司合资设立山东中集来福士海洋工程有限公司，中集集团持有 40% 的股权。2002 年，中集集团收购扬州通华专用车股份有限公司 70% 的股权，进入道路运输车辆领域。随后，中集集团又陆续收购了其他一些道路车辆企业，不断完善在该领域的布局。

（3）能源化工和海洋工程领域并购（2004 年至今）：2004 年，中集集团开始涉足能源化工和海洋工程领域。2008 年，中集集团收购了烟台莱佛士船业有限公司，进入海洋工程装备制造领域。此后，中集集团不断加大投资和并购力度，提升了在能源化工和海洋工程领域的技术实力和市场竞争力。

2. 核心竞争力的发挥与资源整合

中集集团在并购过程中，充分发挥了自身的核心竞争力，实现了资源的有效整合。

（1）成本优势：中集集团在并购后将各个生产基地的资源进行整合，统一采购原材料，降低采购成本。通过大规模的生产和采购，实现了成本的有效控制。

（2）技术优势：中集集团在并购过程中积极吸收被并购企业的先进技术，增强自身的技术实力。中集自主研发了折叠箱技术，并以此为谈判筹码收购了世界折叠式集装箱主流技术持有者英国 Clive - Smith Cowley 公司 60% 的股权，奠定了在这个领域的霸主地位。

（3）资源整合：中集集团在并购后对生产设备、销售渠道等资源进行了全面整合。在生产设备方面，对各个生产基地的设备进行优化配置，提高设备的利用率。在销售渠道方面，整合了销售网络，提高了产品的市场占有率。

3. 整合成果与行业影响

（1）整合成果：经过多年的并购整合，中集集团的规模和实力得到了大幅提升，在集装箱、道路车辆、能源化工和海洋工程等领域均取得了显著成就，成为全球领先的交通运输装备和服务提供商。在集装箱领域，中集集团的市场份额长期保持在全球第一；在道路车辆领域，中集集团的产品涵盖了多个细分市场；在能源化工和海洋工程领域，为国家的能源安全和海洋经济发展作出了重要贡献。

（2）行业影响：中集集团的成功并购整合为行业内其他企业提供了借鉴和参考，推动了行业的整合和升级。许多企业开始学习中集集团的并购策略和整合经验，通过并购来实现规模扩张和产业升级。

（三）华立控股产业链垂直整合①

1. 独特资源的抢占与产业链延伸

华立控股的前身为重庆川仪，1999 年 5 月华立产业入主后，将旗下仪器仪表资产华立仪表置入，并表示未来华立控股将以主攻青蒿素类药物作为转型医药行业的切入点。

华立产业为华立控股转型定位主要基于以下考虑：国内医药行业低水平重复严重，华立控股应另辟蹊径；青蒿素类药物系中国首创、全球领先的新型抗疟药物，华立控股跻身该领域起点高、发展空间大；华立控股所在的重庆市及周边地区青蒿资源丰富，便于将资源优势转化为经济优势，提高投资回报率；置入华立仪表，有助于华立控股在转型医药行业过程中实现平稳过渡。

2000 年，华立控股通过与当地政府合资成立“重庆华阳自然资源开发有限公司”，在重庆武陵山地区大规模开展青蒿种植。随后，收购重庆武陵山制药厂，该厂位于青蒿之都重庆酉阳，是当时国内产能最大的青蒿素提炼企业。华立控股还买下了湖南吉首制药厂，最终成为青蒿素产量占全国 80% 以上的行业巨头，抢先占领了青蒿素这一独特资源。

在拥有原料资源后，华立控股开始进行产业链的垂直延伸。2001 年 12 月，华立控股与广州市健桥医药科技发展有限公司等共同成立广州立健药业有限公司，广州市健桥医药科技发展有限公司正是青蒿素类药品的技术提供方，此举实现了向研发生产环节的延伸。之后，华立又通过与拥有多国销售网络的北京科泰新技术公司的合作，建立起青蒿素药品营销中心，进一步完善了产业链的下游销售环节。2002 年，华立集团斥资 1.7 亿元，

① 《华立集团的产权变革》，资本市场，2009 年第 12 期。

取得上市公司昆药集团29%股权，昆药集团的主营产品正是青蒿素。华立集团取得昆药集团控制权后，利用昆药集团进行了一系列对药品流通、配送等企业的并购，进一步巩固和拓展了产业链。

2. 人力资源先行策略

华立控股在整合过程中高度重视人力资源，采取了人力资源先行的策略。在并购初期，华立控股就积极与被并购企业的员工进行沟通，了解他们的需求和想法，稳定员工队伍。对于关键岗位和核心人才，华立控股提供了具有竞争力的薪酬待遇和良好的职业发展机会，吸引和留住了人才。

3. 整合后的产业布局与效益

通过一系列的并购和整合，华立控股成功打造了国内最大规模的青蒿素类药物产业链。产业布局涵盖了青蒿种植、青蒿素提炼、药品研发生产、药品销售等各个环节，形成了完整的产业链生态系统。

在经济效益方面，华立控股的转型取得了显著成效。随着产业链的不断完善和市场份额的扩大，青蒿素类药物市场需求的不断增加，为华立控股带来了良好的发展机遇。

在社会效益方面，华立控股的青蒿素产业为全球抗疟事业作出了重要贡献。青蒿素类药物是治疗疟疾的有效药物，华立控股的大规模生产和销售，为全球疟疾患者提供了更多的治疗选择，拯救了无数生命。

三、整合策略与方法的总结

通过对上述并购整合成功案例的分析，可以发现整合策略存在一些共性与差异。

共性方面，成功案例都高度重视战略整合，以实现协同效应。美的集团将小天鹅定位为高端洗衣机品牌，与自身智能家居战略相结合；中集集团通过并购不断完善在集装箱、道路车辆等领域的战略布局；华立控股围绕青蒿素资源进行产业链垂直整合，实现了资源的优化配置。

差异方面，不同案例的整合重点和方式有所不同。美的集团收购小天鹅属于横向并购，整合重点在于产品线整合和市场协同，通过共享销售渠道和品牌资源，扩大市场份额。中集集团的横向并购整合则更注重发挥成本和技术优势，通过大规模生产和采购实现成本控制，积极吸收先进技术提升技术实力。华立控股的产业链垂直整合，重点在于抢占独特资源，围绕资源进行产业链上下游延伸。

第四节 中国上市公司并购整合的经验与教训

在当今资本市场中，并购整合已成为中国上市公司实现战略扩张、优化资源配置、提升核心竞争力的重要手段。随着经济全球化的深入推进和国内经济结构的持续调整，上市公司的并购活动愈发频繁。并购整合不仅为企业提供了快速获取新技术、新市场、新资源的机会，助力企业实现规模经济和协同效应，同时也对产业升级和经济结构调整产生了深远影响，推动产业向规模化、集约化、高端化方向发展。

然而，并购整合并非一帆风顺，诸多企业在这一过程中面临着重重挑战，如战略协同难题、整合成本过高等，这些问题都可能导致并购整合失败，使企业遭受巨大损失。因此，深入研究并购整合的经验与教训具有重要的现实意义。

一、中国上市公司并购整合的发展历程

中国上市公司并购整合的发展历程与国内经济体制改革、资本市场发展以及政策法规的演变密切相关，大致可分为以下几个重要阶段：

（一）探索起步阶段（1993～1997 年）

1993 年，“宝延大战”拉开了中国证券市场并购的序幕，成为中国证券市场首个通过二级市场收购达到成功控制一家上市公司的案例，标志着股份制改革和证券市场发展迈出重要一步，1993 年也因此被定义为“中国上市公司并购重组元年”。此后，陆续出现了万科参股申华、恒通控股棱光

等并购事件。

但这一时期，资本市场尚处于发展初期，相关法律法规和监管体系不完善，并购活动多以试探性、小规模的形式展开，主要目的是获取上市公司的壳资源，并购方式也较为单一，以协议收购为主。

（二）快速发展阶段（1998~2005年）

随着《中华人民共和国证券法》等法律法规的颁布实施，资本市场的法律框架逐步完善，为并购活动提供了更明确的规则和保障。这一时期，上市公司并购数量和规模显著增长，并购动机更加多元化，除了壳资源的争夺，产业整合的需求也开始显现。同时，外资并购也逐渐兴起，如阿尔卡特并购上海贝尔等案例，为中国企业带来了新的技术、管理经验和市场渠道。然而，由于股权分置问题的存在，非流通股和流通股的定价机制不同，在一定程度上制约了并购市场的进一步发展。

（三）规范完善阶段（2006~2012年）

2005年启动的股权分置改革解决了长期困扰中国资本市场的制度性缺陷，实现了股票的全流通，为并购活动创造了更加公平、高效的市场环境。2006年《上市公司收购管理办法》和2008年《上市公司重大资产重组管理办法》的颁布，进一步规范了上市公司并购重组的行为和程序，加强了信息披露和监管要求。这一阶段，并购市场呈现出爆发式增长，并购类型更加丰富，包括横向并购、纵向并购和混合并购等多种形式，产业整合成为并购的主要驱动力，企业通过并购实现规模扩张、资源优化配置和核心竞争力提升。

（四）创新深化阶段（2013年至今）

随着经济结构调整和转型升级的加速，新兴产业如互联网、生物医药、新能源等领域的并购活动异常活跃。同时，并购支付方式和交易结构不断创新，除了传统的现金支付和股权支付，可转债、优先股、资产置换等多种支付方式也被广泛应用，跨境并购亦日益频繁，中国企业积极参与全球资源配置和产业竞争。监管政策在鼓励并购重组的同时，更加注重风险防控和市场秩序维护，强调并购的真实性、合理性和可持续性，以促进并购市场的健康、稳定发展。

二、中国上市公司并购整合成功经验

（一）明确战略导向的并购案例分析

1. 案例选取与背景介绍

中国建材在水泥行业的系列并购堪称明确战略导向并购的经典范例。2006~2010年，中国水泥行业面临着严峻的发展困境。一方面，产能严重过剩，大量落后产能充斥市场，导致行业竞争异常激烈，价格战频发，企业利润微薄；另一方面，行业集中度极低，企业规模普遍较小，缺乏规模经济效应，在技术研发、节能减排等方面投入不足，难以实现产业升级和可持续发展。此外，随着国家对环保、能耗等方面的要求日益严格，众多小型水泥企业面临着巨大的生存压力。

在此背景下，中国建材制定了清晰的并购战略，旨在通过大规模的并购重组，整合行业资源，提高产业集中度，实现规模经济，推动行业的健康发展。中国建材依托自身的品牌、资金、技术和管理优势，积极开展并购活动，先后在华东、华南、西南等地区并购了大量水泥企业，组建了南方水泥、北方水泥、西南水泥和中联水泥等区域水泥巨头。

2. 战略协同的实现路径

中国建材通过多维度的协同策略，成功实现了并购后的战略协同。在资源整合方面，对并购企业的生产设备、原材料采购、物流运输等资源进行统一调配和优化配置。在市场拓展方面，利用各区域子公司的市场渠道和品牌影响力，实现了市场的深度渗透和广度拓展。以南方水泥为例，通过整合浙江、江苏、上海等地的水泥企业，迅速在华东市场占据了领先地位，市场份额大幅提升。在协同效应方面，实现了技术共享和管理协同。通过这些战略协同举措，中国建材的核心竞争力得到显著提升，成为全球最大的水泥生产企业之一，引领了行业的发展方向。

3. 经验总结与启示

中国建材的案例深刻彰显了明确战略导向在并购中的关键作用。明确的战略导向为并购活动提供了清晰的方向和目标，使企业能够在复杂的市场环境中精准定位，避免盲目并购。同时，要注重并购后的战略协同，通过有效的资源整合、市场拓展和协同效应发挥，实现企业价值的最大化。

（二）有效尽职调查的并购案例分析

1. 尽职调查的关键环节与方法

尽职调查涵盖财务、法律、业务等多个关键领域，每个领域都有其独特的调查重点和常用方法。在财务尽职调查中，重点关注目标企业的财务报表真实性、资产质量、盈利能力、偿债能力以及现金流状况等。在法律尽职调查方面，主要审查目标企业的法律合规性，包括公司设立与存续的合法性、股权结构的清晰性、重大合同的有效性、知识产权的保护情况以及是否存在法律诉讼和潜在法律风险等。业务尽职调查则侧重于了解目标企业的业务模式、市场竞争力、行业地位、客户资源、供应链管理等。

2. 案例中的尽职调查实践

以蓝色光标收购多盟和亿动这一案例为例，充分体现了尽职调查在并购中的重要作用。蓝色光标作为国内领先的营销传播集团，为了实现向数字营销领域的战略转型，计划收购多盟和亿动这两家移动互联网广告公司。在并购过程中，蓝色光标高度重视尽职调查工作。

在财务尽职调查方面，对多盟和亿动的财务报表进行了深入细致的审计，发现多盟在收入确认方面存在一定的不规范问题，部分收入的确认依据不够充分，这可能导致财务报表的真实性和准确性受到影响；同时，发现亿动的应收账款存在一定的坏账风险，部分客户的信用状况不佳，可能会影响企业的现金流。

在法律尽职调查中，发现多盟存在一些知识产权纠纷，部分广告技术的专利归属存在争议，这可能会给企业带来潜在的法律风险；亿动则存在一些合同合规性问题，部分与客户签订的合同条款不够严谨，可能引发法律纠纷。

在业务尽职调查中，了解到多盟和亿动所在的市场竞争激烈，客户流失风险较高，且两家公司的技术更新换代速度较快，需要持续投入大量资金进行研发。

通过这些尽职调查发现的问题，蓝色光标在并购谈判中掌握了主动权，对交易价格和交易条款进行了合理调整，降低了并购风险。例如，针对多盟收入确认不规范和知识产权纠纷问题，要求卖方提供相应的担保和赔偿条款；对于亿动的应收账款坏账风险和合同合规性问题，适当降低了交易价格，并要求卖方在一定期限内解决相关问题。

3. 经验总结与启示

蓝色光标的案例充分表明，尽职调查是并购成功的重要保障，能够帮助企业全面了解目标企业的真实情况，识别潜在风险和价值，为并购决策提供有力依据。

（三）合理估值与交易条款设计的并购案例分析

1. 估值方法的选择与应用

在企业并购中，估值方法的选择至关重要，它直接影响到并购交易的价格和双方的利益。常用的估值方法包括市盈率法、现金流折现法、市净率法、可比公司法、可比交易法等，每种方法都有其适用范围和局限性。

在实际并购场景中，企业通常会根据目标企业的特点和行业情况综合运用多种估值方法。例如，对于传统制造业企业，由于其资产规模较大、盈利相对稳定，可能会侧重资产基础法和市盈率法；对于新兴的互联网企业，由于其资产较轻，更多依赖未来的盈利能力，可能会更多采用收益法和市场法。以腾讯收购 Supercell 为例，腾讯在对 Supercell 进行估值时，综合运用了现金流折现法和可比公司法。考虑到 Supercell 在全球手游市场的领先地位和稳定的盈利能力，通过现金流折现法对其未来的现金流进行预测和折现，评估其内在价值；同时，选取了全球范围内类似的知名游戏开发公司作为可比对象，运用可比公司法对 Supercell 进行估值，最终综合两种方法的结果，确定了合理的收购价格。

2. 交易条款设计的要点

交易条款设计是并购过程中的关键环节，直接关系到并购的成败和双方的利益。其中，业绩承诺、对赌协议、支付方式等要点的设计至关重要。

在设计业绩承诺和对赌协议时，要合理确定业绩目标和补偿方式。业绩目标既要有一定的挑战性，能够激励被收购方努力提升业绩，又要具有可实现性，避免目标过高导致对赌失败。补偿方式应公平合理，兼顾双方的利益，例如可以采用股份补偿和现金补偿相结合的方式，以降低被收购方的补偿压力。

以华谊兄弟收购浙江常升为例，交易条款中设置了业绩承诺和对赌协议，浙江常升原股东承诺在 2015～2017 年期间，公司实现的净利润分别不低于 1.08 亿元、1.27 亿元和 1.52 亿元，若未能完成业绩目标，将以现金方式对华谊兄弟进行补偿。在支付方式上，华谊兄弟采用了现金和股权相结合的综合支付方式，既满足了浙江常升原股东对现金的部分需求，又减少了自身的现金压力，同时通过股权支付，使浙江常升原股东与华谊兄弟的利益更加紧密地绑定在一起，促进了双方的协同发展。

3. 案例分析与经验总结

以吉利收购沃尔沃为例，在估值方面，考虑到沃尔沃在汽车制造领域的技术实力、品牌价值和全球市场份额，以及其未来的发展潜力，通过现金流折现法评估其内在价值；同时，参考了全球汽车行业类似并购案例的交易价格，运用可比交易法进行估值，最终确定了合理的收购价格。

在业绩承诺方面，虽然没有设置传统意义上的严格业绩对赌条款，但通过与沃尔沃管理层的深入沟通和协商，明确了未来的发展战略和目标，激励管理层积极推动企业发展。

在支付方式上，吉利采用了现金和股权相结合的方式，其中现金支付部分确保了沃尔沃能够获得足够的资金用于技术研发和业务拓展，股权支付部分则使沃尔沃原股东能够继续分享企业发展的成果，增强了双方的合作意愿。

（四）并购后有效整合的案例分析

1. 整合的关键要素与策略

并购后的整合涵盖业务、财务等多个关键方面，每个方面都有其独特的整合要素和策略。在业务整合方面，要对并购双方的业务进行全面评估，确定业务整合的重点和方向。财务整合主要是对并购双方的财务体系进行统一和优化，包括财务管理制度、会计核算方法、资金管理等方面。

2. 案例中的整合实践与效果

美的收购库卡是并购后有效整合的成功案例。在文化整合方面，采取了“保留 + 融合”的策略。保留库卡在创新、严谨、专注等方面的优秀文化传统，同时将美的的高效执行、以客户为中心等价值观融入其中。

在业务整合方面，美的对双方的业务进行了深度协同。在机器人业务领域，结合美的在智能制造方面的需求和库卡的先进技术，共同研发适用于家电制造等行业的智能机器人和自动化解决方案，拓展了应用领域；在供应链方面，整合了双方采购资源，实现了规模采购优势。

在人员整合方面，美的采取了稳定的人员政策，保留了库卡的核心管理团队和技术人才，为他们提供了广阔的发展空间和良好的福利待遇。

在财务整合方面，建立了统一的财务管理制度和报告体系，实现了财务数据的实时共享和监控，加强了资金的集中管理和风险控制，提高了财务运营效率。

3. 经验总结与启示

美的收购库卡的案例充分表明，并购后有效整合是实现并购价值的关键。企业在并购后，要高度重视整合工作，制定全面、系统的整合计划，明确整合目标和策略。同时，企业要具备强大的整合执行能力，确保整合计划能够顺利实施，实现并购的预期目标。

三、中国上市公司并购整合失败教训

（一）战略失误导致的并购失败案例分析

1. 案例背景与失败原因

以海印股份跨界并购江苏巨电为例，该案例充分暴露了战略失误对并购的致命影响。2024 年，海印股份为完善在新能源业务的布局，计划通过外延并购的方式收购江苏巨电 51% 的股权。然而，这笔交易最终以失败告终。

海印股份此次并购失败的主要原因在于战略决策失误。海印股份原本主要从事商业物业运营业务，在新能源领域缺乏技术、人才和市场经验，贸然跨界进入新能源行业，面临着巨大的行业壁垒和经营风险。同时，对目标企业的选择不够审慎。江苏巨电虽然在锂电业务上有一定发展潜力，但存在诸多问题，如涉及 14 起司法案件，被执行总金额 5674. 82 万元，业绩处于亏损状态等。海印股份在并购前未能全面评估这些风险，也没有制订有效的应对策略，导致在并购过程中，面对目标企业的涉诉及业绩亏损情况，无法有效推进交易，最终只能终止收购。

2. 失败案例的影响与教训

海印股份的并购失败对企业自身产生了多方面的负面影响。这一案例给其他企业带来了深刻的教训。企业在进行并购决策时，必须明确自身的战略定位和核心竞争力，确保并购目标与企业的整体战略相契合，避免盲目跨界并购。要对目标企业进行全面、深入的评估，不仅要关注其发展潜力，更要充分识别潜在的风险，如法律风险、财务风险等，并制定相应的风险应对措施。同时，企业在制定并购战略时，要充分考虑市场环境、行业趋势等因素，保持战略的灵活性和适应性，以应对可能出现的各种变化。

（二）尽职调查不足引发的风险案例分析

1. 尽职调查漏洞与风险暴露

华林证券在“红博会展信托受益权资产支持专项计划”中，因尽职调查不到位而引发了严重的风险，这一案例充分体现了尽职调查在金融业务中的关键作用。2017 年，华林证券作为“红博会展信托受益权资产支持专项计划”的管理人，在尽职调查方面存在诸多漏洞，对特定原始权益人、担保人的尽职调查不到位。这导致在专项计划运行过程中，风险逐渐暴露。2018 年，工大高新未履行信托贷款还款义务和差额支付义务，红博会展未及时、足额向专项计划监管账户归集基础资产产生的现金流，工大集团未履行保证责任，致使案涉专项计划于 2018 年 10 月未能按期完成收益分配，触发专项计划违约条款。

此后，相关纠纷逐渐进入法律程序，2022 年 5 月，大连银行因对专项计划违约责任有争议向上海国际经济贸易仲裁委员会提起对华林证券的仲裁，2024 年 2 月仲裁结果出炉，华林证券需偿还大连银行 2. 28 亿元本金损失并承担相关费用，2024 年 7 月，民生证券也因该专项计划对华林证券提起仲裁，索要 1. 75 亿元本金及多项费用。华林证券不仅面临巨大的经济损失，还对其声誉和市场形象造成了严重损害。

2. 风险应对与教训总结

这一案例给金融机构和企业带来了深刻的教训。在开展业务尤其是涉及重大资产交易或项目时，必须高度重视尽职调查工作，及时发现潜在风险，确保调查结果的真实性和可靠性。对于发现的风险，要及时制定风险应对策略，采取有效的风险防范措施，降低风险发生的概率和损失程度。

（三）估值过高与交易条款不合理的后果案例分析

1. 估值泡沫与交易条款隐患

康恩贝并购珍宝岛药业的案例深刻揭示了估值过高与交易条款不合理所带来的严重后果。在此次并购中，双方对珍宝岛药业的估值产生了巨大争议。康恩贝认为珍宝岛药业的市场价值被高估，而珍宝岛药业则认为康恩贝未能如实反映其市场潜力。这种估值争议不仅违反了并购协议中的条款，还对双方的运营和市场信任造成了重大影响。

估值过高可能导致企业支付过高的并购成本，使企业在并购后承担沉重的财务负担。若企业在并购时未能准确评估目标企业的真实价值，支付了远超其实际价值的价格，就会形成估值泡沫。一旦市场环境发生变化或目标企业的业绩未能达到预期，企业就可能面临商誉减值等风险，严重影响企业的财务状况和盈利能力。

交易条款不合理也会给企业带来诸多隐患。例如，业绩承诺和对赌协议的设置不合理，可能导致双方在业绩目标和补偿方式上产生分歧，引发纠纷。若业绩目标过高，被收购方难以完成，可能会采取不正当手段来达到目标，损害企业的利益；而补偿方式不合理，如补偿金额过低或补偿方式不可行，也无法有效保障收购方的权益。

2. 案例分析与教训反思

从康恩贝并购珍宝岛药业的案例可以看出，估值和交易条款问题对并购结果产生了决定性影响。

在估值方面，企业应采用科学合理的估值方法，确保估值结果的准确性和合理性，避免因估值争议引发法律纠纷。在交易条款设计上，要合理设置业绩承诺、对赌协议和支付方式等条款。业绩承诺目标应具有可实现性和挑战性，既能激励被收购方努力提升业绩，又能保障收购方的权益；

对赌协议的补偿方式应公平合理，兼顾双方的承受能力；支付方式要根据企业的财务状况和资金需求进行选择，确保交易的顺利进行。

（四）并购后整合不力的问题案例分析

1. 整合过程中的问题与挑战

上海家化并购 COTY（科蒂）集团在中国的个人护理业务这一案例，凸显了并购后整合过程中存在的诸多问题与挑战。

在文化整合方面，上海家化作为中国本土企业，拥有独特的企业文化，注重传统文化与现代管理的融合；而 COTY 集团是国际知名企业，具有西方的商业文化和管理理念。两者在价值观、管理风格和工作方式上存在显著差异。例如，在决策方式上，上海家化可能更倾向于集体决策，注重内部沟通和协商；而 COTY 集团可能更强调个人决策的效率和权威性。这种文化差异导致员工之间在沟通和协作上出现障碍，团队凝聚力下降，影响了工作效率和创新能力。

在业务整合方面，面临着产品线整合和市场渠道整合的难题。上海家化和 COTY 集团的个人护理业务产品线存在一定的重叠和互补性，如何优化产品线，避免资源浪费，实现协同效应是一大挑战。在市场渠道方面，双方在国内外市场的布局和渠道优势各不相同，如何整合市场渠道，提高市场覆盖和销售效率成为关键问题。

2. 问题产生的原因与教训

这些问题产生的原因主要包括缺乏整合规划、沟通不畅等。在并购前，上海家化可能没有充分认识到整合的复杂性和重要性，没有制定详细、全面的整合规划。

在文化整合方面，没有提前进行文化差异分析，也没有制定相应的融合策略；在业务整合方面，对产品线和市场渠道的整合缺乏明确的目标和步骤。沟通不畅也是导致问题产生的重要原因。在并购过程中，上海家化与 COTY 集团之间、管理层与员工之间的沟通不足，信息传递不及时、不准确。员工对并购的目的、整合计划和自身权益缺乏了解，容易产生恐慌和不安情绪。

四、结论与建议

在成功经验方面，明确的战略导向是并购成功的基石，企业需依据自身战略定位和行业趋势，精准选择并购目标，实现战略协同。尽职调查是并购决策的重要依据，全面、深入的尽职调查能帮助企业识别目标企业的潜在风险和价值。合理估值与科学的交易条款设计至关重要。并购后有效整合是实现并购价值的关键环节，涵盖文化、业务、人员和财务等多方面的整合。

在失败教训方面，战略失误可能导致并购方向错误，企业应避免盲目跨界并购，确保并购目标与自身战略相契合。尽职调查不足会使企业面临诸多风险。估值过高和交易条款不合理会给企业带来财务负担和法律纠纷。并购后整合不力会影响企业的协同发展。

这些成功经验和失败教训表明，并购整合是一个复杂的系统工程，企业在并购过程中需全面考虑各方面因素，谨慎决策，有效实施，以提高并购成功率。

第五节　通过杠杆收购与并购整合而实现并购价值的趋势与展望

在当今经济全球化的大背景下，企业的发展战略对于其生存和壮大至关重要。其中，杠杆收购与并购整合作为企业实现快速扩张、优化资源配置以及提升竞争力的重要手段，备受关注。

杠杆收购与并购整合对企业和市场都具有重要意义。从企业层面来看，通过杠杆收购，企业可以迅速扩大规模，实现战略转型，进入新的市场或业务领域，提升市场份额和竞争力。成功的并购整合能够实现资源的优化配置，降低成本，提高运营效率，增强企业的盈利能力和抗风险能力。从市场层面来看，杠杆收购和并购整合促进了资本的流动和优化配置，推动了产业结构的调整和升级，提高了整个市场的效率和活力。

因此，深入研究杠杆收购与并购整合，对于企业制定科学合理的发展战略，提高并购成功率，实现可持续发展具有重要的指导意义。

一、杠杆收购与并购整合对实现并购价值的作用机制

杠杆收购与并购整合相互配合，共同推动企业实现并购价值，其作用机制主要体现在以下几个方面。

（一）协同效应实现

杠杆收购为企业提供了快速获取目标公司控制权的手段，而并购整合则通过对战略、业务、组织等方面的整合，实现协同效应。

在业务整合方面，通过整合供应链、优化生产流程等，可以实现成本协同，降低采购成本、生产成本和运营成本。在战略整合方面，通过整合双方的市场资源和技术优势，可以实现市场协同和技术协同，开拓新的市场，推出新的产品和服务，提高企业的市场竞争力和盈利能力。

（二）资源优化配置

杠杆收购使得企业能够将资源集中投入到具有潜力的目标公司，而并购整合则进一步对资源进行优化配置。通过对资产、人员、技术等资源的重新整合和调配，使资源流向更高效的领域和业务环节，提高资源的利用效率，实现资源的价值最大化。

例如，将目标公司的优质资产与收购方的优势业务相结合，或者将目标公司的技术人才与收购方的研发团队进行整合，都可以实现资源的优化配置，提升企业的整体价值。

（三）投资价值提升

成功的并购整合可以提升目标公司的运营效率和盈利能力，从而实现企业价值的提升。随着企业价值的增加，杠杆收购所带来的债务负担也可以通过企业的盈利逐步偿还，同时，企业的股权价值也会相应提高，为投资者带来资本增值。

例如，通过改善目标公司的管理水平、优化业务结构等措施，提高其净利润和现金流，进而提升企业的市场估值，实现投资者的收益最大化。

二、杠杆收购与并购整合实现并购价值的成功案例分析

（一）双汇并购美国 Smithfield 案例分析①

1. 案例背景介绍

双汇集团成立于 1958 年，总部位于中国河南漯河，是中国最大的肉类加工企业之一，在国内肉制品市场占据重要地位。其业务涵盖生猪养殖、屠宰、肉制品加工、销售等多个环节，拥有完善的产业链布局和庞大的销售网络，在国内肉类加工行业处于领先地位。

Smithfield 公司成立于 1936 年，总部位于美国弗吉尼亚州史密斯菲尔德镇，是全球最大的猪肉生产和加工企业之一。该公司业务遍布美国、欧洲和墨西哥等地，拥有先进的养殖技术、生产设施和严格的食品安全管理体系。其产品涵盖生鲜猪肉、加工肉制品等多个品类，在国际市场上具有较高的知名度和市场份额。然而，受美国市场竞争激烈、养殖成本上升等因素的影响，Smithfield 公司在 2009 ~ 2011 年期间面临一定的经营压力，净利润出现波动。

此次并购的背景主要基于以下几个方面的动因：

（1）战略扩张需求：双汇集团希望通过收购 Smithfield 公司，快速进入国际市场，尤其是美国这个全球最大的猪肉消费市场之一，实现国际化战略布局，提升其在全球肉类行业的影响力。

（2）资源互补：双汇在肉制品加工和国内市场渠道方面具有优势，而 Smithfield 在生猪养殖、先进技术和国际市场网络方面表现突出。双方的并购可以实现资源互补，完善产业链布局，提升整体竞争力。例如，双汇可以借鉴 Smithfield 的先进养殖技术，改善自身在生猪养殖环节的短板；同时，Smithfield 可以借助双汇的国内市场渠道，扩大其产品在中国市场的

① 牛全：《企业杠杆并购融资风险与控制——以双汇并购史密斯菲尔德为例》，中国外资，2022 年第 2 期。

销售。

（3）协同效应：通过并购，双汇和Smithfield可以在采购、生产、销售等环节实现协同，降低成本，提高效率。在采购环节，整合后的企业可以凭借更大的采购规模，获得更优惠的原材料采购价格；在生产环节，可以共享先进的生产技术和管理经验，提高生产效率和产品质量；在销售环节，可以整合销售渠道，拓展市场份额。

2. 杠杆收购过程分析

双汇对Smithfield的收购采用了杠杆收购的方式，总交易金额高达71亿美元，其中双汇使用自有资金不超过8.14亿美元，其余资金主要来源于银行等金融机构的贷款。具体融资渠道和资金结构如下：

（1）银行贷款：以双汇国际及Smithfield全部资产为抵押，取得了中国银行团提供的40亿美元贷款。这笔贷款期限较长，利率相对稳定，为双汇的收购提供了重要的资金支持。同时，中介机构摩根士丹利向双汇国际提供了39亿美元的贷款，其中包括7.5亿美元循环贷款、16.5亿美元定期贷款以及15亿美元过桥贷款。循环贷款可以根据双汇的资金使用情况灵活安排还款和借款，满足其短期资金周转需求；定期贷款则为长期资金需求提供了保障；过桥贷款则在收购过程中起到了过渡性的资金支持作用，确保收购交易的顺利进行。

（2）资金结构：在整个收购资金中，自有资金占比约11.46%，银行贷款占比约88.54%。这种高杠杆的资金结构使得双汇能够以较少的自有资金实现对Smithfield的收购，但同时也带来了较大的债务偿还压力和财务风险。为了应对这些风险，双汇在收购前对Smithfield的财务状况和未来现金流进行了详细的评估和预测，确保其有足够的能力偿还债务。同时，双汇也制订了合理的还款计划，根据Smithfield的盈利情况和现金流状况，分阶段偿还贷款，降低财务风险。

3. 并购整合策略与措施

（1）业务整合：双汇在收购后，保留了Smithfield原有的业务体系和运营模式，充分发挥其在生猪养殖、屠宰和肉制品加工方面的优势。同时，双汇积极推动双方在供应链管理、市场渠道拓展等方面的协同合作。

在供应链管理方面，整合双方的采购资源，实现集中采购，降低采购成本。通过共享供应商资源，与供应商建立更紧密的合作关系，确保原材料的稳定供应和质量控制。

在市场渠道拓展方面，将 Smithfield 的优质产品引入中国市场，借助双汇在国内的销售网络，扩大其产品在中国的市场份额。同时，也将双汇的部分产品推向国际市场，通过 Smithfield 的国际渠道，提升双汇产品的国际知名度。

（2）管理整合：双汇尊重 Smithfield 原有的管理团队和企业文化，保留了其大部分管理层人员，确保公司的稳定运营。同时，双汇也向 Smithfield 派遣了部分管理人员，加强双方在管理理念和方法上的交流与融合。建立了跨文化的沟通协调机制，共同商讨公司的发展战略和重大决策。通过这种方式，既保持了 Smithfield 的独立性和运营稳定性，又实现了双方在管理上的协同效应。

（3）文化整合：为了减少文化冲突，促进双方员工的融合，双汇采取了一系列文化整合措施。同时，双汇也注重传承和弘扬 Smithfield 的优秀企业文化，将其与双汇的企业文化相结合，形成一种包容多元的企业文化。

4. 并购价值实现效果评估

（1）市场份额提升：并购后，双汇在全球猪肉市场的份额显著增加。根据相关数据，2014 年，双汇 - Smithfield 集团在全球猪肉市场的份额达到了 10% 左右，成为全球最大的猪肉生产和加工企业。在中国市场，双汇借助 Smithfield 的优质产品，进一步巩固了在高端猪肉市场的地位，市场份额有所提升。在国际市场，Smithfield 通过双汇的资源支持，拓展了更多销售渠道，市场份额也得到了一定程度的扩大。

（2）财务状况改善：从财务数据来看，并购后的双汇在盈利能力和财务稳定性方面都有了明显提升。2013 ~ 2015 年，双汇的营业收入分别为 505.65 亿元、577.27 亿元和 551.92 亿元，净利润分别为 39.85 亿元、45.56 亿元和 44.05 亿元。Smithfield 的盈利也为双汇的财务状况提供了有力支持，降低了其债务负担。同时，通过整合供应链和优化运营管理，双汇的成本得到了有效控制，毛利率也有所提高。

（3）品牌影响力增强：双汇收购 Smithfield 后，品牌影响力得到了极大的提升。在国内，双汇借助 Smithfield 的国际品牌形象，进一步增强了消费者对双汇产品的信任度。在国际上，双汇作为 Smithfield 的母公司，也受到了更多的关注，提升了其在国际市场的品牌影响力。例如，双汇在国际肉类行业的重要展会和活动中，频繁展示其与 Smithfield 的协同发展成果，吸引了众多国际客户和合作伙伴的关注。

（二）吉利收购沃尔沃案例分析[①]

1. 案例背景介绍

吉利汽车成立于 1997 年，是中国自主品牌汽车企业的代表之一。在收购沃尔沃之前，吉利汽车主要专注于中低端汽车市场，产品以价格亲民、性价比高为特点，在国内市场拥有一定的用户基础。然而，随着汽车市场的竞争日益激烈，吉利汽车面临着品牌升级和技术提升的压力，需要寻找突破的机会。

沃尔沃汽车成立于 1927 年，总部位于瑞典哥德堡，是一家具有悠久历史和卓越技术的汽车制造商。沃尔沃以其在安全技术、环保技术和豪华品质方面的领先优势而闻名于世，在全球高端汽车市场占据重要地位。然而，由于全球经济危机的影响以及自身经营策略的问题，沃尔沃在 2008 ~ 2009 年期间面临严重的财务困境，销量下滑，亏损加剧，其母公司福特汽车决定出售沃尔沃。

吉利收购沃尔沃的背景和动因主要包括以下几个方面：

（1）技术提升需求：吉利汽车希望通过收购沃尔沃，获取其先进的汽车技术，包括安全技术、发动机技术、底盘技术以及新能源技术等。这些技术将有助于吉利提升自身产品的技术和品质，实现从低端向中高端市场的突破。例如，沃尔沃在安全技术方面拥有多项专利和领先的研发成果，如城市安全系统、盲点监测系统等，吉利希望通过收购将这些技术应用到自己的产品中，提升产品的竞争力。

（2）品牌升级战略：沃尔沃作为高端汽车品牌，具有较高的品牌知名

① 孟凡臣：《整合、资本与知识转移：吉利并购沃尔沃》，管理学刊，2021 年第 5 期。

度和美誉度。吉利收购沃尔沃后，可以借助其品牌影响力，实现品牌的向上发展。这有助于吉利拓展市场空间，吸引更多高端消费者，提高产品附加值和市场份额。

（3）国际化发展机遇：收购沃尔沃为吉利提供了国际化发展的契机。沃尔沃在全球拥有广泛的销售网络和研发中心，吉利可以利用这些资源，加速自身的国际化进程，拓展海外市场，提升在国际汽车市场的竞争力。

2. 杠杆收购过程分析

吉利收购沃尔沃的交易金额高达 18 亿美元，对于当时的吉利汽车来说，这是一笔巨额资金。为了完成收购，吉利采取了杠杆收购的方式，通过多种渠道筹集资金：

（1）自有资金与地方政府支持：吉利汽车动用了部分自有资金，同时得到了来自浙江省和宁波市地方政府的支持。地方政府通过产业基金等方式，为吉利提供了一定的资金支持，这不仅体现了政府对本土企业发展的支持，也为吉利的收购提供了重要的资金保障。

（2）银行贷款：吉利与多家银行进行了合作，获得了大量的银行贷款。其中，中国银行牵头的银团为吉利提供了 10 亿美元的贷款，这些贷款为收购提供了主要的资金来源。银行贷款的利率和期限根据吉利的还款能力和项目情况进行了合理安排，确保吉利在收购后能够承受还款压力。

（3）资金结构：在整个收购资金中，吉利自有资金和地方政府支持资金占比较小，银行贷款占比较大，形成了高杠杆的资金结构。这种资金结构使得吉利能够以较小的自有资金实现对沃尔沃的收购，但也带来了较大的财务风险。为了应对风险，吉利在收购前对沃尔沃的财务状况和未来发展进行了详细的评估和规划，制订了合理的还款计划。同时，通过与银行的密切沟通和合作，争取更有利的贷款条件，降低财务成本。

3. 并购整合策略与措施

（1）技术共享与研发合作：吉利收购沃尔沃后，高度重视技术共享和研发合作。双方建立了联合研发团队，共同开展技术研发项目。在发动机技术方面，吉利与沃尔沃合作开发了新型发动机，提升了发动机的性能和燃油经济性。在新能源技术领域，双方共同投入研发资源，加快新能源汽车的研发和推广。同时，吉利还鼓励沃尔沃将其先进的技术应用到吉利品牌的产品中，实现技术的共享和转移。例如，吉利的部分车型采用了沃尔沃的安全技术和底盘调校技术，提升了产品的安全性和操控性能。

（2）市场拓展与协同：吉利和沃尔沃在市场拓展方面进行了协同合作。在国内市场，沃尔沃借助吉利的销售网络和渠道资源，进一步扩大了市场份额。吉利通过与沃尔沃的合作，提升了自身在高端市场的竞争力，吸引了更多消费者。在国际市场，吉利利用沃尔沃的品牌影响力和销售网络，加速了自身的国际化进程。同时，双方还在海外市场开展联合营销活动，提高品牌知名度和市场影响力。

（3）组织与文化整合：在组织整合方面，吉利保持了沃尔沃的相对独立性，保留了其原有的管理团队和运营模式。同时，吉利也向沃尔沃派遣了部分管理人员，加强双方在管理理念和方法上的交流与融合。在文化整合方面，吉利尊重沃尔沃的企业文化，促进双方文化的融合，营造了良好的企业氛围。

4. 并购价值实现效果评估

（1）品牌形象提升：吉利收购沃尔沃后，品牌形象得到了显著提升。沃尔沃的高端品牌形象为吉利带来了积极的影响，消费者对吉利品牌的认知度和认可度大幅提高。根据市场调研数据，收购后吉利品牌在消费者心目中的形象更加高端、品质更好，品牌价值得到了提升。这使得吉利在市场竞争中更具优势，能够吸引更多高端消费者，拓展市场份额。

（2）技术实力增强：通过与沃尔沃的技术共享和研发合作，吉利的技术实力得到了极大的增强。吉利在安全技术、新能源技术、发动机技术等方面取得了显著的进步，产品的技术含量和品质得到了提升。例如，吉利在新能源汽车领域推出了多款具有竞争力的产品，这些产品采用了沃尔沃的技术和研发成果，在市场上获得了良好的反响。同时，吉利的研发能力也得到了提升，为其未来的发展奠定了坚实的技术基础。

（3）市场范围扩大：吉利借助沃尔沃的全球销售网络和市场渠道，成功拓展了国际市场。在欧洲、北美等地区，吉利的产品销量逐渐增加，市场份额不断扩大。同时，在国内市场，沃尔沃的加入也进一步丰富了吉利的产品线，满足了不同消费者的需求，提升了吉利在国内市场的竞争力。完成收购后，吉利汽车在全球的销量逐年增长，市场范围不断扩大。

三、杠杆收购与并购整合实现并购价值面临的挑战与风险

（一）财务风险

1. 高负债率带来的偿债压力

杠杆收购的显著特点是高杠杆性，收购方通过大量债务融资来完成收购交易，这使企业在收购后背负着沉重的债务负担。以 2007 年 KKR 收购德州公用事业公司（TXU）为例，该收购交易总价高达 450 亿美元，其中债务融资占比超过 80%。如此高的负债率使得企业在后续经营中面临巨大的偿债压力。一旦企业的经营状况不佳，无法产生足够的现金流来偿还债务，就可能面临违约风险，进而导致企业信用评级下降，融资成本进一步上升，形成恶性循环。

高负债率还会限制企业的财务灵活性。企业在偿还债务的同时，可用于投资、研发、市场拓展等方面的资金将大幅减少，影响企业的长期发展能力。在经济不景气时期，市场需求下降，企业盈利能力减弱，高负债率带来的偿债压力将更加凸显。例如，在 2008 ~ 2009 年国际金融危机期间，许多通过杠杆收购完成的企业因无法承受沉重的债务负担而陷入财务困境，债务偿还违约率大幅上升，一些企业不得不进行债务重组甚至破产清算。

2. 融资成本与资金链断裂风险

杠杆收购需要大量的资金支持，而这些资金大多通过债务融资获得，这使得企业面临较高的融资成本。债务融资的利率通常与企业的信用状况、市场利率等因素相关，信用评级较低的企业需要支付更高的利息。例如，在发行高收益债券（垃圾债券）进行融资时，企业需要向投资者支付较高的票面利率，以补偿投资者承担的高风险。相关数据显示，垃圾债券的票面利率通常比普通债券高出 3 ~ 5 个百分点。

除了利息支出外，企业在融资过程中还可能产生其他费用。高融资成

本会进一步加重企业的财务负担，压缩企业的利润空间。如果企业的经营业绩不能达到预期，无法覆盖融资成本，就可能导致资金链断裂。

资金链断裂是企业面临的最严重的财务风险之一。一旦资金链断裂，企业将无法按时偿还债务，供应商可能停止供货，员工工资无法发放，企业的正常运营将受到严重影响。

乐视公司就是一个典型的例子。乐视在扩张过程中，通过大量的债务融资来支持其多元化业务发展，导致公司负债率居高不下。由于业务布局过于分散，盈利能力不足，无法支撑高额的债务利息支出，最终导致资金链断裂，引发了严重的财务危机。公司的股价大幅下跌，业务陷入停滞，许多项目被迫搁置，给投资者和债权人带来了巨大的损失。

（二）整合风险

1. 业务整合难题

不同业务之间的整合是并购整合过程中的一大挑战。在业务流程方面，并购双方可能存在差异，导致整合时出现冲突。例如，一家传统制造业企业收购了一家互联网电商企业，传统制造业企业的生产流程通常是按订单生产，生产周期较长，而电商企业的业务流程则更注重快速响应市场需求，供应链周转速度快。这两种不同的业务流程在整合时可能会出现矛盾，如何协调生产与销售的节奏，如何优化供应链管理，都需要精心规划和调整。

市场定位的差异也是业务整合中的一个难题。并购双方可能在不同的市场细分领域或目标客户群体中运营，整合后需要重新确定市场定位，统一品牌形象。例如，一家高端品牌服装企业收购了一家快时尚服装企业，两者的目标客户群体、价格定位和品牌形象都有较大差异。在整合过程中，如何平衡两者的市场定位，避免品牌形象的冲突，是一个需要解决的关键问题。如果处理不当，可能会导致客户流失，市场份额下降。

2. 管理整合挑战

企业在管理理念、组织架构和人员配置等方面的整合也面临诸多困难。不同企业的管理理念可能存在差异，如何融合双方的管理理念，形成适合新企业的管理文化，是管理整合的关键。

组织架构的调整也是一个复杂的过程。并购后，企业需要对原有的组织架构进行优化，以提高运营效率。这可能涉及部门的合并、撤销或重组，以及管理层级的调整。

人员配置的整合也需要谨慎处理。并购后，可能会出现关键岗位人才短缺的情况。如何吸引和留住关键人才，是人员配置整合的重点。

3. 文化整合困境

企业文化是企业的灵魂，不同企业文化的差异可能导致文化冲突和融合难题。例如，一家强调团队合作和集体主义的企业与一家注重个人能力和竞争的企业并购后，员工在工作中可能会出现沟通不畅、协作困难的情况。在决策方式上，一家企业可能采用民主决策，注重员工的参与和意见，而另一家企业则更倾向于集中决策，由高层领导快速做出决策。这种决策方式的差异可能会导致决策效率低下，影响企业的运营。

文化冲突还可能体现在员工的价值观和行为准则上。如果员工不能认同新的企业文化，可能会出现工作积极性下降等问题。例如，一家企业注重诚信和合规经营，而另一家企业在过去的经营中存在一些不规范的行为，并购后如何将诚信和合规的价值观融入新企业的文化中，引导员工树立正确的价值观和行为准则，是文化整合的重要任务。文化整合是一个长期的过程，需要企业采取有效的措施来促进文化的融合。

（三）市场风险

1. 市场竞争加剧

并购后企业面临的市场竞争压力可能会增大。一方面，并购可能会引起竞争对手的关注和反应，竞争对手可能会采取降价、推出新产品、加强市场推广等措施来应对，从而加剧市场竞争。例如，当一家企业通过并购扩大市场份额后，竞争对手可能会降低产品价格，以争夺市场份额。这可能会导致行业整体价格水平下降，企业的利润空间受到挤压。

另一方面，并购后的企业在整合过程中可能会面临一定的困难，导致其市场竞争力在短期内下降。例如，业务整合和管理整合的不顺利可能会影响企业的生产效率、产品质量和客户服务水平，从而使企业在市场竞争中处于不利地位。在这种情况下，企业需要加快整合进程，提升自身的竞争力，以应对竞争对手的挑战。

2. 市场需求变化

市场需求的不确定性对并购价值的实现也有重要影响。市场需求受到经济形势、消费者偏好、技术发展等多种因素的影响，可能会发生变化。如果并购后市场需求出现下降，企业的产品或服务可能会面临销售困难的问题。例如，在智能手机市场，消费者的需求不断变化，对手机的拍照功能、屏幕显示效果、处理器性能等方面的要求越来越高。如果一家手机企业在并购后不能及时跟上市场需求的变化，推出符合消费者需求的产品，就可能会失去市场份额。

技术的快速发展也可能导致市场需求的变化。新的技术可能会催生新的产品和服务，替代原有的产品和服务。例如，随着新能源汽车技术的发展，传统燃油汽车的市场需求可能会受到影响。如果企业在并购时没有充分考虑到技术发展的趋势，就可能会面临市场需求变化带来的风险。

（四）政策与法律风险

政策法规的变化对杠杆收购和并购整合有着重要的影响。在政策方面，政府的产业政策、税收政策、金融政策等都会对并购活动产生影响。政府可能会出台政策鼓励某些行业的并购重组，以促进产业结构的调整和升级；也可能会对某些行业的并购进行限制，以防止垄断和保护市场竞争。税收政策如税目税率的变化也会影响并购的成本和收益。金融政策的调整，如贷款利率的变化、信贷额度的收紧等，也会影响企业的融资成本和融资难度。

在法律方面，并购活动需要遵守一系列的法律法规。如果企业在并购过程中违反了相关法律法规，可能会面临法律诉讼和处罚，导致并购失败或给企业带来巨大的损失。

例如，在反垄断法方面，如果并购交易被认定可能会导致市场垄断，反垄断监管机构可能会要求企业进行资产剥离或阻止并购交易的进行。在2017年，欧盟反垄断监管机构对西门子和阿尔斯通的并购交易进行了严格审查，最终因为担心该交易可能会导致欧洲铁路市场的垄断，要求两家公司进行大规模的资产剥离，才批准了并购交易。

四、杠杆收购与并购整合实现并购价值的展望与建议

（一）对未来发展的展望

随着全球经济的不断发展和市场环境的持续变化，杠杆收购与并购整合在未来将呈现出一系列新的发展趋势。

在宏观经济层面，尽管全球经济增长面临一定的不确定性，但新兴经济体的崛起和经济结构的调整仍将为杠杆收购和并购整合创造机遇。随着新兴经济体实力的增强，其企业在国际市场上的影响力逐渐扩大，在技术、市场和资源等方面的需求推动下，可能会加大对海外企业的收购力度，通过杠杆收购实现快速扩张和国际化布局。

行业整合将继续深化，尤其是在一些技术变革迅速、市场竞争激烈的行业。以科技行业为例，人工智能、大数据、云计算等新兴技术的发展促使企业不断寻求并购机会。未来，科技行业的并购活动将更加频繁，通过杠杆收购实现的技术整合和创新将成为行业发展的重要驱动力。

技术创新将进一步推动杠杆收购和并购整合的创新。数字化和智能化技术在并购过程中的应用将更加广泛，通过大数据分析、人工智能算法等技术，企业能够更精准地筛选目标公司、评估价值和风险，提高并购决策的科学性和效率。

资本流动将更加多元化和国际化。随着全球金融市场的不断融合，各类资本将更加积极地参与到杠杆收购和并购整合中。跨国并购将更加频繁，企业通过跨境杠杆收购实现全球资源的优化配置和市场拓展。

（二）给企业的建议

1. 做好并购前的尽职调查与评估

在并购前，企业务必对目标公司进行全面、深入的尽职调查，这是实现并购价值的关键前提。尽职调查应涵盖多个方面，包括财务状况、业务运营、市场竞争力、法律合规等。通过全面的尽职调查和评估，企业可以更准确地了解目标公司的真实情况，为后续并购决策和整合计划提供有力依据。

2. 合理设计杠杆收购与融资结构

企业应根据自身的财务状况、经营能力和战略目标，合理设计杠杆收购和融资结构。在确定杠杆比例时，要充分考虑自身的偿债能力和风险承受能力。过高的杠杆比例虽然可以提高收购的资金规模，但也会增加偿债压力和财务风险。

在选择融资渠道时，要综合考虑成本、风险和融资难度等因素。企业应根据自身情况进行合理选择，优化融资结构，降低融资成本和风险。还应关注融资过程中的细节问题，避免出现不利的条款。合理安排还款方式，根据企业的现金流状况选择合适的还款期限和还款频率，降低还款压力。

3. 制定科学的并购整合策略

在并购整合过程中，企业应制定科学合理的策略，确保整合的顺利进行。战略整合是并购整合的核心，企业应根据自身的战略目标和市场环境，对并购后的企业战略进行重新规划和调整。明确新企业的市场定位、业务重点和发展方向，实现双方战略的协同效应。

（三）对监管机构的建议

监管机构在杠杆收购和并购整合市场中扮演着重要角色，应采取一系列措施，促进市场的健康稳定发展。

在政策制定方面，监管机构应制定明确、合理的政策法规，为企业的并购活动提供指导和规范。对符合国家战略方向的并购项目，给予税收减免或财政贴息，降低企业的并购成本。同时，要加强对并购市场的监管，防止企业利用并购进行恶意炒作、内幕交易等违法违规行为。制定严格的信息披露制度，要求企业在并购过程中及时、准确地披露相关信息，保障投资者的知情权。

监管机构应加强对并购交易的审核和监管，确保交易的合法性和公正性。在并购交易审核过程中，要重点关注交易的目的、定价合理性、资金来源等方面。对于存在疑问的交易，要进行深入调查和分析，防止企业通过不合理的定价或虚假的交易目的进行利益输送。加强对并购资金来源的监管，防止企业通过非法集资、违规借贷等方式筹集并购资金，防范金融风险。建立健全风险监测和预警机制，及时发现和处理并购市场中的潜在风险。

监管机构之间还应加强协调与合作，形成监管合力。与金融监管部门合作，加强对并购融资的监管，规范金融机构的业务行为。与税务监管部门合作，加强对并购交易的税务监管，防止企业逃税漏税。通过各部门的协同合作，营造良好的市场环境，促进杠杆收购和并购整合市场的健康发展。

第七章　深化对外开放战略与上市公司的跨境并购

第一节　上市公司跨境并购的市场状况及其分析

一、上市公司跨境并购市场总体情况

2024 年披露金额的上市公司跨境并购交易[①]共计 76 单，同比增长 5.56%，交易规模达 196.69 亿美元，同比增长 85.25%，平均交易金额达 2.59 亿美元，同比上升 75.50%。2019～2024 年上市公司跨境并购交易数量及规模情况如图 7－1 所示。

二、上市公司跨境并购市场之标的公司区域分析

从被收购标的所在区域来看，上市公司对亚太地区标的的收购交易规模较美洲、欧洲、中东及非洲标的保持领先地位，自 2020 年后亚太地区成为上市公司跨境并购的主要目标区域。2024 年上市公司对亚太地区标的的收购交易金额达 81.46 亿美元，占跨境并购总交易金额 41.42%。此外，亚

① 上市公司跨境并购统计口径：根据 Dealogic 数据库，以公告日为基准，主要收购方为中国上市公司，主要被收购标的非中国大陆公司，已披露交易金额。

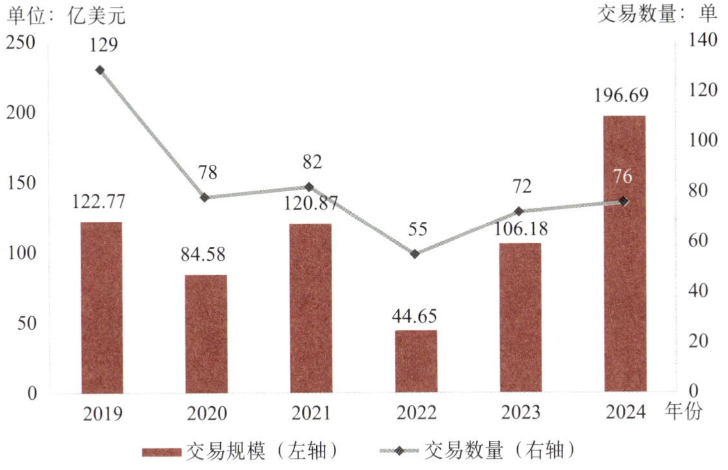

图 7－1　2019～2024 年上市公司跨境并购交易数量及规模情况

数据来源：Dealogic。

太地区并购交易数量基本处于领先地位，2024 年首次披露交易数量达 30 单，占跨境并购总交易数量 39.47%，平均交易规模为 2.72 亿美元，同比增长 41.88%。其中，2024 年上市公司对欧洲、中东及非洲标的的收购交易规模存在较大回升，主要由于渤海租赁旗下子公司收购飞机租赁公司 Castlelack Aviation，交易规模达 45.35 亿美元。2019～2024 年上市公司跨境并购交易规模分区域情况如图 7－2 所示，交易数量分区域情况如图 7－3 所示。

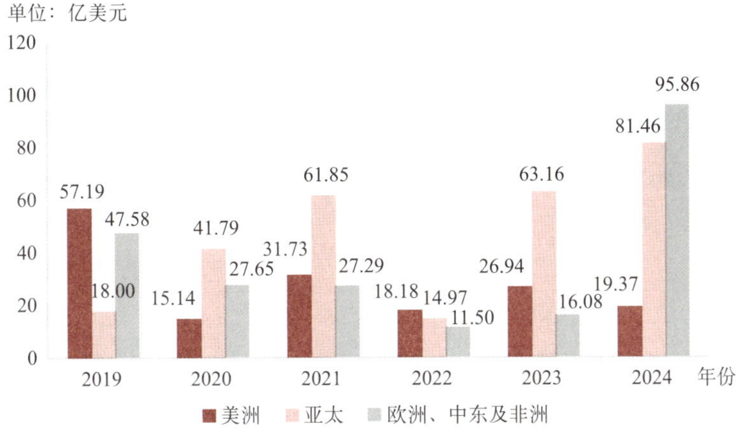

图 7－2　2019～2024 年上市公司跨境并购交易规模分区域情况

数据来源：Dealogic。

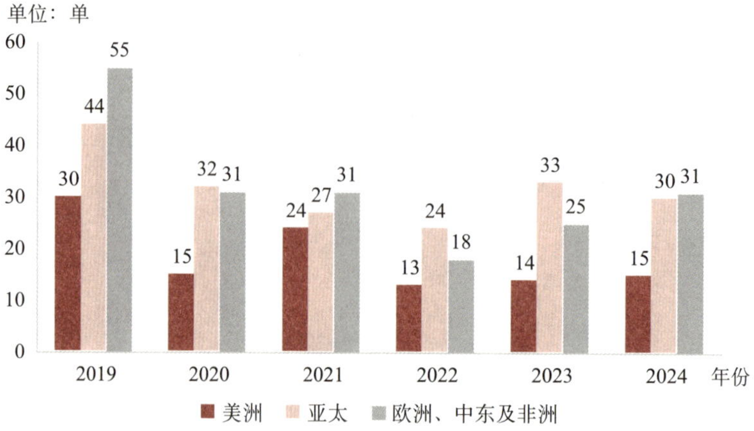

图 7－3　2019～2024 年上市公司跨境并购交易数量分区域情况

数据来源：Dealogic。

三、上市公司跨境并购市场之标的公司行业分析

从交易数量角度看，采矿、计算机/电子和建筑行业是近三年来交易单数最多的三大行业，2024 年交易单数分别达到 18 单、11 单和 7 单，合计占 2024 年总单数的 51.5%。上市公司跨境并购的标的公司行业分布的趋势较为稳定，主要集中于采矿和计算机/电子行业。2022～2024 年上市公司跨境并购交易数量分行业情况如表 7－1 所示。

表 7－1　　上市公司跨境并购交易数量分行业情况①　　单位：单

2022 年			2023 年			2024 年		
行业	数量	占比	行业	数量	占比	行业	数量	占比
采矿	10	18.18%	采矿	12	16.67%	采矿	18	23.68%
计算机/电子	9	16.36%	计算机/电子	12	16.67%	计算机/电子	11	14.47%
化学	7	12.73%	建筑	8	11.11%	建筑	7	9.21%
医药	7	12.73%	医药	7	9.72%	医药	6	7.89%
消费品	5	9.09%	机械设备	5	6.94%	机械设备	6	7.89%
其他	17	30.91%	其他	28	38.89%	其他	28	36.84%
合计	55	100%	合计	72	100%	合计	76	100%

数据来源：Dealogic。

① 2024 年标的公司行业存在金融业公司，系底层实业资产的控股型平台。因此，2024 年标的公司行业已按照底层资产所属行业进行重新分类（后同）。

从交易金额角度看，采矿业在2022～2024年属于交易规模较高的行业，交易金额分别达19.39亿美元、12.70亿美元和24.55亿美元，分别占当期总交易规模的43.43%、11.96%和12.48%。整体来看，2024年规模较大的上市公司跨境并购交易集中于传统行业，如交通运输、公用事业、建筑、采矿等。2022～2024年上市公司跨境并购交易金额分行业情况如表7－2所示。

表7－2　上市公司跨境并购交易金额分行业情况　单位：亿美元

2022年			2023年			2024年		
行业	数量	占比	行业	数量	占比	行业	数量	占比
采矿	19.39	43.43%	计算机/电子	30.63	28.85%	交通运输	45.79	23.28%
金属	5.21	11.67%	医药	15.33	14.44%	公用事业	29.88	15.19%
医药	5.10	11.42%	建筑	14.97	14.10%	建筑	25.61	13.02%
消费	3.88	8.69%	消费	13.19	12.43%	采矿	24.55	12.48%
计算机/电子	2.71	6.07%	采矿	12.70	11.96%	通信	22.53	11.45%
其他	8.36	18.72%	其他	19.35	18.23%	其他	48.33	24.57%
合计	44.65	100%	合计	106.18	100%	合计	196.69	100.%

数据来源：Dealogic。

第二节　上市公司“走出去”战略及其跨境并购

一、上市公司自身的国际化战略布局与业绩增长需求

随着中国经济的发展，部分上市公司不再满足于国内市场，为了业务的扩张与业绩的增长，将国际化设定为自身发展的战略，选择进入海外市场、开拓海外业务。尤其是在当前全球地缘政治不确定性加剧的背景下，上市公司对完善全球布局的需求旺盛。通过并购海外企业，中国企业能够

在当地直接获得生产设备、管理经验及优质原材料，实现本地制造，从而优化供应链结构，提高整体竞争力。同时，海外并购构建的多元化供应链体系还具有抵御风险的作用。国际化战略布局与业绩增长需求是驱动上市公司跨境并购的核心驱动因素之一。典型案例有立讯精密（002475. SZ）为加快推进汽车业务全球化进程，提升汽车线束产品在全球市场的综合竞争力，于2024年收购Leoni AG的50.1%股权及Leoni AG之全资子公司Leoni Kabel GmbH的100%股权，进而提升全球市场拓展、客户准入和产能布局，形成其在全球汽车线束领域的差异化竞争优势，完善为中国车企出海以及海外传统车企提供更加便捷、高效的垂直一体化服务的战略布局。

二、跨境并购获取核心资源的需求突出

目前来看，优质的大型矿产资源开发及投产率有所降低，矿山投产时间周期不断拉长。能源业和采矿业等资源密集型企业为实现跨越式发展，通常会通过海外并购获取核心资源。典型案例包括2024年9月，海南矿业（601969. SH）通过其子公司以18.94亿瑞典克朗要约收购Tethys Oil AB（TETY. ST）90%股权，获取了标的位于阿曼的多块油田资产；2024年10月和11月，紫金矿业（601899. SH）先后通过其子公司斥资10亿美元、2.45亿美元收购加纳Akyem金矿项目100%权益和秘鲁La Arena项目100%权益，显著提升其铜和金资源储备。

三、上市公司通过海外并购获取先进技术推动产业升级

近几年，以技术引进为导向的跨境并购逐渐增多，计算机与电子、医疗等技术密集型行业并购金额排名靠前，技术密集型行业逐渐成为中国企业跨境并购首选行业，并购目的大多是引进高新技术，并实现行业内资源整合。典型案例有TCL中环（002129. SZ）于2024年通过可转债、定增等一揽子重组交易实现控股新加坡光伏组件制造企业Maxeon（MAXN. O），通过跨境收购，TCL中环获取了Maxeon在光伏领域拥有的IBC电池－组件

系列专利、Topcon 电池工艺系列专利、叠瓦组件系列专利等核心的设计、开发、制造技术。

四、"一带一路"等政策支持推动上市公司跨境投资

国内企业并购交易和产业发展与政府监管的支持密切相关。总体来看，近年来中国政府对企业"走出去"战略持积极支持态度，发展和改革委员会、商务部等主管部门制定了诸多便利于中资企业海外投资的鼓励措施。特别是在"一带一路"倡议的推动下，中国企业跨境投资活动显著增加，不仅打开了"走出去"的窗口，而且为当地发展提供了有力帮助。具体而言，"一带一路"共建国家经济的持续增长及经济发展的不均衡性为中国企业创造了跨境并购投资的重要机遇。中国通过与共建"一带一路"国家深入对接发展战略，已同 150 多个国家、30 多个国际组织签署共建"一带一路"合作文件，推动多边合作成果不断扩大。

以中国—东盟合作为例，双方致力于落实《中国—东盟全面战略伙伴关系行动计划（2022—2025）》等合作文件，深化共建"一带一路"倡议同《东盟互联互通总体规划 2025》对接、同《东盟印太展望》互利合作，建成了中老铁路、雅万高铁等一批重大基础设施项目，中国与东盟互为最大贸易伙伴和相互投资最活跃的合作伙伴。西部陆海新通道创新"物流 + 贸易 + 产业"运行模式，中国—东盟自贸区 3.0 版谈判进一步拓展双方在数字经济、绿色经济、供应链互联互通等新兴领域的务实合作，中国—东盟信息港、中国—东盟技术转移中心加快建设，通过境外经贸合作区建设以及"两国双园"等创新模式，推动电子信息、轻工业、家电、建材、冶金等领域投资合作持续深化。

典型案例有美埃科技（688376. SH）于 2024 年收购马来西亚企业捷芯隆（2115. HK）约 68. 39% 股权并将其私有化，交易对价 2. 39 亿元港币，有助于加速其在马来西亚、新加坡、泰国等东南亚国家的业务布局。

五、中国企业境外投资监管便利化等政策推动作用明显

近年来，为推动中国企业“走出去”，境外投资监管标准愈加明确且相对放宽，各部委出台多项利好跨境并购的政策。

监管机构鼓励上市公司实施并购重组。2024 年 3 月，中国证监会发布《关于加强上市公司监管的意见（试行）》，其中第十五条明确规定，支持上市公司通过并购重组提升投资价值。多措并举活跃并购重组市场，鼓励上市公司综合运用股份、现金、定向可转债等工具实施并购重组，注入优质资产。2024 年 9 月，中国证监会发布《关于深化上市公司并购重组市场改革的意见》，主要包括支持上市公司向新质生产力方向转型升级、鼓励上市公司加强产业整合、提高监管包容度、提升重组市场交易效率、提升中介机构服务水平、依法加强监管六大方面内容，旨在进一步激发并购重组市场活力，支持经济转型升级和高质量发展。监管机构根据证券市场的发展情况出台的一系列政策，促进上市公司并购重组市场持续升温并扩展至海外并购。2024 年 7 月，商务部、中国人民银行、金融监管总局、国家外汇管理局联合印发《关于加强商务和金融协同 更大力度支持跨境贸易和投资高质量发展的意见》，围绕稳外贸、稳外资、深化“一带一路”经贸合作和对外投资合作等重点领域和促融资、防风险、优服务等关键环节，提出 5 个方面 11 条政策措施。

外汇资金流动便利性显著提升。2023 年 12 月，国家外汇管理局发布《国家外汇管理局关于进一步深化改革 促进跨境贸易投资便利化的通知》及《关于扩大跨境贸易投资高水平开放试点的通知》，提出 4 项贸易便利化、3 项资本项目便利化和 2 项资本项目外汇管理优化措施，如放宽境外直接投资前期费用规模限制等；在上海市、江苏省、广东省（含深圳市）、北京市、浙江省（含宁波市）、海南省全域扩大实施跨境贸易投资高水平开放政策试点。

第三节　引入国际战略投资者与跨境并购

一、上市公司引入国际战略投资者的动因

近年来，中国资本市场加速制度型开放进程，叠加全球产业链重构与本土企业国际化需求，上市公司引入国际战略投资者的需求亦有所凸显。这一趋势既是我国深化金融供给侧结构性改革、构建双循环新发展格局的必然要求，也是企业突破技术壁垒、优化治理结构、实现全球资源配置的战略选择。从外资参与 A 股市场投资交易的情况来看，截至 2024 年年底，有 866 家 QFII 获得了投资资格，外资通过 QFII、沪深股通两个渠道共持有 A 股上市公司大约 3 万亿元人民币。未来，通过政策引导、产业协同、资本纽带三重路径，国际战略投资者或将成为推动中国上市公司高质量发展的重要引擎。

（一）政策支持与制度型开放驱动

2024 年 12 月，商务部等六部委联合修订并实施《外国投资者对上市公司战略投资管理办法》（以下简称“新《战投办法》”），系统性优化了外资准入规则。近年来，随着我国经济持续健康发展、改革开放进一步深化，证券市场规模进一步扩大，产生了引进更多优质外资的需求。这一政策改革与我国“有序扩大资本市场对外开放”的顶层设计相呼应，进一步落实 2023 年中央金融工作会议明确提出的“吸引更多外资金融机构和长期资本来华展业兴业”，同时体现了中国资本市场国际化的决心，也为上市公司吸引外资提供了制度保障。展望未来，新战投办法的政策红利不仅降低了外资参与成本，更通过“耐心资本”属性引导国际战略投资者与中国企业形成利益共同体，推动中国资本市场开放与实体经济升级的双向联动。

（二）产业协同与技术创新赋能

国际战略投资者的核心价值在于通过技术外溢与产业链整合，将核心

技术、全球化资源网络及先进管理经验与被投企业的现有业务技术及渠道资源产生协同效应，形成“技术创新－渠道拓展－产业协同”的闭环赋能模式。以新能源领域标杆案例为例，2021年国轩高科引入大众汽车集团作为战略投资者，不仅获得11亿欧元注资，更通过深度战略协同重构企业发展动能。从技术层面看，大众派驻的专家团队对国轩高科实验室进行认证审核，涵盖电池的仿真和验证、制造工艺、质量控制、电池测试等方面，同时推动提升电池在热失控方面安全表现；在产业链整合方面，双方共同打造标准化电芯项目，通过统一规格设计实现规模化降本，并建立覆盖合肥、萨尔茨吉特的全球生产基地网络，以提高标准化电芯产能。这种合作不仅使国轩高科跻身大众MEB平台核心供应商体系，更通过各地生产基地的产能联动，构建起“研发－生产－应用”的垂直生态。这种产业协同的赋能模式，有效激活了上市公司技术转化效率和产业链话语权，印证了战略投资者在驱动企业高质量发展中的杠杆效应。

（三）国际化战略与全球市场布局

中国上市公司的“走出去”战略可以通过国际战略投资者的全球网络加速推进，这一模式不仅实现了资本与资源的双向流动，更成为中国上市公司全球化布局的核心驱动力。国际战略投资者通过股权投资、技术共享和渠道整合，为中国企业突破地域壁垒、融入全球价值链提供了关键助力。以荣盛石化与沙特阿美的深度合作举例，荣盛石化于2023年战略引资沙特阿美，进一步巩固双方现有原油采购业务的合作关系，获得长期稳定的原油以及其他化工原材料的供应，并有望进一步拓展公司化工产品的海外销售渠道，保障石油化工品产业链的稳定性；2024年双方签订《谅解备忘录》，拟交叉战略投资对方子公司，并进行扩产增建。随着2024年A股上市公司境外收入进一步增长，这种以资本为纽带、以网络为依托的出海模式，突破了传统出口贸易的局限，通过股权纽带实现产业链深度绑定或将定义中国上市公司“走出去”战略的新范式。

二、新《战投办法》鼓励上市公司引入国际战略投资者

新《战投办法》于2024年12月2日正式实施，其通过系统性制度创

新，构建了更具国际竞争力的外商投资环境。新《战投办法》核心价值在于平衡了“扩大开放”与“风险防控”的双重目标，既为上市公司引入优质国际资源开辟通道，又通过健全的监管框架维护市场秩序。随着新《战投办法》的落地，我国资本市场有望迎来新一轮国际资本配置潮，为经济高质量发展注入新动能。

（一）主体扩容：扩大国际投资者覆盖范围

新《战投办法》首次将外国自然人纳入战略投资者范畴，突破了原办法仅允许外国法人或其他组织参与的限制。这一调整与《外商投资法》对外国投资者的定义保持一致，扩大了潜在投资者的范围。同时，新《战投办法》对非控股股东的外国投资者资产要求显著降低：非控股股东的实有资产门槛从1亿美元降至5000万美元，或者管理的实有资产规模要求从5亿美元降至3亿美元，更加有利于中小型国际产业资本和长期基金参与投资。

（二）投资方式创新：构建多元化参与路径

新《战投办法》在原有定向增发、协议转让基础上，新增要约收购作为战略投资方式，与国际成熟资本市场的并购规则接轨。此举不仅丰富了外资并购工具，还提升了上市公司控制权市场的流动性。更具突破性的是允许跨境换股支付对价。对于以定向发行、要约收购等方式实施的战略投资，允许使用境外非上市公司股权作为支付手段。这一制度改革解决了境外交易对方支付工具单一的问题，使A股上市公司能够直接便捷地获取境外优质资产。

（三）制度优化：平衡中长期投资属性与市场流动性

新《战投办法》对国际战略投资者持股比例要求作出差异化调整：取消定向发行方式的持股比例限制，协议转让/要约收购门槛从10%降至5%。这种弹性设计既保留了战略投资的“实质性参与”特征，又降低了中小型外资机构的参与难度。同时，国际战略投资者持有A股上市公司股份的锁定期限从3年缩短至12个月，但强调需遵守其他法规的更严格要求。这种“底线＋例外”的规则设计，既保持了战略投资的中长期属性，又增强了外资配置中国资产的灵活性。

（四）监管框架：构建开放与安全并重的管理体系

新《战投办法》明确了“信息报告替代商务部审批”的监管模式。外国投资者仅需通过商务部业务系统统一平台履行信息报告义务，无须进行事前审批。同时，强化事中及事后监管：要求中介机构核查投资者合规性，并与国家安全审查、反垄断审查等制度衔接。这种“市场化自律 + 政府监管”的协同机制，为高水平开放提供了制度保障。

第四节　上市公司跨境并购的风险控制与未来展望

一、上市公司跨境并购的风险控制

（一）地缘政治风险和境外监管审批风险

近年来，全球政治经济形势愈发复杂，多个主要投资并购目的地收紧了对外来投资和并购交易的监管，监管审批在交易中的不确定性愈发突出。首先，在高科技领域的并购中，目标企业关键技术专利的转移可能受到国际政治因素的显著影响。例如，美国、德国、英国等国家出于战略安全或经济竞争的考虑，通过立法或行政手段限制并购方企业直接或间接获取这些技术，导致交易失败或技术转移受阻。2024 年 11 月，美国财政部发布最终规则（Final Rules），加强美国外国投资委员会（CFIUS）的审查程序并强化其处罚和执法权限，对外国企业在美“关键技术”“关键基础设施”领域的并购实施严格审查。

如果相关行业有特殊准入条件，股东的变更可能引发监管机构对运营牌照、外资持股比例的审查，增加交易风险。例如，在金融、能源、通信等敏感行业，美国、澳大利亚、印度等国家通常对外资持股比例有严格限制。澳大利亚政府于 2024 年计划对外国投资审查委员会（FIRB）的审查程序进行改革，对复杂和高风险的投资实施更严格的筛选程序，其中包括对涉及关键基础设施、矿产、技术、敏感数据，以及靠近国防场所的外国投资进行严格审查。印度则在2020年修改了外商投资政策，规定来自与印度接壤的国家的投资者只能在政府准入路径下进行投资。

此外，部分企业可能面临“长臂管辖”问题，即目标企业所在国的法律或监管机构可能基于其国内法对并购方实施域外管辖，尤其是在涉及敏感技术或数据的交易中。例如欧盟委员会于2023年10月通过了一项关于欧盟经济安全关键技术领域的建议，提出十个关键技术领域清单，以防范关键技术落入竞争对手国家威胁欧盟安全和利益。

（二）并购目的地法律合规要求

企业在进行跨境并购时，可能会因为不熟悉目的地的法律体系而面临法律风险，这些风险可能对并购交易和企业长期运营产生重大影响。首先，企业需关注在当地的员工政策，避免受到行政管理机构的处罚。例如，部分国家法律规定，企业并购需告知被并购方工会，甚至要求取得工会的无异议函。其次，企业在当地实施的技术研发、生产、销售等行为是否侵犯知识产权，需进行详细评估。知识产权具有地域性，在中国境内具有知识产权的实施权利，不意味着在其他国家和地区不会侵犯当地知识产权。企业应聘请当地知识产权服务机构及专业顾问进行尽职调查，确保目标企业不存在侵权或其他法律瑕疵。此外，数据合规问题日益重要。中国已实施《网络安全法》《数据安全法》《个人信息保护法》等，对数据跨境流动作出了原则性规定。2024年3月，国家网信办发布《促进和规范数据跨境流动规定》，明确了数据跨境流动的具体标准。同时，欧盟和美国的《通用数据保护条例》（GDPR）、《加利福尼亚州消费者隐私法案》（CCPA）等数据隐私法案也对企业提出了更高的合规要求。最后，企业需关注标的企业业务是否存在环境、健康与安全（EHS）问题，特别是环境污染和处罚风险。不同国家和地区有不同的环境保护法规和标准，企业须了解并遵守当地的环境法律法规，包括废物处理、污染排放、土地使用等方面的规定。

（三）并购完成后对目标公司的管理整合

产业并购的主要目的是维护供应链的完整和稳定，开发新产品、市场或研发能力，这要求被并购企业能够在并购方的体系内发挥价值并为其赋能。然而，境外企业在法律法规、会计制度、商业惯例和企业文化等方面与中国公司存在显著差异，这些差异对整合过程构成挑战。只有通过全面的管理整合，企业才能充分发挥并购的协同效应，实现预期的商业目标，这要求企业在整合过程中注重细节，制订科学的整合计划，并持续优化管理流程。

二、上市公司跨境并购未来发展趋势

（一）共建“一带一路”国家和地区将继续成为热门目的地

近年来，共建“一带一路”国家和地区已成为中国企业跨境并购的热门目的地，这一趋势在未来将更加明显。中国政府在政策层面持续鼓励企业参与“一带一路”建设，2024 年发布的《“十四五”对外投资合作规划》明确提出支持企业在“一带一路”共建国家和地区开展并购。这些地区多为新兴市场，经济增长潜力巨大，例如东南亚、南亚和中东地区的经济增长率普遍高于全球平均水平。中国企业在这些地区的并购活动主要集中在基础设施建设、能源与资源开发、数字经济与科技创新等领域。

（二）并购方式对快速发展高科技产业的需求突出

党的二十大报告明确提出“建设现代化产业体系”，强调“推动战略性新兴产业融合集群发展，构建新一代信息技术、人工智能、生物技术、新能源、新材料、高端装备、绿色环保等一批新的增长引擎”。这一战略目标为跨境并购市场注入了强劲动力，技术密集型行业并购活动显著增加。随着全球产业升级和对经济新动能的需求，技术密集型行业的并购活动将更加活跃。

此外，对日韩技术企业的并购也可能成为突破欧美技术封锁的替代路径。例如天益医疗（301097. SZ）联合其实际控制人收购日本日机装株式会社全球 CRRT（连续性肾脏替代治疗）业务，使天益医疗成为中国首家具备在全球范围内提供 CRRT 整体解决方案的供应商。